清华大学优秀博士学位论文丛书

瞬间与此在
——海德格尔前期瞬间思想研究

邓定（Deng Ding）著

Augenblick and Dasein:
A Study on the Concept of Augenblick
in Heidegger's Early Thought

清华大学出版社
北 京

内容简介

海德格尔前期瞬间思想的缘起大致有认识论、物理学、实践哲学和生命哲学这四条进路。通过比照、梳理和廓清柏拉图的突然（ἐξαίφνης）、亚里士多德的现在（νῦν）和良机（καιρός）、克尔凯郭尔的瞬间（Øieblikket）及海德格尔的瞬间（Augenblick）这些含义相近又彼此关联着的哲学概念，本书尝试清晰地展现海德格尔前期的瞬间概念在西方形而上学传统中的思想源头和哲学史定位。不特如此，从瞬间问题入手，还能够管窥存在、永恒、时间等其他亘古不变的经典哲学主题在这一传统里曾发生的思想转变，甚至能明晰地再现希腊与希伯来这两大文明源头在形而上学传统中的融合与碰撞，同时直指现代人饱受虚无主义困扰的现实思想处境，这也构成了本书选题的宏观背景和思想史意义。

版权所有，侵权必究。举报：010-62782989，beiqinquan@tup.tsinghua.edu.cn。

图书在版编目（CIP）数据

瞬间与此在：海德格尔前期瞬间思想研究/邓定著．—北京：清华大学出版社，2022.3（2023.9重印）
（清华大学优秀博士学位论文丛书）
ISBN 978-7-302-60024-4

Ⅰ.①瞬… Ⅱ.①邓… Ⅲ.①海德格尔（Heidegger,Martin 1889—1976）—哲学思想—研究 Ⅳ.①B516.54

中国版本图书馆CIP数据核字（2022）第020315号

责任编辑：梁 斐
封面设计：傅瑞学
责任校对：欧 洋
责任印制：杨 艳

出版发行：清华大学出版社
网　　址：http://www.tup.com.cn, http://www.wqbook.com
地　　址：北京清华大学学研大厦A座　　邮　编：100084
社 总 机：010-83470000　　邮　购：010-62786544
投稿与读者服务：010-62776969，c-service@tup.tsinghua.edu.cn
质量反馈：010-62772015，zhiliang@tup.tsinghua.edu.cn

印 装 者：三河市东方印刷有限公司
经　　销：全国新华书店
开　　本：155mm×235mm　　印　张：11.5　　字　数：192千字
版　　次：2022年3月第1版　　印　次：2023年9月第3次印刷
定　　价：79.00元

产品编号：076301-01

一流博士生教育
体现一流大学人才培养的高度（代丛书序）[①]

人才培养是大学的根本任务。只有培养出一流人才的高校,才能够成为世界一流大学。本科教育是培养一流人才最重要的基础,是一流大学的底色,体现了学校的传统和特色。博士生教育是学历教育的最高层次,体现出一所大学人才培养的高度,代表着一个国家的人才培养水平。清华大学正在全面推进综合改革,深化教育教学改革,探索建立完善的博士生选拔培养机制,不断提升博士生培养质量。

学术精神的培养是博士生教育的根本

学术精神是大学精神的重要组成部分,是学者与学术群体在学术活动中坚守的价值准则。大学对学术精神的追求,反映了一所大学对学术的重视、对真理的热爱和对功利性目标的摒弃。博士生教育要培养有志于追求学术的人,其根本在于学术精神的培养。

无论古今中外,博士这一称号都和学问、学术紧密联系在一起,和知识探索密切相关。我国的博士一词起源于2000多年前的战国时期,是一种学官名。博士任职者负责保管文献档案、编撰著述,须知识渊博并负有传授学问的职责。东汉学者应劭在《汉官仪》中写道:"博者,通博古今;士者,辩于然否。"后来,人们逐渐把精通某种职业的专门人才称为博士。博士作为一种学位,最早产生于12世纪,最初它是加入教师行会的一种资格证书。19世纪初,德国柏林大学成立,其哲学院取代了以往神学院在大学中的地位,在大学发展的历史上首次产生了由哲学院授予的哲学博士学位,并赋予了哲学博士深层次的教育内涵,即推崇学术自由、创造新知识。哲学博士的设立标志着现代博士生教育的开端,博士则被定义为独立从事学术研究、具备创造新知识能力的人,是学术精神的传承者和光大者。

[①] 本文首发于《光明日报》,2017年12月5日。

博士生学习期间是培养学术精神最重要的阶段。博士生需要接受严谨的学术训练，开展深入的学术研究，并通过发表学术论文、参与学术活动及博士论文答辩等环节，证明自身的学术能力。更重要的是，博士生要培养学术志趣，把对学术的热爱融入生命之中，把捍卫真理作为毕生的追求。博士生更要学会如何面对干扰和诱惑，远离功利，保持安静、从容的心态。学术精神，特别是其中所蕴含的科学理性精神、学术奉献精神，不仅对博士生未来的学术事业至关重要，对博士生一生的发展都大有裨益。

独创性和批判性思维是博士生最重要的素质

博士生需要具备很多素质，包括逻辑推理、言语表达、沟通协作等，但是最重要的素质是独创性和批判性思维。

学术重视传承，但更看重突破和创新。博士生作为学术事业的后备力量，要立志于追求独创性。独创意味着独立和创造，没有独立精神，往往很难产生创造性的成果。1929年6月3日，在清华大学国学院导师王国维逝世二周年之际，国学院师生为纪念这位杰出的学者，募款修造"海宁王静安先生纪念碑"，同为国学院导师的陈寅恪先生撰写了碑铭，其中写道："先生之著述，或有时而不章；先生之学说，或有时而可商；惟此独立之精神，自由之思想，历千万祀，与天壤而同久，共三光而永光。"这是对于一位学者的极高评价。中国著名的史学家、文学家司马迁所讲的"究天人之际，通古今之变，成一家之言"也是强调要在古今贯通中形成自己独立的见解，并努力达到新的高度。博士生应该以"独立之精神、自由之思想"来要求自己，不断创造新的学术成果。

诺贝尔物理学奖获得者杨振宁先生曾在20世纪80年代初对到访纽约州立大学石溪分校的90多名中国学生、学者提出："独创性是科学工作者最重要的素质。"杨先生主张做研究的人一定要有独创的精神、独到的见解和独立研究的能力。在科技如此发达的今天，学术上的独创性变得越来越难，也愈加珍贵和重要。博士生要树立敢为天下先的志向，在独创性上下功夫，勇于挑战最前沿的科学问题。

批判性思维是一种遵循逻辑规则、不断质疑和反省的思维方式，具有批判性思维的人勇于挑战自己，敢于挑战权威。批判性思维的缺乏往往被认为是中国学生特有的弱项，也是我们在博士生培养方面存在的一个普遍问题。2001年，美国卡内基基金会开展了一项"卡内基博士生教育创新计划"，针对博士生教育进行调研，并发布了研究报告。该报告指出：在美国和欧洲,培养学生保持批判而质疑的眼光看待自己、同行和导师的观点同样非常不容易,批判性思维的培养必须成为博士生培养项目的组成部分。

对于博士生而言,批判性思维的养成要从如何面对权威开始。为了鼓励学生质疑学术权威、挑战现有学术范式,培养学生的挑战精神和创新能力,清华大学在2013年发起"巅峰对话",由学生自主邀请各学科领域具有国际影响力的学术大师与清华学生同台对话。该活动迄今已经举办了21期,先后邀请17位诺贝尔奖、3位图灵奖、1位菲尔兹奖获得者参与对话。诺贝尔化学奖得主巴里·夏普莱斯(Barry Sharpless)在2013年11月来清华参加"巅峰对话"时,对于清华学生的质疑精神印象深刻。他在接受媒体采访时谈道:"清华的学生无所畏惧,请原谅我的措辞,但他们真的很有胆量。"这是我听到的对清华学生的最高评价,博士生就应该具备这样的勇气和能力。培养批判性思维更难的一层是要有勇气不断否定自己,有一种不断超越自己的精神。爱因斯坦说:"在真理的认识方面,任何以权威自居的人,必将在上帝的嬉笑中垮台。"这句名言应该成为每一位从事学术研究的博士生的箴言。

提高博士生培养质量有赖于构建全方位的博士生教育体系

一流的博士生教育要有一流的教育理念,需要构建全方位的教育体系,把教育理念落实到博士生培养的各个环节中。

在博士生选拔方面,不能简单按考分录取,而是要侧重评价学术志趣和创新潜力。知识结构固然重要,但学术志趣和创新潜力更关键,考分不能完全反映学生的学术潜质。清华大学在经过多年试点探索的基础上,于2016年开始全面实行博士生招生"申请-审核"制,从原来的按照考试分数招收博士生,转变为按科研创新能力、专业学术潜质招收,并给予院系、学科、导师更大的自主权。《清华大学"申请-审核"制实施办法》明晰了导师和院系在考核、遴选和推荐上的权力和职责,同时确定了规范的流程及监管要求。

在博士生指导教师资格确认方面,不能论资排辈,要更看重教师的学术活力及研究工作的前沿性。博士生教育质量的提升关键在于教师,要让更多、更优秀的教师参与到博士生教育中来。清华大学从2009年开始探索将博士生导师评定权下放到各学位评定分委员会,允许评聘一部分优秀副教授担任博士生导师。近年来,学校在推进教师人事制度改革过程中,明确教研系列助理教授可以独立指导博士生,让富有创造活力的青年教师指导优秀的青年学生,师生相互促进、共同成长。

在促进博士生交流方面，要努力突破学科领域的界限，注重搭建跨学科的平台。跨学科交流是激发博士生学术创造力的重要途径，博士生要努力提升在交叉学科领域开展科研工作的能力。清华大学于2014年创办了"微沙龙"平台，同学们可以通过微信平台随时发布学术话题，寻觅学术伙伴。3年来，博士生参与和发起"微沙龙"12 000多场，参与博士生达38 000多人次。"微沙龙"促进了不同学科学生之间的思想碰撞，激发了同学们的学术志趣。清华于2002年创办了博士生论坛，论坛由同学自己组织，师生共同参与。博士生论坛持续举办了500期，开展了18 000多场学术报告，切实起到了师生互动、教学相长、学科交融、促进交流的作用。学校积极资助博士生到世界一流大学开展交流与合作研究，超过60%的博士生有海外访学经历。清华于2011年设立了发展中国家博士生项目，鼓励学生到发展中国家亲身体验和调研，在全球化背景下研究发展中国家的各类问题。

在博士学位评定方面，权力要进一步下放，学术判断应该由各领域的学者来负责。院系二级学术单位应该在评定博士论文水平上拥有更多的权力，也应担负更多的责任。清华大学从2015年开始把学位论文的评审职责授权给各学位评定分委员会，学位论文质量和学位评审过程主要由各学位分委员会进行把关，校学位委员会负责学位管理整体工作，负责制度建设和争议事项处理。

全面提高人才培养能力是建设世界一流大学的核心。博士生培养质量的提升是大学办学质量提升的重要标志。我们要高度重视、充分发挥博士生教育的战略性、引领性作用，面向世界、勇于进取，树立自信、保持特色，不断推动一流大学的人才培养迈向新的高度。

清华大学校长

2017年12月5日

丛书序二

以学术型人才培养为主的博士生教育,肩负着培养具有国际竞争力的高层次学术创新人才的重任,是国家发展战略的重要组成部分,是清华大学人才培养的重中之重。

作为首批设立研究生院的高校,清华大学自20世纪80年代初开始,立足国家和社会需要,结合校内实际情况,不断推动博士生教育改革。为了提供适宜博士生成长的学术环境,我校一方面不断地营造浓厚的学术氛围,一方面大力推动培养模式创新探索。我校从多年前就已开始运行一系列博士生培养专项基金和特色项目,激励博士生潜心学术、锐意创新,拓宽博士生的国际视野,倡导跨学科研究与交流,不断提升博士生培养质量。

博士生是最具创造力的学术研究新生力量,思维活跃,求真求实。他们在导师的指导下进入本领域研究前沿,吸取本领域最新的研究成果,拓宽人类的认知边界,不断取得创新性成果。这套优秀博士学位论文丛书,不仅是我校博士生研究工作前沿成果的体现,也是我校博士生学术精神传承和光大的体现。

这套丛书的每一篇论文均来自学校新近每年评选的校级优秀博士学位论文。为了鼓励创新,激励优秀的博士生脱颖而出,同时激励导师悉心指导,我校评选校级优秀博士学位论文已有20多年。评选出的优秀博士学位论文代表了我校各学科最优秀的博士学位论文的水平。为了传播优秀的博士学位论文成果,更好地推动学术交流与学科建设,促进博士生未来发展和成长,清华大学研究生院与清华大学出版社合作出版这些优秀的博士学位论文。

感谢清华大学出版社,悉心地为每位作者提供专业、细致的写作和出版指导,使这些博士论文以专著方式呈现在读者面前,促进了这些最新的优秀研究成果的快速广泛传播。相信本套丛书的出版可以为国内外各相关领域或交叉领域的在读研究生和科研人员提供有益的参考,为相关学科领域的发展和优秀科研成果的转化起到积极的推动作用。

感谢丛书作者的导师们。这些优秀的博士学位论文，从选题、研究到成文，离不开导师的精心指导。我校优秀的师生导学传统，成就了一项项优秀的研究成果，成就了一大批青年学者，也成就了清华的学术研究。感谢导师们为每篇论文精心撰写序言，帮助读者更好地理解论文。

感谢丛书的作者们。他们优秀的学术成果，连同鲜活的思想、创新的精神、严谨的学风，都为致力于学术研究的后来者树立了榜样。他们本着精益求精的精神，对论文进行了细致的修改完善，使之在具备科学性、前沿性的同时，更具系统性和可读性。

这套丛书涵盖清华众多学科，从论文的选题能够感受到作者们积极参与国家重大战略、社会发展问题、新兴产业创新等的研究热情，能够感受到作者们的国际视野和人文情怀。相信这些年轻作者们勇于承担学术创新重任的社会责任感能够感染和带动越来越多的博士生，将论文书写在祖国的大地上。

祝愿丛书的作者们、读者们和所有从事学术研究的同行们在未来的道路上坚持梦想，百折不挠！在服务国家、奉献社会和造福人类的事业中不断创新，做新时代的引领者。

相信每一位读者在阅读这一本本学术著作的时候，在吸取学术创新成果、享受学术之美的同时，能够将其中所蕴含的科学理性精神和学术奉献精神传播和发扬出去。

清华大学研究生院院长

2018 年 1 月 5 日

序言

一

王国维《浣溪沙》云:"试上高峰窥皓月,偶开天眼觑红尘。可怜身是眼中人。"这几句词寓意深刻,可谓以文学语言对康德两个世界以及人是有限的理性存在者的生动而形象的呈显,在我们眼前好像看到一幅"瞬间"打开的人生"此在"的画面:一个人站在高山之上,仰望皓月星空,精神世界随之自由舒展,直抵天道之境,进入永恒无限;俯瞰千丈之下,碌碌凡世,芸芸众生,却如虫草一般困居其内,生灭于斯。"瞬间"之际,心灵一震,如开"天眼",窥见人生存在的真实处境:宇宙天地虽广远,精神世界虽无边,奈何个己之"此在"却是无法超出"这个世间"。一方面,词人正是由于启开了"天眼",即"那个本体世界"的眼睛,才得以发现或抽离出眼前"这个现象世界"的万般红尘,然而,转念之间反身回眸,怎奈自我恰恰却又"身是眼中人",面对如斯生存处境不免油然生出悲剧性的存在感。另一方面,对这一真相的发现则是"偶开"天眼,也就是"瞬间"打开本体界的眼睛,突然发现或者陡然领悟到了存在的真谛。这瞬间的发现或者陡然的领悟意味着一种限度的突破,一种奥秘的打开,一种境界的跃升,人之此在的生存也由之敞开另一种新的可能。

辛弃疾在《青玉案》里也这样吟诵:"众里寻他千百度。蓦然回首,那人却在,灯火阑珊处。"从这脍炙人口的词里可以体会,茫茫人海,大千世界,我们一直在孜孜追寻着心中的梦境和梦境中的人;那梦境是一个自由而共鸣的爱的世界,那梦中的人是一个心灵的知音,一个精神的同路人。在百思不可得、千寻不能见的求索中,在山重水复疑无路的困惑和疑虑中,却在一个俄而转身之际,在一个回头一瞥的"瞬间",眼前"际遇"犹如柳暗花明,人生"场景"犹如峰回路转,那人、那景、那缘分从天而降,"此在"的生存结构和世界图景就在这个突然来临的时刻一下子改观了,一个崭新的未来和希望由此敞开了。

如果说王国维和辛弃疾通过文学的方式向我们呈现了一个瞬间打开的人生此在之境遇,那么,宗教则通过另一种路径同样将我们引向了这个意义世界和生存场域。佛教里有"一念三千"的思想观念,以心性为本源,以大千世界和人生万象为显现。心思意念发动处,诸般法相即丛生。风动乎?幡动乎?非风动,非幡动,是心动。心为本根,意为源头。一念之间,三千纷纭,故而禅宗有"前念迷即凡夫,后念悟即菩提"的说法。这前念与后念仅是"刹那"之际,这一念之悟只是"顷刻"之时,故而"一念之间"乃是"瞬间"。它既是时间性的,又是超时间的。瞬间领悟真谛,刹那直抵实相。真谛为何,实相何谓?佛教的"缘起性空"说为之提供了理论解释。一切事物或万般现象皆为"因缘和合"而生,故而其"本性"是"无自性"即"空性",其"实相"是"无相"即"空相"。《金刚经》里讲:"一切有为法,如梦幻泡影,如露亦如电,应作如是观。"《心经》里也讲"五蕴皆空"和"诸法空相",有"色即是空,空即是色"的名言。对佛教来讲,既然世界的真相是非相、无相或者空相,那么,在人生修行过程中就应该远离一切法相而"无所住"。一旦以"自心"观照世界之境,"见诸相非相,即见如来"。正所谓刹那即菩提,瞬间即成佛。俗与佛一念之隔,人生存在于"觉悟"的"刹那"突破了凡夫俗子的限域,进入了成佛之境,"此在"的世界绽开了另一番生存场景。于是我们发现,佛教思想在关于人生存在的理解中也包含着"瞬间"和"此在"之间深刻的生存论联系。

保罗在《帖撒罗尼迦前书》里讲到基督再临的时刻,将之形容为在人们熟睡的时候,"像夜间的贼"一样,不知不觉"从天而降""突然临到"。对于基督教来说,基督再临是一个终末论的决定性时刻,意味着世俗历史时间的结束和神圣永恒天国的开启。由时间到永恒、由世俗到神圣是一个"飞跃",这个飞跃是因着基督再临的"瞬间"而发生的"转机",转机之际,瞬间里"时间"和"永恒"得以"相遇"。于是,"瞬间即永恒",这是我们在《圣经》里得以窥见或洞见的神妙场景。

对此,施莱尔马赫在《宗教》一书中以生动的笔触也给予过独到的揭示。在他看来,宗教在根本上既不是概念思维,也不是道德行动,而是对宇宙无限的"直观"和"情感",是在心灵世界发生的来自永恒世界的"感动"和"体尝",是个体之人直接地遭遇无限、被无限所俘获的情感体验状态。在这种状态下,个体之我与无限者直接相遇融为一体。于此之际,个体之我"瞬间"打开了一种可谓原初而本真的生存体验,当自我与无限者相望,也是在与自身相望;当"环视自我"时,也是在以某种方式"领悟大道"(das große

Wort)。故而"在有限性中间同无限的东西合一,在瞬间成永恒,这就是宗教的不朽性"。可见,宗教的不朽性存在于个体之我与无限遭遇时,瞬间突破了自身有限性和时间限度而跌入永恒。汉斯·昆在《基督教大思想家》里对此评说:"这种与永恒、无限的活生生的关联代表了每个个体之'我'的原初状态。"显然,对于"此在"而言,"瞬间成永恒"的生存体验乃是一种直接的自我意识和宗教性的本源存在状态。

二

以上我们借助艺术世界和宗教世界的解读,发掘或引出了"瞬间"概念、瞬间同"此在"的生存论关联以及通过瞬间敞开的时间和永恒的义域。不过,文学和宗教的"瞬间"主要隐含在意象或场景中,并非作为一个故事主题来呈现。在我们的生活实践中也不乏"顷刻之间""突然之间""一眨眼工夫"等用语,从这些用语中也可以体会出它们所包含和引发的某种"新"和"异"的可能性,就是说,瞬间将有某种意想不到的东西或场景出现。尽管如此,却也并未形成一个概念而获得专门的讨论。在哲学历史的演进中虽然包含相关的思考和思想,但在相当长的时间内没有成为一个重要的哲学问题而得到理论上的追问,直到现代哲学诞生才得以改观,并最终在海德格尔那里集其大成而获得纯粹的哲学呈现。

从西方传统哲学来看,形而上学一直追求关于本体界的永恒真理,时间在永恒之外,因此时间也在哲学之外,作为时间性的瞬间便无以进入哲学的中心视野。或者也可以这么说,在最初的古典哲学文本里,可能包含了瞬间思想在内的各种思想萌芽,但无论如何,它是隐晦的、潜在的,既没有在当时成为一个鲜明主题或主导观念,也没有在其后的形而上学史上进入哲学的基本概念和中心论域,占据支配地位的思维方式乃是永恒与时间二分,为了求取永恒而离弃时间。然而进入现代哲学以后,西方思想观念发生了深刻变化。这是因为在现代人文关怀和科学理性的生存背景下,关于人类自身存在的问题逐渐成为一个严峻而迫切的问题,这个问题集中体现为这样一种本质性的困惑和质疑:人之为人的根本存在方式既是时间性的生命在场者,又是追求永恒性的精神超越者。如果通过摒弃时间而进入永恒,这永恒到底以什么方式还能获得真实的存在性?换而言之,作为个体之人何以能够通过摒弃时间而进入永恒之后,还能拥有真正的此世、此生和此在的生存?传统哲学在此遇到了理论上的挑战。这是一方面。另一方面,如果为了拥抱此在而放弃永恒,无论是概念的永恒还是天国的永恒,那么,如何能够避免此在的时间性使人的生存沦为流逝的碎片?这也是现代世界面临的虚无主义的生存困境。然则,如果时间性的存在果能获得超越性的生存,果能与永恒相接相契,那么,这就意味着,超越的永恒性的存在不能完全在时空之外;永恒与时间并不隔绝,永恒与时间能够和解。也唯其如此,才能真正让有限性"此在"的超越性存在得以成立或成全。问题是:永恒与时间如何相遇,又何以能够取得和解?

为此,现代哲学家提供的一个解决方案就是"瞬间"。永恒与时间在瞬间相遇,或者在一次次轮回的创造与毁灭的瞬间,时间化为永恒,此在以"超人"的生存方式突破了有限性境遇;或者在信心一跃的瞬间,永恒切入时间,此在以"信仰"的生存方式跳入了无限的深渊。前者是尼采之路,后者是克尔凯郭尔之路,这两人都是时代先知式的人物,这两条道路尤其是尼采之路对现代哲学具有奠基作用,其"瞬间"观念构成现代哲学思想中的一个关键性元素,甚至也构成海德格尔瞬间理论的一个直接来源。因此,我想先对尼采做一些讨论,希望将这条思想脉络作为一个参比和观照的窗口,帮助我们更多面、更清楚地观看和把握海德格尔的相关思想图景。

在尼采看来,西方哲学两千多年来一直坚持和追求"存在的不生成,生成的不存在"这一柏拉图主义的形而上学原则和目标,体现着根本关切上的虚无主义。与之相似,一千多年来的基督教神学坚持和追求此生的意义和幸福不在此生之内,却在此生之外,将时间中的生存基础移到超时间的来世,从根本上使此在人生虚无化。在尼采宣告"上帝死了"及对形而上学传统的批判性颠覆下,感性生命才是最切己的真实,自然大地才是最可靠的实在。它们在时间中,在生成中。只有在时间性的生成中,一切生命的存在才是活的和真实的,是多样的和丰满的,要从超时间的理念王国回到流变不已的大千世界,要把超验的彼岸天国拉回此岸的经验尘世。于是,时间性成为哲学的视野,脱离了时间性,一切都是僵死的和空洞的。然而,进入时间性的视野并不意味着一切都将变为流逝的或消失的碎片,相反,尼采激烈抨击现代世界中此在生存的断裂性和碎片化。那么,整体在哪里,永恒在哪里,时间中的存在如何与永恒牵手?尼采的回答是:整体就在"永恒复返"里,永恒就在"瞬间"里,永恒与时间在瞬间中相遇。

所谓永恒复返(die ewige Wiederkunft)就是永远的再一度将来,永远的又一个未来;而这个未来(Zukunft)和起源(Herkunft)则是一回事,走向未来就是回归起源。永远的一次又一次的走向未来,也就是永远的一次又一次的回归,永远的一次又一次的转向(die ewige Wiederkehr)。于是,永恒复返也就是永远向着未来;永远向着未来也就是永远再回来;永恒回归也就是永远再转向。正是在永恒复返的思想里包含了尼采关于永恒与时间关系的洞见。首先,时间不是直线的、一次性的,而是去了又回来,归宿和起源具有同一性,故而时间是一个圆环,在无数次轮回中永恒也是一个圆环。尼采在《查拉图斯特拉如是说》里写道:"万物去了又来;存在之轮永远转动。存在始于每一刹那;每个'那里'之球都绕着每个'这里'旋转。中心无所不在。永恒之路是弯曲的。"其次,正是在弯曲的、旋转的、轮回的圆环里,永恒与时间扭结在一起;而时间与永恒扭结在一起的刹那就是"瞬间"(Augenblick),正是在瞬间之中,永恒与时间牵手和解。这同时意味着,永恒就在瞬间里存在。

所谓"瞬间"就是过去和未来在当下的交叠碰撞及其无限次"重演"的一刻。这一刻不是一次性地过去了就没了,也不是空洞无物、脱离了生命的某种外在形式,而是既充满了生成和转化,包含着无限的矛盾和张力,又在永恒轮回中一次又一次地重演,永远地去了又回来。"到了这个瞬间,已经有一种无限流失了。也就是说,一切可能的发展必定已经曾经在此。所以,瞬间性的发展必定是一种重演。"(《查拉图斯特拉如是说》)这也表明,在无限的循环里,将来的就是过去的,过去的也是将来的,而将来可能的发展就在此刻已经发生过。这一思想正如海德格尔所阐释的那样,包含了一种新的关于时间的理解,即三维重叠、循环涌现的时间观:"过去的"同时包含了现在和未来;"现在的"同时凝聚了未来和过去;"未来的"同时承载了过去和现在。在每一个当下的瞬间都是三维的重叠,在每一个现在的时刻都是走向未来也重演过去。一切消散的都将再一次生成,一切发生的都将再一次出现。"现在"永远都是将来和过去碰撞在一起的"瞬间",而在无限次碰撞和重演的瞬间,永恒就必定在此了。

然而,无数次重演的瞬间和永恒的轮回难道不会把人抛进循环往复、无聊沉重和难以解脱的锁链之中,一如那个推着巨石一次次到了山顶又滑落下来的西西弗斯吗?面对这一严峻的真相,你还想要它吗?还要无数次吗?尼采发出了对生命意义的强力逼问。正是在这种逼问中,承载着狄奥尼索斯酒神精神的"超人"(Übermensch)被推上了前台。超人与末人相对,末人只是无奈被动地沉沦在日复一日没有自我创意的生活里;超人则拒绝被动接受无聊重复的生活节奏,而要在一个个瞬间里绽开高蹈之姿,在永恒轮回的极乐体验里张开双臂:"再来一次!"(Nochmal)于是,我们听到:"啊,查拉图斯特拉,歌唱吧,怒吼吧,用新歌曲救治你的灵魂,好让你担当你伟大的命运!"还听到"主人"发出豪迈之言:"'这就是生命吗?'我要对死亡说:'那好吧!再来一次!'"(《查拉图斯特拉如是说》)于是,一次次的重演及一次次的轮回转变为:我要再来,我意愿再来!这就是我的命运,就是我意愿吾之所是!可见,投入永恒轮回是超人主动的、自由的和勇敢的行动,并将之视为自己决意承当的伟大命运。

正是在超人的生存姿态里,"瞬间"获得了一种实质性的意义,即"突破"或"转机"。如果说"瞬间"是一眨眼、当下,表示短暂的片刻,可谓之"量"的意义,那么,其"质"的意义则谓之时机、适时,表示恰当时刻、正逢其时。这个意思对应着那个希腊语词 Kairos,指实际处境中发生的"机缘"或"契机",包含着某种转向或未来的可能。因而,"瞬间"成为一个具有决定意义的时刻,成为一个充满价值的瞬间。在这样的瞬间里,超人投身大海,忠于大地,自己创造自己,自己克服自己,自己为世界确立标准,自己为人生设定意义。它突破了转瞬即逝的虚有和无聊重复的意义空白,转变为创造的可能和未来的希望。于是,瞬间是生成,生成的是存在的,存在的是生成的,这完全颠覆了传统形而上学的原则。因此,这个瞬间为尼采所欢呼,称之为人类和大地的一个"伟大的正午"。

如果我们要问,这个有价值的、包含转机的、有决定意义的瞬间何以可能?只听尼采高喊:"你,我的意志啊!你,一切困厄的转机,我的必然啊!"(《查拉图斯特拉如是说》)对尼采而言,这个瞬间的可能性不在一种与人无关的纯粹自然的一刹那,也不在与自然对立的非自然的一刹那,而在自然又自由的一刹那,这就是"我之意志"或"意志之我"的一刹那。这个刹那中的"意志"是"人的"自然的东西,也是"自然的"人的东西;是包含人在内的自然宇宙的源初存在,也是在宇宙自然中存在的人的本然真实,是整个生命世界的唯一绝对的本源和基础。对于人来说,我的意志既是"给定的东西",因而是自然的;又是"我意愿的",因而是自由的。只有这个自然又自由的一刹那即意志的瞬间,才可能是一个具有决定意义的瞬间。既是一个在永恒轮回中打破机械的自然节奏以造成断裂和转向的瞬间,也是在自我创造与自我毁灭中复归"太一"(das Ur-Eine),与原始自然或"原始存在"(Ursein)自由合一、进入永恒之境的一个瞬间。

可见,在永恒轮回的背景下,瞬间是生命的强力意志的自由绽放,是我意愿永远的再来一次。这样的瞬间既是时间性的存在,也是时间链条的断裂。作为一种异质性因子,既能瞬间开显永恒,顷刻绽放无限,又能破解无数次重演里的那种"重负"或者无意义的危险。因此,瞬间是沟通时间与永恒的关节点,也是打开此在生机的关键。在此,自由意志、时间、永恒通过瞬间发生了内在的联系,它们后来也成为柏格森研究的重要问题。

不难发现,尼采的上述思想在海德格尔的哲学中留下了不少印迹,关于时间和永恒、瞬间和此在的理解,或隐或显都可以发现尼采的影子。比如,海德格尔对于时间三维重叠和循环涌现的观念与尼采无数次重演和永恒轮回的观念、海德格尔关于"良知决断"的瞬间与尼采"意愿再来"的瞬间、海德格尔在不可逾越的"向死存在"的生存意识中通过良知决断的瞬间而绽开此在的"本真"状态,与尼采在追求自我毁灭的瞬间而复归与"原始存在"合一的"本然"状态、海德格尔关于"永恒在瞬间到时"的理解与尼采"瞬间里存在永恒"的观点,等等,两者之间存在着或相似,或契合,或交错,或互照的关系。当然,上述观念和问题到了海德格尔那里无疑获得了充分自觉的理论把握,完全以纯粹哲学的方式在概念和学理上被赋予深入细致的现象学阐释。瞬间、时间、永恒、此在、存在等成为海德格尔哲学的基本概念和中心论题,获得了生存论层次上的解决,这一解决在学理上完成了创造性的推进。比如关于永恒的理解,不仅完全突破了永恒与时间的两分限域,而且从源始时间性之根本而整体的境域出发,将永恒和时间理解为时间性的不同绽出方式,如果说时间是时间性的有终性,那么,永恒则是时间性的无终性。正因永恒也在时间性境域里被观照,故而"永恒"通过"瞬间"得以与"时间"贯通,有了"永恒在瞬间到时"的命题。

三

如果说海德格尔以哲学理论的方式将"瞬间"概念收入其思想视域,成为其"此在"存在之生存论体系中的一个关键性环节和本质性概念,那么,在学界尤其是国内学界十分钟情的海德格尔研究却对此似乎一直少有敏锐发现和充分关注的情况下,邓定博士可谓独具慧眼,在本书中以海德格尔前期哲学为视域,以"瞬间和此在"为主题进行了十分扎实而深入的研究和系统而精微的解读。围绕着"瞬间"概念,坚实地扎根于原始文本,一方面沿着思想史的路径追踪考察了从柏拉图、亚里士多德、克尔凯郭尔到海德格尔的瞬间概念的意义演变,另一方面立足于哲学的生存论视角,从认识论、物理学、伦理学、生命哲学四条路径,发掘、解读和阐发了海德格尔瞬间概念的多重理解,构筑起一个关于海德格尔瞬间思想的阐释系统,是汉语学界研究海德格尔瞬间思想的第一部具有开拓意义的学术专著。

通览全书，海德格尔前期瞬间理论的思想脉络和意义构成犹如一幅精致的学术版图获得了精彩的呈现：通过海德格尔对柏拉图"突然"概念的不可理知性之认识论意义的解读，发掘出海德格尔的"瞬间"具有既非在时间中也非在永恒中的存在论意义，由此通达"存在是无"的结论；通过海德格尔阐析亚里士多德的"现在"概念的物理学意义和流俗时间的生存论基础，开掘出海德格尔的"瞬间"在源始统一的时间性绽出的生存论背景下，乃是构成时间性绽出视域的一个环节即"本真的当前"；通过海德格尔对亚里士多德的"良机"概念的生存论阐释，开显出海德格尔的"瞬间"是一个有关本真实践的决断时刻；通过比照克尔凯郭尔作为"信仰决断"的个体在瞬间中成为上帝面前的存在，揭示海德格尔作为"良知决断"的个体在瞬间中成为本真的整体能在。最后借助约纳斯的批评视镜，反观和分析海德格尔的瞬间思想是否具有诺斯替主义和虚无主义嫌疑，从而由一个小小的瞬间视角放大、延伸、直抵现代世界意义生存的难题。

瞬间之微，不过回眸一瞥，刹那之间而已。然其在生存论的视域中则深蕴时缘，暗藏转机，充满了种种可能。书中关于瞬间的探讨恰如瞬间的蕴意和涵容一样，条条路径通幽，层层意义呈显，从一个"瞬间"的关节处打开了哲学的概念和理论世界，进入了广阔的思想场域。其观也宏，其思也深，其题也艰，其见也敏，观点与解释多有精彩独到之处，堪称以小见大、有容乃大的研究范例。书名《瞬间与此在》似乎也绝妙地、隐约地呼应着《存在与时间》，抓住了海德格尔前期的中心思想。如果说时间的本质性在于瞬间，存在意义的先行领会在于此在，那么，"瞬间与此在"恰恰是对"时间与存在"具有决定性意义的呈现，所以，存在与时间的关系着落在此在与瞬间的关系上，此在本真生存的瞬间是时间性的本真到时，于是，本真的瞬间打通了存在与时间，也打通了永恒与时间。瞬间犹如一只"眼"，贯穿了时间和永恒、此在和存在。

本书还有许多值得圈点称道之处。在对海德格尔的柏拉图—亚里士多德研究的开掘和探索上，表现出非常出色的解读文本、把握问题的能力和见识，以及德语、希腊语和英语等语言功夫。尤其是关于克尔凯郭尔和海德格尔的对比研究，作者穿梭在神学和哲学之间，将克尔凯郭尔基督教信仰前提下的神学瞬间在解读中提炼和转化为哲学的思想，使其具有普遍的人类生命存在的意义，由此打通与海德格尔之间的内在联系。因此，既是海德格尔对克尔凯郭尔的吸收和改造，也是作者对他们两者之间传承和转化关系的解释性重建,这是很有思想的创造性发现。最后对于汉斯·约纳斯的批评的回应也颇具新见和学理,更多精彩的内容不再述及,读者自可阅读和体会。

本书中论及的一些问题也引发了我的一些思索,我想就此谈几点想法,权当与邓定做进一步的交流。这些问题是纯粹的哲学理论问题,也是根本的人生存在问题。我将视域收拢在汉斯·约纳斯对海德格尔的瞬间理论包含虚无主义的质疑上,这些质疑都关涉或者说延及海德格尔哲学的一些根本性问题。

首先,关于被抛的问题。"被抛状态"(Geworfenheit)是海德格尔描述此在存在境遇的一个独特的生存论概念,是关于此在的存在意义追问的起点。就是说,此在乃是被抛在此的存在,被抛在此乃是此在的实际生存境遇,关于此在存在的意义追问就是从其向来被抛在此这一实际生存境遇开始。对此,汉斯·约纳斯提出了质疑:抛者是谁?从哪里抛来?海德格尔既未提及也未做答,这意味着此在作为被抛者是无根无源之在。换而言之,此在存在的本源是被悬搁的,因此根本上暗含着虚无主义。可以说,约纳斯的质疑并非没有理由,但其理由是神学的。"被抛"的问题犹如"人从哪里来,到哪里去"的问题,可以具有不同的意义问答。作为一个科学问题,答案出自经验实证,是来自父母的一个受精卵发育成人而被母亲生在世间;作为一个神学问题,答案出自无法实证的信念,是来自上帝创造或者天地造化而被安置在世;作为一个哲学问题,答案出自理性的先验预设,是源出人的自由存在的本质而被自身在此成其所是。约纳斯的问题意识是神学之问,其质疑指向海德格尔在神学理由上的缺失。因为被抛需要抛者,而抛者不是别的,乃是一位被抛者自身之外的"他者",亦即更高的永恒者。作为一个哲学家,海德格尔完全可以抛开神学预设的理由,他的"被抛"指向此在存在的自我之抛,抛者与被抛者是自身性的关系,是自由存在者的自身之抛,而非被自身外的"他者"所抛。就此来看,海德格尔是在哲学存在论的意义上谈论抛与被抛,无非是本真生存与非本真生存之间的状态转变,而约纳斯之问"抛者是谁"则基于"何以有存在",是从神学由无到有的创造论视线里发出的质疑。对此,邓定为海德格尔作出了很好的学理辩护。

然而,不能不说,海德格尔的"被抛"概念也给约纳斯的质疑提供了可能性。一方面"被抛"明显地将此在置于被掌控的被动地位,带有某种外在指向性色彩;另一方面这种被抛还意味着向来如斯的起始性生存境遇,将之联系到海德格尔讲的"存在之天命",这一生存境遇的被抛性犹如天命一般罩着此在,难免使得"被抛"所承载的存在论意义具有某种潜藏的神学味道,在西方学界的确也有"海德格尔式神学"的说法。既然被抛是一个隐含着宗教性意味的概念,又未论及抛者或永恒者,那么,约纳斯提出质疑也就可以理解了。如果说将"抛者"引向彼岸的永恒或者上帝,被抛者离开抛者而沉沦于世俗之罪责,那么,"被抛"则深嵌于一种隐在的基督教背景;如果说将"抛者"引向一位光明世界的"异乡神",被抛者离开抛者而沦落为黑暗世界的"异乡人",那么,"被抛"则体现着某种诺斯替主义的精神气质。无论沿着哪种方向审视,海德格尔都因抛者的缺位和此在的无家可归,而有可能受到约纳斯的批评和虚无主义的指控。而事实上不能不说,海德格尔的生存论哲学运思深深植根于西方的宗教传统之中。不过,被抛概念终究是基于抛和被抛的自身性存在论关系,指向存在前提下的本真生存状态与非本真生存状态之间的转变。这是哲学自我守护的理性限度,不能成为被质疑的合法性理由;但也因此表明,哲学无力解决抛和被抛之终极性的神学关系,然而生存本身有权利要求解答,只有开启宗教性的视线,打开信仰的领域,才有可能解答这一问题。

其次,关于本真生存与非本真生存以及本真瞬间的问题。按照海德格尔的观点,此在总是处在被抛在此的生存状态即"在世界之中",而且是沦入一种常人的非本真状态。这意味着此在的实际生存境遇从一开始就是非本真的存在,和自身的本真生存相疏离。于是,跳出非本真走向本真同时也就是回归本真。在此,虽然被抛的非本真生存状态在"实际性"意义上是关于此在的"在先"的考察起点,即非本真生存在本真存在之先,但是,在此在存在的"可能性"意义上,"本真存在"在非本真生存"之先",即被抛在后。当然这不是说在被抛之前的时间里有一种本真生存状态,如神学叙事里伊甸园的无罪时期,而只能理解为本真生存状态是此在存在的自身状态或本然状态,非本真生存则是离弃了这一本然自身的沉沦状态,需要重新回到自身存在的本真状态。如何回到自身?海德格尔指出,经过良知的呼唤和决断的瞬间,此在回到自身,走向本真生存。这个本真生存是此在本真曾是和本真将是在当下相遇在一起的本真即是,这个经良知决断走向本真生存的瞬间就是本真瞬间。可是在约纳斯的解析之下,这个本真瞬间只是在本真的将来和本真的过去之间出场,并没有自身独立的生存实践的内容而沦落为空,于是,本真生存在瞬间里的遭遇也空。

由此可见,一方面,此在犹如命运一般的、向来被抛的状态并非原初本真的状态,而是由本真沦落到非本真的生存常态,已然充满了虚妄和无意义的威胁;另一方面,瞬间的良知决断进入了本真生存,却又因瞬间之空而使本真生存处于落空的危险。不能不说,无论是本真还是非本真的生存状态,都可能面临着虚无主义的挑战。不仅如此,还有两点使得这一挑战更加严峻。第一,走向本真生存的本真瞬间何以可能发生?答案是由"死"或"畏死"而开启。此在在整体性时间视域里是"向死存在",可是在常人的非本真生存状态下是将死亡视为将来的某个事件,于是努力地将死亡后推以逃避死亡,殊不知此在的整体生存结构恰恰是由向死存在而揭示出来的"操心"(Sorge)。死是无任何关联的自身性关联,是绝对无法推诿的自身担当,是此在无所逃匿的整体存在境域,也就是"无"。一旦意识到这一点,便在畏死的瞬间进入了自身本真性的存在。可见,是死或畏开启了无,也同时开启了本真存在。这个本真存在的实相不可谓不残酷。因此第二,此在面对本真存在,不仅无法产生家园感,而且还产生恐惧,想要逃离,宁愿沉沦在非本真的常人生存状态。这种甘愿沉沦迫使此在日常状态中陷入更为深刻的无意义的困境。我们看到,人似乎被推入了要么恐惧和绝望、要么无聊和异化的双难,没有充实的幸福,也发现不了爱的温暖。

何以如此不堪?这究竟意味着什么?值得深思。我在此只想指出一点,由于超越的永恒者在哲学预设中的退位,此在必然不愿意面对作为"无"的本真存在,因为"无"将有可能成为生存无以承受之重,除非像尼采的"超人"那般有勇气通过自我毁灭的瞬间与太一融合,否则宁愿遁入环顾左右而言它的沉沦状态而放下自我无根的重负。所以,海德尔格的生存论哲学分析向人揭示的确实是一幅带有虚无主义色彩的人生画面。当然,这幅画面是在西方基督教背景下才可能出现的场景。不过,与之相反成趣的是,克尔凯郭尔关于《创世记》亚当违背禁令的生存哲学分析,向我们揭示了另一幅伊甸园的场景:在懵懂无知也无辜的状态下,神对亚当是"永恒的无",处身"无"中即处身不确定的生存状态中,因此对"无"充满恐惧,同样想摆脱自己那在"永恒的无"中的存在状态,于是违背神的禁令进入罪的生存而获得现实性的存在。这一刻画反倒呈现出人的存在即此在的意义。此在乃是处境中的存在,此在之在此就是在某种生存处境中,而永恒之无的肯定性意义只有在这种生存处境中才能显现出来。可见,人是永恒性和现实性双重维度上的存在者,既无法脱离永恒之无者的意义关联整体,也不能直接存在于永恒的无中。

最后,关于无和虚无主义的问题。有意思的是,邓定对海德格尔关于无的理论蕴意做出了令人耳目一新的发掘,使其被质疑的虚无主义场景瞬间得到改观。在此,"无"并不是绝对虚无的东西。第一,无如深渊,具有否定性的意义,就像海德格尔所言,"无本身就不着"(Das Nichts selbst nichtet)。无之"不"有拒绝之用,它并不将本真的此在引向自身将其消灭或吞没,相反,它以否定的方式拒绝本真此在,将其"反抛"回周围世界与共同世界,以免沦陷于无。第二,"无"由此而派生了一种积极肯定的力量,它唤起了此在对于"有"即存在者的惊奇,正所谓莱布尼茨早就有的根本发问:"为什么是存在者存在而不是无?"于是引发了科学或形而上学"为什么"的追问和探究活动,以及由此投身于世界的整个生存活动。由此看来,海德格尔的"无"并不一定导向虚无主义。相反,它还催生了此在对于一切存在者的好奇认知和实践料理,由此创造出灿烂的文明果实。这不能不令人联想到尼采,在尼采的思想世界里,人的存在原本没有什么意义可言,可是,人与其他一切存在者的本质差异在于,人能够为生活自设标准,自立目标,正是在为之努力奋斗的过程中,自己为没有意义的人生创造出意义,为虚无的世界创造出价值。也许海德格尔受到了尼采的影响?

然而,尼采并没有摘掉虚无主义的称号,而是被称作高贵的或积极的虚无主义。参照之下,海德格尔的理论究竟与之又相去多远?根基处的无与实际生存中的非本真沉沦,早已隐含了无意义的危险,即使此在不被"无"所吞没,而是被无所拒绝,反抛回此在之境遇,也不过是回到并可能再一次退转回非本真的生存之境域。如此循环一圈又一圈,究竟意义何在?突破口在哪里?尼采是通过"我意愿再来一次"的悲剧性超人精神,来主动地化解或突破永恒轮回中包含的无意义之重负。海德格尔又是如何化解这一生存悖谬的呢?如果说借助"良知呼唤"的本真瞬间,那倒是突破了非本真生存,可是一旦面临本真存在的真相,又因为对无根基的意义关联整体的恐惧,而被逼回到了非本真生存。于是,我们发现这里似乎存在着一个自相缠绕难以摆脱的怪圈。那么,究竟该如何实现本真生存状态呢?也许全部的意义仅在于,通过向死存在的本真领悟的瞬间,此在觉醒过来,既然自身存在根本上乃是一种无所关联之无的本己存在,那么,也就只能勇敢地自我担当起自己的命运和责任,而不要苟且于世沉沦地活着。换而言之,此在之我于本源处的永恒之无,只能以现实的自我担当和投身于世来遮蔽之和应对之,并在自我设定的意义之下完成此在的生存。这与尼采着实一般无二。也许人生的真相本来如此。一切哲学和神学的思辨最终都指向存在与虚无的问题。到此,海德格尔受到的虚无主义指控仍然无法根除。

回过头来再看所谓被抛乃是自身之抛,似乎又增加了些意味。此在被自身所抛,这个自身显然是本真之我,何以本真之我将自身抛在了非本真状态？那是因为本真之我难以自我承受,这岂非意味着本真自身似乎先天具有自我疏离的倾向,从一开始就和自身本真的存在相抗衡,这几乎不能不说是基督教原罪论的隐秘翻版。伊甸园里那幕无辜的亚当因恐惧永恒之无而离弃本源之在的堕落图景,在海德格尔这里变成了一幅本真之我因存在之无的恐惧而离开本真存在陷入非本真生存的沉沦图景。由此看来,哲学的背后有着神学的原型,然而剔除了那个原型之后,又岂能不背上虚无主义的嫌疑？也许这正是西方基督教背景下无法跳脱的宿命。

于是,在由良知呼唤的瞬间而打开的本真存在的瞬间,此在的绽放只能是在承担永恒之无或者存在之无的前提下,承担起自身向死存在的命运,走向自我决断和自负责任的生存,因此在根底处总是隐隐有种悲剧感。这与中国文化在天人合一的瞬间进入无限自由之境的精神品格相去甚远,根由之一可能在于个体意识上的差异。就此而言,王国维偶开天眼的瞬间倒是洞见了人生存在的有限性处境而不免生发奈何之叹,确也受到了西方文化如叔本华思想的影响。

四

无论瞬间的意味是自由的还是沉重的,人生的舞台上总会有些个瞬间。这瞬间不只是某个转眼即逝的时间片刻,而是携带着本质性和实在性的生命时刻。瞬间可能是破坏性的,毁灭性的,具有否定的意义；瞬间也可能是自由的释放,是希望和新生的转向,具有肯定的意义。对于此在人生来讲,显然更愿意接纳或期待的是具有正价值的后一种瞬间。

说来人生的瞬间既多又少。若单从量化的时间意义来讲,人生便是数不清的瞬间接连起来的长河；但若从异质化的时间意义来看,人生里的瞬间可能反倒不多。在通常情况下,人们经常感叹的是年复一年、日复一日,其中并没有太多新东西的出现。与之相照,本真的瞬间却犹如打开了一个窗口,刷新了一条视线,或者在心灵世界引起强烈的震动,留下长久的印记以至对人生产生深刻的影响。所以,从瞬间是意义或价值的生成而言,人生的瞬间并不一定很多。但恰恰是这样的瞬间使得人生绽放出一种又一种精彩,一抹又一抹亮色,其意义和影响沉淀或者穿梭在人生之中而长存,所谓"瞬间即永恒"的意义也许就在于此吧。

我与邓定之间是一条亦师亦友的相与之路,也有过一个又一个不曾逝去的瞬间。记忆中,第一次见面是在我的办公室,那时他是2009级刚进清华录在我名下的一位硕士研究生,当他推门进来的那个瞬间,我看到一个白净斯文略带腼腆的青涩男孩。第一次在哲学上了解他,来自他关于休谟的知识和信念问题的本科毕业论文,发现他在悟性和理性上有极好的潜能。第一次全然敞开心扉是在夜空下校园的路上,就个体生命先天般的存在境遇问题直指精神困惑的那一刻。还有一次在校园餐厅对饮聊天,谈及在没有科技世界为中介的时代,古人通过自己的感官和想象直接生活在与自然的切身关联中,想必对宇宙星空的奥秘也有比今人更为鲜活的体悟;由古人到自身,彼此在对话之时带着自己深深的生存体验,一种精神上的默契和共鸣顿时流过心底。更为难忘的一次是在小月河边陪我走路,月色之下,微风轻起,我们一边走着,一边聊着海德格尔以及死亡、超越、自然和人生的话题,那一刻是我在沉重的病魔压力下的一次放松,犹如一条绳索从心上轻轻滑落……

　　硕士研究生毕业那一年,邓定准备写一篇关于尼采的硕士学位论文,由于获得直接推免攻读博士的资格,按学校规定,不能继续撰写硕士学位论文参加答辩,这成为我们两个人的一件憾事。所幸的是,在接下来跟随裕生教授攻读博士的四年中,有高师指点迷津,有个人勤学好思,再经德国访学深造,一路扎扎实实地走下来,邓定最终写出一篇关于海德格尔瞬间理论的哲学论文,得到评审专家们的高度肯定,获得了清华大学优秀博士学位论文,并因此得到清华大学出版基金的资助。翻开面前这本书可以发现,在内容架构和理论理解上较之博士学位论文又有了进一步的完善和推进。

　　回首过往,从校园内做学生到毕业后做研究者,十几年中邓定和我一直保持着学术和人生的对话,我们亦师亦友,互相启发。我是看着邓定在学术的道路上一步步走向深处,在人生的旅途中一点点走向成熟。我为他取得的每一个进步感到欣慰,更为他的博士论文即将出版感到高兴。当他邀我为本书写序时,我开心地答应了。可是写点什么呢?在关于海德格尔的研究和理解上,他早已超过了我,阅读这本书对我主要是一种学习和分享。我只能从周边或侧路着手写点东西,以便为这本书提供一点导索和辅助作用。鉴于"瞬间"是一个关键性问题但并未受到重视,我从文学和宗教入手,引出瞬间观念如围棋中的"眼"一样具有普遍存在的本质性意义;鉴于尼采对海德格尔直接或间接的影响,恰好邓定当年想做尼采硕士论文的初衷未能如愿,在本书里也没有论及,故而我就多谈了一点尼采;鉴于我们私下曾对海德格尔是不是一个虚无主义者的问题做过交流,所以我就趁此机会进一步谈了一些想法。

凡此种种,有学术的因由也有师友的情由促成了这篇文字,权当为序吧。

田 薇

2021 年 3 月 8 日

写定于清华大学学清苑

摘 要

海德格尔前期瞬间概念的形成主要源于其对柏拉图、亚里士多德和克尔凯郭尔瞬间问题的思想阐释,总体而言,有四条进路:

第一,通过对柏拉图《巴门尼德篇》156d3 的突然(ἐξαίφνης)问题的现象学阐释,海德格尔揭示了一个既不在时间之中存在同时也不是永恒的瞬间,它作为一切转变的通道却是不可理知的。从突然概念在认识论上的不可理知性通达存在论层面的"存在是无"这个结论,这构成了理解海德格尔前期瞬间思想的第一条进路,即认识论进路。

第二,通过对亚里士多德《物理学》217b29-224a17 的时间和现在(νῦν)问题的现象学阐析,海德格尔剖析了包括钟表时间和世界时间在内的流俗时间的生存论基础,并最终揭示了源始统一的时间性之绽出的生存论结构,瞬间便是构成时间性之绽出的一个环节,即本真的当前(Gegenwart)。统括之,由物理学视野下的现在疑难直至廓清源始的时间性之绽出,这构成了理解海德格尔前期瞬间思想的第二条进路,即物理学进路。

第三,通过对亚里士多德《尼各马可伦理学》的良机(καιρός)概念的生存论阐释,尤其是对实践智慧概念的现象学诠释,海德格尔阐明了与本真的实践决断有关的瞬间,这构成了理解海德格尔前期瞬间思想的第三条进路,即实践哲学进路。

第四,通过比照克尔凯郭尔与海德格尔的瞬间思想,我们一方面阐明了克尔凯郭尔如何从个体的生命哲学进路出发,在生存状态层次上(existenziell)阐释个体当下的信仰决断问题;另一方面也揭示了海德格尔如何承袭了克尔凯郭尔的生命哲学试验,运用现象学方法,在生存论上(existenzial)阐明了此在作为个体如何倾听良知的呼声而生发决断,同时成为本真的此在,这构成了理解海德格尔前期瞬间思想的第四条进路,即生命哲学进路。

此外,汉斯·约纳斯曾对《存在与时间》里的瞬间概念展开批判,争议有三:第一,海德格尔始终在本真将来同本真过去(实际被抛)的关联之中解释瞬间,瞬间并没有成为一个独立的生存论范畴;第二,如果把瞬间作为一个独立的生存论范畴,它的实践内容竟然为空;第三,海德格尔曾提到本真的过去即实际的被抛状态,但没有指明"抛者"是谁,在海德格尔的生存论架构中,"抛者"位置向来缺失。由此出发,约纳斯将海德格尔的生存论视为诺斯替主义的现代对应项,甚至是现代虚无主义产生的根源。

  本书拟从上述四条进路展开论述,结合具体的文本解析,同时介绍并回应汉斯·约纳斯的相关批评,尝试阐明如下两个基本问题:第一,廓清同海德格尔的瞬间(Augenblick)概念直接对应的突然(ἐξαίφνης)、现在(νῦν)、良机(καιρός)和瞬间(Øieblikket)的生存论结构;第二,结合瞬间问题的四条进路,阐明海德格尔前期思想中瞬间概念的多重含义及其思想史效应。

关键词:瞬间;此在;存在;永恒;时间

Abstract

This book is to study the issue of Augenblick in Heidegger's early thought. Heidegger was mainly and deeply affected by Plato, Aristotle and Kierkegaard, when the concept of Augenblick was formed in his early thought. Generally speaking, there are four approaches.

First of all, through a phenomenological interpretation of the concept of "suddenness" (ἐξαίφνης) in Plato's *Parmenides* (156d3), Heidegger reveals a Augenblick that neither exists in time nor is eternal. It serves as a transition for all changes, but meanwhile it is unknowable. The epistemological unreasonableness of the concept of "suddenness" leads to the ontological level of the conclusion that "existence is nothing", which constitutes the first approach to understanding the concept of Augenblick in Heidegger's early thought. All above is the epistemological approach.

Secondly, based on a phenomenological analysis of the problem of time and presence(νῦν) in Aristotle's *Physics*(217b29-224a17), Heidegger then clarifies the existential basis of the vulgar time including "clock-time" and "world-time", finally, it reveals the existential structure of primary temporality, and the Augenblick is a part that constitutes the emergence of temporality, namely the authentic present (Gegenwart). In conclusion, from the paradox of the concept of presence in the field of physics to the clarification of the origin of primary temporality, this constitutes the second approach to understanding the concept of Augenblick in Heidegger's early thought, that is the physical approach.

Furthermore, through the existential interpretation of the concept of opportunity (καιρός), especially the concept of practical wisdom in Aristotle's *Nicomachean Ethics*, Heidegger clarifies the concept of Augenblick when the authentic practical resolution happens. That is the third approach to understanding the concept of Augenblick in Heidegger's early thought, namely the approach of practical philosophy.

Lastly, in view of the comparison between Kierkegaard's "Øieblikket" and Heidegger's "Augenblick", it illustrates from the perspective of life philosophy how Kierkegaard existentielly interprets the individual's resolution to believe; on the other hand, it also reveals how Heidegger inherited Kierkegaard's experiments of life philosophy, meanwhile phenomenologically and existentially clarified how Dasein, as an individual, follows the call of conscience and makes a resolution to become the authentic Dasein. That above constitutes the fourth approach to understanding the concept of Augenblick in Heidegger's early thought, namely the approach of life philosophy.

In addition, Hans Jonas once criticized the concept of Augenblick in *Being and Time*. Briefly speaking, there are three controversies: Firstly, Heidegger always interprets the concept of Augenblick in the relationship between the authentic future and the authentic past, therefore the Augenblick is never an independent existential category. Secondly, even if it is regarded as such a category, its existential content is practically empty. Finally, Heidegger once mentioned that the authentic past is "thrownness", but failed to explicitly specify the "thrower", that is to say, in Heidegger's existential framework, the position of the "thrower" has always been missing. Starting from those reasons, Jonas regards Heidegger's existentialism as the modern counterpart of Gnosticism, and even the initiator of modern nihilism.

Following four approaches listed above, these issues will be illustrated in detail. With the specific text analysis and the criticism from Hans Jonas about Heidegger's "Augenblick" in *Being and Time*, the following two goals will be accomplished from the phenomenological perspective: First of all, the concepts of ἐξαίφνης, νῦν, καιρός and Øieblikket are to be clarified, which are directly related to Heidegger's concept of Augenblick. Secondly, based on the analysis above, the multiple meaning of the concept of Augenblick in Heidegger's early thought and its influence on the history of western philosophy will be elucidated.

Key Words: Augenblick; Dasein; Being; Eternity; Time

目 录

导论：时间与瞬间 ………………………………………………… 1

第一章　瞬间问题的认识论进路——柏拉图的突然与海德格尔的瞬间 …………………………………………………………… 17
  第一节　转变作为存在的核心规定 ……………………………… 18
  第二节　瞬间作为时间的开端 …………………………………… 24

第二章　瞬间问题的物理学进路——亚里士多德的现在与海德格尔的瞬间 ………………………………………………………… 36
  第一节　《物理学》Δ卷的现在问题 ……………………………… 36
  第二节　海德格尔论亚里士多德的时间疑难 …………………… 40
  第三节　海德格尔论亚里士多德的现在问题 …………………… 44
  第四节　时间性之瞬间 …………………………………………… 51

第三章　瞬间问题的实践哲学进路——亚里士多德的良机与海德格尔的瞬间 ………………………………………………………… 55
  第一节　良机与现在之辨 ………………………………………… 56
  第二节　良机、实践智慧与瞬间 ………………………………… 60
  第三节　良机、瞬间和善 ………………………………………… 69

第四章　瞬间问题的生命哲学进路——克尔凯郭尔的瞬间与海德格尔的瞬间 ………………………………………………………… 74
  第一节　瞬间与死 ………………………………………………… 76
  第二节　瞬间（καιρός）与决断 ………………………………… 90
  第三节　瞬间（ῥιπὴ ὀφθαλμοῦ）与到时 ……………………… 106

第四节　作为原型的瞬间……………………………………… 117

第五章　海德格尔的瞬间与现代虚无主义……………………… 125
　　第一节　诺斯替主义与现代虚无主义……………………………… 126
　　第二节　海德格尔的瞬间思想与现代虚无主义…………………… 128
　　第三节　海德格尔是一个现代虚无主义者吗？…………………… 132

第六章　瞬间与此在…………………………………………………… 138

参考文献………………………………………………………………… 145

后记……………………………………………………………………… 151

导论:时间与瞬间

国内学界历来重视海德格尔的时间问题,相关专著和论文汗牛充栋,已取得相当丰硕的研究成果。与此同时,作为时间的基本构成环节,瞬间问题却未得到应有的重视。目前,学界较为缺少关于海德格尔瞬间问题的系统阐释,例如,海德格尔的瞬间概念如何缘起?在瞬间思想形成的过程中,海德格尔曾受到哪些思想家的深刻影响?瞬间概念又包括哪几个层面的不同含义?

在海德格尔的所有生存论术语中,瞬间(Augenblick①)概念占据了极为特殊的地位。在《存在与时间》中,此在的存在建构(Seinsverfassung)植根于时间性之绽出。瞬间在生存论上意指此在由非本真的常人回到本真的整体能在(Seinkönnen)这一转变环节,它也是本真存在与有终结的时间性发生关联的纽带,即瞬间乃是此在之时间性以本真的当前样态到时,也就是说,瞬间表明了此在在实际被抛的生存处境中逗留于本真的自身之中,不再沉沦于世。就此而言,瞬间揭示了存在与时间这两大主题之间的生存论关联。

除此之外,瞬间还与永恒这个主题密切相关。在传统形而上学的整体视野下,永恒或者被理解为时间上的永久持存,或者作为超越时间之外的绝对存在,或者作为贯穿并规定时间、本身具有时间性的存在形态,在海德格尔看来,这类方式归根结底都是从在场状态(Anwesenheit)来理解永恒。与之相照,海德格尔则在生存论上阐明了永恒植根于有终结的时间性之绽

---

① Augenblick 这个德文词直译就是"一眨眼""一瞥"或者"目光一闪"。目前国内学界对它尚未有统一的中译名。陈嘉映在译《存在与时间》的过程中最初将它译成"眼下",后改为"当下即是"。参见海德格尔.存在与时间[M].陈嘉映、王庆节,译.北京:生活·读书·新知三联书店,2010:371.丁耘在《现象学之基本问题》中译本里将之译为"当即",参见海德格尔.现象学之基本问题[M].丁耘,译.上海:上海译文出版社,2008:393.还有学者将之译成"瞬间",参见朱清华.回到源初的生存现象:海德格尔前期对亚里士多德的存在论诠释[M].北京:首都师范大学出版社,2009:128-129.笔者认为,将"瞬间"作为 Augenblick 的中译名更为贴切,因为"瞬"字本身就有眨眼之义,而且与"眼下"相比,它听起来又不大容易让人联想到非本真的状态,于是采用了朱清华提出的"瞬间"这个译法。

出,即永恒必须在瞬间之中到时(Zeitigung),才能展开自身,从而显现自身。换而言之,永恒并不意味着它在此在的在世生存中永远持续(fortwähren),毋宁说,它是一个隐藏的担保者(Fortgewährende),永恒本身就具有到时这个特征。这样的观点显然植根于基督教神学终末论(christliche Eschatologie)背景,它与古希腊哲学家关于永恒的传统理解大相径庭。

由此可见,瞬间与存在、时间、永恒等主题具有直接而紧密的内在关联。研究瞬间问题,不但能够管窥海德格尔如何在生存论的视野下,运用现象学方法,重新对存在、时间和永恒这三个经典的哲学主题展开了别具一格的诠释,甚至能够通过这一研究拓展海德格尔本人不曾察觉的新问题和新视角。比如他的学生汉斯·约纳斯(Hans Jonas)曾通过批判海德格尔《存在与时间》时期的瞬间思想,发现了海德格尔的生存论与诺斯替主义之间的现代对应关联,甚至断言海德格尔的瞬间思想蕴含着导致现代虚无主义的危险因素。

关于瞬间问题,一方面,海德格尔在诸多不同的论著、课程讲稿里均有论述,比如《对亚里士多德的现象学诠释》(俗称"那托普手稿")、《存在与时间》、《现象学之基本问题》(GA24)、《尼采》、《哲学论稿》等;另一方面,海德格尔在阐明瞬间思想的时候直接提及、参照并引用的哲学家或者神学家不在少数,例如柏拉图、亚里士多德、马丁·路德、克尔凯郭尔、尼采、荷尔德林、雅斯贝尔斯等。① 有鉴于此,如果对此展开全面而烦冗的梳理介绍,难免大而无当。因此,我想集中探讨海德格尔前期思想中的"瞬间"问题,理由有二:第一,在海德格尔前期(主要包括 20 世纪 20 年代初直至 1930 年左

---

① 例如,卡尔·雅斯贝尔斯(Karl Jaspers)在《世界观的心理学》(*Psychologie der Weltanschauungen*)中曾讨论过"极限处境"(Grenzsituation)这个问题。海德格尔在《存在与时间》中曾阐明的、与决断和瞬间有关的生存论范畴"处境"(Situation)就受其影响。Cf. Heidegger M. Sein und Zeit[M]. Tübingen:Max Niemeyer Verlag,2006:301; Heidegger M. Wegmarken[M]. Frankfurt am Main:Vittorio Klostermann GmbH,1976:7-8,24-25.海德格尔的瞬间思想还曾受到尼采"永恒轮回说"的影响。关于这一部分的具体阐释,参见海德格尔解读尼采思想相关著作的上篇第二卷"痊愈者"(Genesende)章节,cf. Heidegger M. Nietzsche[M]. Pfullingen:Günther Neske Verlag,1961:311-312.与亚里士多德和克尔凯郭尔相比,雅斯贝尔斯与尼采对海德格尔前期瞬间思想形成的影响相对间接一些,海德格尔前期即《存在与时间》时期在阐明瞬间观念的过程中对二者甚少直接提及。有鉴于此,本书研究海德格尔前期瞬间思想的形成,主要依循"柏拉图—亚里士多德—克尔凯郭尔—海德格尔"这条主线。至于雅斯贝尔斯和尼采在瞬间问题方面对海德格尔的思想启示,笔者将作为下一步的研究计划另行探讨。

右所谓的"转向"之前)①的著作、课程讲稿和论文中,他关于瞬间问题的讨论相对集中,线索也较为明晰;第二,考虑到海德格尔前后期思考存在之意义问题的具体进路有所转变,瞬间概念在殊异探究路径中的含义也在发生相应的变化。② 因此,我们首先从海德格尔前期作品入手,力求阐明海德格尔哲学生涯初始阶段如何理解瞬间问题。

海德格尔前期瞬间思想的形成主要建基于对柏拉图、亚里士多德和克尔凯郭尔相关文本的思想阐释,《现象学之基本问题》(GA24)中的一段表述可作佐证:

> 因而,就不能像克尔凯郭尔(Kierkegaard)尝试的那样从现在出发去领会瞬间(Augenblick)这个现象。固然他很好地领会了"瞬间"的实际内涵,但他未能成功地阐述"瞬间"特殊的时间性,他倒是把瞬间与庸常所领会的时间之现在等同起来了。由此出发他臆造了现在与永恒的

---

① 20世纪20年代初直至《存在与时间》发表之前,海德格尔主要尝试从此在的时间性出发思考一般存在的意义问题,即"如何有存在",这也被他称为"基础存在论"(Fundamentalontologie),以澄清传统形而上学对于存在与存在者的混淆。但是,自20世纪30年代以后,海德格尔开始关注存在之真理问题,试图借此充分阐明此在的时间性本质,即从一般存在的视角出发廓清"如何有时间"这个问题,以《论真理的本质》(*Vom Wesen der Wahrheit*)和《哲学论稿》(*Beiträge zur Philosophie*)这些作品为思想分界。这也是国内外学界关于海德格尔颇有争议的"转向"(Kehre)问题。尽管迄今为止"转向说"仍未取得一致意见,然而,海德格尔在《存在与时间》刊行之前的相关著作、论文或课程讲稿中,确实对时间性和瞬间问题有过更为充分的阐述。有鉴于此,笔者主要关注海德格尔《存在与时间》时期关于时间性和瞬间问题的研究著作,包括《存在与时间》、《现象学之基本问题》(GA24)、《宗教生活现象学》(GA60)以及他在弗莱堡大学和马堡大学工作期间撰写的其他讲课记录、教职申请论文乃至部分未刊手稿等,结合具体的文本分析,探讨海德格尔前期的瞬间思想。

② 实际上,在1936年至1938年撰写的《哲学论稿》(亦被认为海德格尔思想"转向"的标志之一)中,海德格尔在提到瞬间问题时,多使用"瞬间场所"(Augenblicks-Stätte)这个概念,而不只是"瞬间"(Augenblick)。这一转变也与他逐渐放弃基础存在论进路,而转向存在历史之思有关,海德格尔后期尤其从存在之拓扑学(Topologie)角度出发关注"本有"(Ereignis)和存在之真理问题,同时强调空间与时间具有同等的源始地位,这也就不难理解为何他在后期常使用"瞬间场所"这个概念。奥托·珀格勒(Otto Pöggeler)认为,海德格尔的上述思想转变植根于他在《哲学论稿》中关于荷尔德林(Hölderlin)诗歌的相关阐释,同时将海德格尔《存在与时间》中的"瞬间"、《哲学论稿》中的"瞬间场所"以及后期思想[比如《同一与差异》(*Identität und Differenz*)]中讨论过的"突然"(Jähe)这三个概念并举。Cf. Pöggeler O. Destruktion und Augenblick[M]// Buchheim T, ed. Destruktion und Übersetzung. Weinheim: VCH, Acta Humaniora, 1989: 9-29. 因此,通过对海德格尔前后期瞬间思想的相关研究,我们能够管窥他在存在问题的思考过程中曾发生的转变,当然,这将会是笔者未来的研究计划。

吊诡关系……亚里士多德已经看到了瞬间,也就是καιρός这个现象,并在其《尼各马可伦理学》第六卷中对之做了限定;但仍然是以这样的方式,以致他未能将特殊的时间特性带到与那个他(以另外的方式)认知为时间(νῦν,现在)的东西的关联中去。①

总体而言,海德格尔前期瞬间思想的缘起主要有如下四条进路:

第一,通过对柏拉图《巴门尼德篇》156d3 的突然(ἐξαίφνης)问题的现象学阐释,海德格尔揭示了一个既不在时间之中存在同时也不是永恒的瞬间。作为一切转变发生的通道,瞬间本身却是不可理知的,海德格尔直指这一瞬间启示着"无性",并认为《巴门尼德篇》中的第三条进路乃是西方形而上学曾达到的最深刻之处。这条进路最彻底地推进了存在与时间问题"②。简而言之,从突然概念在认识论层面上的不可理知性通达存在论层面的"存在是无"这个结论,这构成了理解海德格尔前期瞬间思想的第一条进路,即认识论进路。

第二,通过对亚里士多德《物理学》217b29—224a17 的时间和现在(νῦν)问题的现象学阐析,海德格尔剖析了包括钟表时间和世界时间在内的流俗时间的生存论基础,并最终揭示了源始统一的时间性之绽出的生存论结构,瞬间便是构成时间性之绽出的一个基本环节,即本真的当前(Gegenwart)。统括之,由物理学视野下的现在疑难直至廓清源始的时间性之绽出,这构成了理解海德格尔前期瞬间思想的第二条进路,即物理学进路。

第三,通过对亚里士多德《尼各马可伦理学》中提到的良机(καιρός)概念的生存论阐释,尤其是对实践智慧概念的现象学诠释,海德格尔阐明了与本真的实践决断有关的瞬间,这构成了理解海德格尔前期瞬间思想的第三条进路,即实践哲学进路。

第四,从基督教神学背景下与此在(人)有关的三个瞬间出发,通过比照克尔凯郭尔与海德格尔的瞬间思想,我们一方面阐明了克尔凯郭尔如何从个体的生命哲学进路出发,在生存状态层次上(existenziell)将罪、救赎和审判问题转化为个体当下的信仰决断问题;另一方面也揭示了海德格尔如何承袭克尔凯郭尔的生命哲学试验,彻底悬置了基督教神学背景下的"罪—救赎—

---

① Heidegger M. Die Grundprobleme der Phänomenologie[M]. Frankfurt am Main: Vittorio Klostermann GmbH,1975:408-409.关于《现象学之基本问题》(GA24)的所有引文,笔者均参考了丁耘的译本,并酌情作出了必要的调整。参见海德格尔.现象学之基本问题[M].丁耘,译.上海:上海译文出版社,2008.

② Marcuse H. Unpublished transcript of Heidegger. Plato: Parmenides[Z]. Frankfurt am Main: Universitätsbibliothek Johann-Christian-Senckenberg, Archivzentrum. Na 3,19(0020.01):15.

审判"设定,运用现象学方法,在生存论—存在论(existenzial-ontologisch)层次上阐明了个体性的此在如何倾听良知的呼声而生发决断,同时成为本真的此在,这构成了理解海德格尔前期瞬间思想的第四条进路,即生命哲学进路。

上述四条进路分别展现了海德格尔如何比照突然(ἐξαίφνης)、现在(νῦν)、良机(καιρός)和瞬间(Øieblik)这四个均曾被译为"瞬间"的哲学概念,尝试揭示此在与瞬间、存在与时间这两对概念之间源始的存在论关联。

我们将依循上述四条进路展开论述,同时深入耕读这些哲学家的相关著作、教职论文和课程记录,力求细致清晰地呈现海德格尔前期关于瞬间问题的思想研究。与此同时,当前国内外学界关于瞬间问题的二手文献以及前沿研究成果将主要在脚注中予以介绍和评析,以免本书的主干部分过于繁杂冗长。

一、研究计划与目标

本书的第一部分将主要研究海德格尔关于柏拉图"突然"问题的现象学阐释,并由此揭示海德格尔前期形成瞬间思想的第一条进路即认识论进路。按照弗朗西斯科·J.冈萨雷斯(Francisco J. Gonzalez)的观点,海德格尔关于《巴门尼德篇》的阐释在根本上重置了存在与时间问题理解的传统范式,简而言之,存在作为转变(μεταβολή),时间作为瞬间(ἐξαίφνης)[①]。因此,第一部分将围绕着"转变—瞬间"这一对概念,廓清海德格尔如何从"突然"的超时间特性中发现了柏拉图理念论无法消除的"无"之困境。

本书第二部分主要阐明亚里士多德与海德格尔在瞬间问题上的思想渊源,分为两条主线展开具体论述:

第一,在《现象学之基本问题》(GA24)第19小节关于"时间与时间性"的论述中,海德格尔对亚里士多德《物理学》Δ卷217b29-224a17(讨论时间问题的章节)展开了逐字逐句的解析,尤其是对"现在"(νῦν)这个概念。海德格尔阐明了四重时间(物理时间、钟表时间、世界时间和源始的时间性)之现在,最终揭示了这四重时间整体统一的存在论根据即源始的时间性之绽出。在阐明了时间性之绽出的视域特征后,海德格尔将与"决断"(Entschlossenheit)这个生存论范畴直接相关的本真之当前称为"瞬间"

[①] Cf. J. Gonzalez F. Shattering Presence: Being as Change, Time as the Sudden Instant in Heidegger's 1930-1931 Seminar on Plato's Parmenides[J]. Journal of the History of Philosophy, 2019, 57(2): 313-338.

(Augenblick):"保持在决断之中并源于决断的当下我们称之为瞬间。"①

第二,在1921至1922年冬季学期关于亚里士多德的早期弗莱堡讲座②以及1924至1925年马堡冬季学期关于柏拉图《智者篇》的系列课程③中,海德格尔阐析了亚里士多德《尼各马可伦理学》第六卷、第十卷,尤其是"实践智慧"(φρόνησις)这个概念。海德格尔特别关注实践智慧引导具体行动时所依据的良机(καιρός),并直接将它译为"瞬间"(Augenblick)。他后来在《现象学之基本问题》(GA24)、《存在与时间》等著作中提到的本真之当前即决断瞬间,便得益于实践良机问题相关的研究成果。

有鉴于此,我们需要回溯亚里士多德在《物理学》中讨论的时间和现在问题,以及在《尼各马可伦理学》中提到的实践智慧和良机概念,它们分别构成了海德格尔前期瞬间思想的物理学进路与实践哲学进路。我们将对这两条进路展开具体阐述,分列为本书的第二章和第三章。

本书第三部分将尝试展开克尔凯郭尔与海德格尔在瞬间问题方面的思想比照。克尔凯郭尔植根于基督教神学的时间视野,考察并批判了以苏格拉底和柏拉图为代表的古希腊瞬间思想,阐明了何谓真正的永恒与瞬间。丹麦文 Øieblikket 和德文 Augenblick 的字面意思都是"一眨眼",我们可以在《新约·哥林多前书》的希腊语版本中找到二者的词源学根据:"就在一霎时,**眨眼**之间,号筒末次吹响的时候(ἐν ἀτόμῳ,ἐν ῥιπῇ ὀφθαλμοῦ,ἐν τῇ ἐσχάτῃ σάλπιγγι)……"④

作为一名虔诚的基督徒,克尔凯郭尔在其哲学著作中引用了大量《圣经》典故。由此可见,他关于瞬间问题的讨论植根于基督教神学背景,并尝试将其转化为个体在当下具体的生存处境中如何实现"信仰的一跃"这个难题。不过,在海德格尔看来,克尔凯郭尔尽管"把生存问题作为一个实际生

---

① "Die in der Entschlossenheit gehaltene und aus ihr entspringende Gegenwart nennen wir den Augenblick", Heidegger M. Die Grundprobleme der Phänomenologie[M]. Frankfurt am Main:Vittorio Klostermann GmbH,1975:407.

② 这一讲座内容结合海德格尔学生的课堂记录由维托里奥·克洛斯特曼(Vittorio Klostermann)出版社作为《海德格尔全集》第61卷(GA61)发行问世,标题为《关于亚里士多德的现象学诠释:现象学研究导论》,cf. Heidegger M. Phänomenologische Interpretationen zu Aristoteles (Wintersemester 1921/22)[M]. Frankfurt am Main:Vittorio Klostermann GmbH,1985.

③ 这一课堂讲稿结合海德格尔学生的课堂记录由维托里奥·克洛斯特曼(Vittorio Klostermann)出版社作为《海德格尔全集》第19卷(GA19)发行问世,题目为《柏拉图:智术之师》,cf. Heidegger M. Platon:Sophistes(Wintersemester 1924/25)[M]. Frankfurt am Main:Vittorio Klostermann GmbH,1992.

④ 参见《新约·哥林多前书》15:52。

存活动的问题明确加以掌握并予以透彻的思考,但他对生存论问题的提法却十分生疏,乃至从存在论角度看来,他还完全处在黑格尔的以及黑格尔眼中的古代哲学的影响之下"①。由此可以窥见,克尔凯郭尔仍然停留在生存状态层次(existenziell)阐析生存问题,他对瞬间概念的理解同样囿于这一解释范式,海德格尔则尝试从生存论层面(existenzial)上阐析瞬间的存在论结构。总之,海德格尔在"瞬间"问题上曾不止一次回溯克尔凯郭尔的相关思想,尽管多以批判的方式②。

克尔凯郭尔关于瞬间问题的探讨始终围绕《圣经》中所影射的三个标志性瞬间展开,这些瞬间皆与人类历史的发生、转向和终结有关③,包括罪被设定的瞬间、基督降临的瞬间($καιρός$)以及末日审判的瞬间($ριπῇ\ ὀφθαλμοῦ$)。他在存在与非存在、永恒与时间的矛盾张力中阐明了瞬间概念。在广义上,瞬间可意指任何同永恒和时间相关的重要时刻;但在狭义上,瞬间仅指永恒与时间可被重演的触碰综合,这样的瞬间对族类而言,就是基督降临的瞬

---

① Heidegger M. Sein und Zeit[M]. Tübingen: Max Niemeyer Verlag, 2006: 235. 关于《存在与时间》的所有引文,笔者均参考了陈嘉映和王庆节合译本,并酌情作出了必要调整。参见海德格尔. 存在与时间[M]. 陈嘉映,王庆节,译. 北京:生活·读书·新知三联书店,2010.

② 除了刚才列举的《现象学之基本问题》中的一处外,在《存在与时间》的一个脚注里,海德格尔同样直接批判了克尔凯郭尔的瞬间概念:"克尔凯郭尔极为深刻地看到了生存状态上的'瞬间'现象。但这并不已经意味他也相应成功地在存在论上对这一现象作出了阐释。他停留在流俗的时间概念上并借助于现在和恒常性来规定瞬间。当克尔凯郭尔谈到'时间性'时,他指的是人的'在时间中存在'。作为时间内状态的时间只知道现在,绝不知道瞬间。但如果我们在生存状态上经验到了这种瞬间,那么就已经有一种更为源始的时间被设为前提了,尽管这种时间在存在论上还是未曾明言的。"Heidegger M. Sein und Zeit[M]. Tübingen: Max Niemeyer Verlag, 2006: 301; Heidegger M. Wegmarken[M]. Frankfurt am Main: Vittorio Klostermann GmbH, 1976: 338.

③ 克尔凯郭尔在自己的哲学著作中曾多次提到这三个瞬间。首先,关于罪被设定瞬间的描述,比如(1)"首先是在'瞬间'之中,历史才得以开始"。参见克尔凯郭尔. 恐惧的概念[M]//克尔凯郭尔. 畏惧与颤栗,恐惧的概念,致死的疾病. 京不特,译. 北京:中国社会科学出版社,2013:282. (2)"在'罪'被设定的这一瞬间,'现世性'就是'有罪性'"。参见克尔凯郭尔. 恐惧的概念[M]//克尔凯郭尔. 畏惧与颤栗,恐惧的概念,致死的疾病. 京不特,译. 北京:中国社会科学出版社,2013:285. 其次,关于基督降临这个瞬间,相关文本有:(1)"假设事实并非如上所述,则时间中的瞬间就会具有决定性的意义,以至于我永远都无法将之忘却,因为那个尚未来临的永恒就在这一瞬间临现。"参见克尔凯郭尔. 哲学片断[M]. 王齐,译. 北京:中国社会科学出版社,2013:12. (2)"现在来看看这个瞬间。这样的一个瞬间有其独特性。如同所有的瞬间,它是短暂的、片刻性的、稍纵即逝的;如同所有的瞬间,在下一个瞬间来临之际,它已经逝去了。可是,这个瞬间又是决定性的,而且它被永恒所充满。这样的一个瞬间应当有个独特的名称,让我们称之为时候满足。"参见克尔凯郭尔. 哲学片断[M]. 王齐,译. 北京:中国社会科学出版社,2013:16. 最后,关于末日审判的第三个瞬间,克尔凯郭尔曾这样描述:"在《新约全书》之中有着一个对于'瞬间'的诗意改写。保罗说,世界将消亡,在一个不可分的微量、在一眨眼之间。由此他也表达了:'瞬间'是可以与'永恒'相比较的,就是说,因为'毁灭之瞬间'在同一瞬间里表达了永恒。"参见克尔凯郭尔. 恐惧的概念[M]//克尔凯郭尔. 畏惧与颤栗,恐惧的概念,致死的疾病. 京不特,译. 北京:中国社会科学出版社,2013:281.

间,也被称为"作为原型的瞬间"(the Prototype Moment);对个体来说,这样的瞬间就是在其实际生存中不断趋向并亲证永恒,准备实现"信仰的一跃"(the leap of faith)的瞬间。这三个瞬间都象征着存在与非存在、永恒与时间的转变。罪被设定的瞬间标志着时间即现实性的肯定(历史的开启)以及对永恒的否定(背离神),这是精神由存在转向非存在的瞬间;基督降临的瞬间则象征着永恒切入历史并与时间相互触碰,这个瞬间乃是存在与非存在的综合;最后,末日审判的瞬间则标志着对时间的否定(历史的终结)以及对永恒的肯定(向神回归),这是精神由非存在重新转向存在的信仰一跃。

海德格尔悬置了基督教神学背景下"罪—救赎—审判"这类依托于信仰的设定,转而在生存论视野下阐析瞬间的存在论结构。克尔凯郭尔的永恒和存在意指一个绝对的超越者,也就是《圣经》中的"神"(Gud)①。神是永恒的存在,也是时间的创造者。另一方面,时间则呈现为现实展开的历史。"非存在"表明个体仍处于罪之状态中。因此,在克尔凯郭尔那里,永恒与时间、存在与非存在是完全异质的两类东西,它们相互之间存绝对的界限。海德格尔在生存论层面上揭示了一般存在的意义并未超越于此在的生存之外,它随着存在问题的发问者即此在的领会而得到显现。存在不是任何一个存在者,而是存在者(比如此在)的存在,因此,存在问题不是关于绝对的超越者(神)是否在场的问题,而是此在(人)究竟本真地还是非本真地生存的问题。永恒与时间并不呈现为绝对超越者同现实存在者之间的绝对断裂,因为此在的存在建构就是时间性之绽出。时间性之绽出乃是有终结的到时。有鉴于此,此在之生存就是"向终结存在",总是尚未完成的。此在的生存总无法直接在整体上被把握和规定,作为无具体关联的意蕴关联整体,一般存在就是无(Nichts)②。

---

① 援引王齐的观点:尽管在《哲学片断》中,克尔凯郭尔假借约翰尼斯·克利马克斯之名在阐述宗教语境下的"永恒真理"时,为了保持其"思想方案"的"试验"性质,并未指明这里的宗教究竟为何,甚至还专门用Guden(en Gud)一词来表示"一位神""某位神",而不是特指基督教的神(Gud);但是,在以同一假名写作的续篇《对〈哲学片断〉的最后的、非学术性的附言》中,克尔凯郭尔曾明确指出这里的宗教就是基督教。参见王齐.《哲学片断》中"苏格拉底式的问题"及其意义[J].浙江学刊,2006(6):20-26.有鉴于此,在阐释克尔凯郭尔笔下的永恒、神、救赎、罪等带有宗教色彩的哲学概念时,我们不应脱离基督教神学背景。

② "究竟为什么存在者存在,而无反倒不存在(Warum gibt es überhaupt etwas und nicht vielmehr Nichts)?"这一疑难在近代首先由莱布尼茨提出,之后谢林乃至海德格尔都从自己的哲学视角出发,进一步尝试解决这个疑难。"存在是'无'(Nichts)"这一思想在海德格尔《形而上学是什么?》一文中得到详尽的阐发,这里不再赘述。具体参见海德格尔.形而上学是什么?(1929)[M]//海德格尔.路标.孙周兴,译.北京:商务印书馆,2000:119-141.

综上所述,本书的第三部分即第四章将根据上述三个标志性瞬间分为三节,从存在与非存在以及永恒与时间的关联视角,阐明克尔凯郭尔和海德格尔在瞬间问题上的思想比照,由此构成海德格尔前期瞬间概念缘起的第四条进路即生命哲学进路。

最后,汉斯·约纳斯曾对《存在与时间》里的瞬间概念展开批判,争议有三:第一,海德格尔始终在本真将来同本真过去(实际被抛)的关联之中解析瞬间,瞬间并没有成为一个独立的生存论范畴;第二,如果把瞬间作为一个独立的生存论范畴,那么,它的生存论内容在实践上竟然为空;第三,海德格尔曾提到本真的过去即实际的被抛状态,但没有指明"抛者"是谁,在海德格尔的生存论架构中,"抛者"位置向来缺失。由此出发,约纳斯将海德格尔的生存论视为诺斯替主义的现代对应项,甚至是现代虚无主义产生的根源。就此而言,以克服现代虚无主义为己任的海德格尔竟会走向自己的对立面。本书的第五章旨在阐明,在约纳斯看来,海德格尔的瞬间思想与现代虚无主义呈现何种内在关联;另一方面,围绕抛者或永恒的离场、瞬间之空性等问题,阐析约纳斯的上述论断是否公允准确。最后,由瞬间问题出发,管窥海德格尔的基础存在论与诺斯替主义乃至现代虚无主义之间的思想关联。

通过以上四条进路的具体论述以及对约纳斯批评的反思和回应,本书想要在前人的研究成果基础上达成如下两个目标:

第一,廓清同海德格尔的瞬间(Augenblick)直接对应的突然(ἐξαίφνης)、现在(νῦν)、良机(καιρός)和瞬间(Øieblikket)这四个概念的生存论结构。

第二,结合上述四条进路,阐明海德格尔前期思想中瞬间概念的多重含义及其思想史效应。

二、文献综述与研究现状

总体而言,关于海德格尔的时间问题,欧陆、英美和国内学界已经取得了相当丰硕的研究成果,然而,与此形成鲜明对照,他们对瞬间问题的关注相对偏少。不少学者只是在引介或探讨海德格尔时间问题的同时,顺带提及瞬间概念,旨在更为系统丰富地展现时间问题的内在结构。

澳大利亚默多克(Murdoch)大学的科罗·沃德(Koral Ward)在其博士论文《"瞬间":19—20世纪西方哲学的"决定性时刻"观念》[①]里面简要介绍

---

① Ward K. Augenblick: The Concept of the "Decisive moment" in 19th-and 20th-Century Western Philosophy[M]. Ashgate Publishing Limited, 2008.

了 19 世纪以来一些重要哲学家的瞬间观念,包括克尔凯郭尔和海德格尔。尽管只是概述性的梳理,但作者视野宏大,文献综述翔实可靠,为进一步研究克尔凯郭尔、海德格尔等思想家的瞬间问题提供了重要的文献索引。德国学者君特·沃尔法特(Günter Wohlfart)将自己的一门课程讲稿整理修订,并出版成书,书名为《瞬间:时间和感性经验——康德、黑格尔、尼采和海德格尔(略提普鲁斯特)》①。这门课程的主题是"近代哲学的时间概念",其中探讨了康德、黑格尔、尼采和海德格尔这四位哲学家作为感性范畴的瞬间概念。这本书的第四部分阐释了海德格尔的瞬间概念与时间性、历史性和语言这些术语的思想关联,突显了海德格尔前后期在"瞬间"问题上曾发生的思想转变。这部专著为我们阐析海德格尔的瞬间问题开辟了一条崭新的比较研究进路。回到国内学界,叶秀山先生的论文《论"瞬间"的哲学意义》②从康德、黑格尔和克尔凯郭尔这条主线阐明了瞬间观念在形而上学传统中曾对哲学范式的转变起到重要作用。黄裕生教授在他的博士论文《时间与永恒:论海德格尔哲学中的时间问题》③中也讨论过瞬间问题,尤其是在论述海德格尔的永恒与时间的关系问题时。上述著作均属于海德格尔瞬间问题的整体阐析,相关论述简洁明了,鞭辟入里。基于本书所拟定的四条进路,笔者对辅助性研究资料展开了更有针对性的搜集和整理。

首先,关于第一条进路即认识论进路。2012 年,《"柏拉图—亚里士多德—奥古斯丁"研讨班》(GA83)出版,该卷收录了海德格尔在 1930 至 1931 年冬季学期关于柏拉图《巴门尼德篇》的研讨班内容,不过,这份课程记录只占据全卷 13 页篇幅。④ 与此同时,另有一份更为详细的学生笔记《海德格尔关于柏拉图〈巴门尼德篇〉的阐释》⑤(单页印刷体,部分希腊文为手写体,总共 24 页)现归马尔库塞档案馆所有,里面不仅记录了 1930 至 1931 年冬季

---

① Wohlfart G. Der Augenblick: Zeit und ästhetische Erfahrung bei Kant, Hegel, Nietzsche und Heidegger mit einem Exkurs zu Proust[M]. Freiburg: Karl Alber Verlag, 1982.
② 叶秀山. 论"瞬间"的哲学意义[J]. 哲学动态, 2015(5): 5-9.
③ 黄裕生. 时间与永恒:论海德格尔哲学中的时间问题[M]. 北京: 社会科学文献出版社, 2002.
④ Heidegger M. Seminare: Platon-Aristoteles-Augustinus[M]. Frankfurt am Mein: Vittorio Klostermann, 2012: 25-37.
⑤ Marcuse H. Unpublished transcript of Heidegger. Plato: Parmenides[Z]. Frankfurt am Main: Universitätsbibliothek Johann-Christian-Senckenberg, Archivzentrum. Na 3,19(0020.01). 考虑到这份手稿目前尚未公开整理出版,笔者将在脚注中列出所有引文的原文,以供学界同仁核查。在此特别感谢同济大学杨光老师赠予笔者这份手稿的影印本。

学期的研讨班内容,还包括了 1931 年夏季学期关于同一主题的课程记录。在这份文稿中,海德格尔按照斯特方页码解释了《巴门尼德篇》的主要段落,尤其逐字逐句地阐析了"附录"(Anhang)亦即第三条进路(155e4-157b5)。

然而,遗憾的是,《海德格尔全集》第 83 卷的编者马克·米察尔斯基(Mark Michalski)并未收录这份手稿,在他看来,海德格尔只与沃夫冈·沙德瓦尔特(Wolfgang Schadewaldt)教授共同主持了 1930 至 1931 年冬季学期的弗莱堡大学研讨班,原计划于 1931 年夏季学期举行的研讨班实际上并未如期展开①,尽管在马尔库塞档案馆中保存的那份手稿已经标明了详细日期(1931 年 6 月 3 日至 7 月 15 日)。吊诡的是,海德格尔本人也甚少提及这两个关于《巴门尼德篇》的研讨班,仿佛它们从未发生,其原因学界目前尚无定论,这已是一段颇有争议的学界公案。尤西·巴克曼(Jussi Backman)指出:"如果这确实是海德格尔在研讨班中所得出的结论,他后来再也没有系统地回溯《巴门尼德篇》,这一事实就表明他曾经为自己的阐释深感犹豫,同时始终被这篇谜一样的对话所困扰,像大多数阐释者那样。"②文森佐·西塞罗(Vincenzo Cicero)也曾提出质疑:"海德格尔对于'瞬间'(ἐξαίφνης)的刻意忽视真令人奇怪。"③他同时认为,海德格尔在《巴门尼德篇》中发现的瞬间问题会让其"存在之历史"(Seinsgeschichte)陷入严重的危机,他为此不得不刻意避免提到这个问题。弗朗西斯科·J.冈萨雷斯(Francisco J. Gonzalez)也认同前面两位学者的观点,他提出或许正是预见到这一结论会颠覆自己关于柏拉图思想的整体评断与历史定位,因此,海德格尔几乎从未在公开场合提到曾在 1930 至 1931 年与沙德瓦尔特教授共同主持的这个研讨班。④尽管如此,通过这份"被遗忘的手稿",我们还是可以清晰地展现海

---

① Heidegger M. Seminare: Platon-Aristoteles-Augustinus [M]. Frankfurt am Mein: Vittorio Klostermann, 2012: 667-668. 不特如此,威廉·J.理查德森 William J. Richardson 教授在《海德格尔:从现象学到思想》的附录里也只列出了海德格尔与沃夫冈·沙德瓦尔特教授共同主持的 1930 至 1931 年冬季学期的进阶研讨班("Fortgeschrittene: Platons Παρμενίδης(mit Schadewaldt)"),同时并未列入 1931 年夏季学期举行的关于同一主题的研讨班。Cf. J. Richardson, S. J. W. Heidegger: Through Phemonenology to Thought[M]. New York: Fordham University Press, 2003: 675.

② Backman J. Complicated Presence: Heidegger and the Post-Metaphysical Unity of Being [M]. Albany: State University of New York Press, 2015.

③ Cicero V. Henologia e oblio dell'Essere. A proposito di una figura speculativa centrale in Heidegger[J]. Dialegesthai. Rivista telematica di filosofia, 2011(13).

④ Cf. J. Gonzalez F. Shattering Presence: Being as Change, Time as the Sudden Instant in Heidegger's 1930-1931 Seminar on Plato's Parmenides[J]. Journal of the History of Philosophy, 2019, 57(2): 313-338.

德格尔如何从柏拉图的"突然"悖论中管窥到,瞬间具有源始的"无性",直至阐明一般存在就是"无"(das Nichts)。

除了那份尚未发表的课程手稿外,汉斯·鲁因(Hans Ruin)的专著《隐秘的开端:海德格尔作品中的"历史性"溯源》①(尤其是第178至184页)也详述了"突然"(ἐξαίφνης)和"凯若斯"(καιρός)这两个哲学概念之间的殊异关联。德国学者维尔纳·拜尔瓦尔特斯(Werner Beierwaltes)在《突然或者瞬间悖论》②这篇论文中沿着由柏拉图的突然问题到亚里士多德的现在悖论,再到克尔凯郭尔的瞬间概念直至海德格尔的瞬间思想这条线索概述瞬间问题,这与本书的第一条进路比较契合。此外,卡尔·海因茨·博雷尔(Karl Heinz Bohrer)的专著《从突然到感性显象的瞬间》③探讨了一个类似问题,即作为感性与非感性的显象界限,突然是如何可能的?这部著作同时涉及海德格尔的瞬间问题以及与其瞬间概念相关的其他思想主题,比如语言、艺术等。

其次,关于第二条进路即物理学进路。海德格尔曾在《现象学之基本问题》(GA24)④里剖析了各种流俗的时间领会(das vulgäre Zeitverständnis),比如钟表时间、世界时间,进而通达其源始的存在论根据,即时间性。如上诸种流俗的时间领会还有一个传统形而上学的根源,海德格尔主要将其归

---

① Ruin H. Enigmatic Origins: Tracing the Theme of Historicity through Heidegger's Works[M]. Stockholm: Almqvist & Wiksell Interantional,1994.

② Beierwaltes W. Ἐξαίφνης oder: Die Paradoxie des Augenblicks[J]. Philosophisches Jahrbuch, 1967,74(2): 271-283.

③ Bohrer H. Plötzlichkeit: Zum Augenblick des ästhetischen Scheins[M]. Frankfurt am Main: Suhrkamp Verlag,1981.

④ 《现象学之基本问题》(GA24)源于海德格尔1927年夏季学期在马堡大学所开设的同名系列讲座手稿。它主要关注四个现象学之基本问题:(1)存在论的差异问题,即存在与存在者之分;(2)存在的基本廓清问题,即本质和实存之分;(3)存在的可能殊异及其多样性的统一根据问题;(4)存在的真理特征问题。它们分别由传统形而上学的四个基本论题引出:(1)存在不是实在的谓词(康德);(2)本质存在(das Wassein,essentia)和现成存在(das Vorhandensein,existentia)皆植根于存在者的存在(可溯及亚里士多德主义的中世纪存在论);(3)存在的基本方式是广延存在(res extensa)与思想存在(res cogitans)(近代存在论);(4)作为系词(Copula)的存在(逻辑学)。海德格尔关于四重时间的解析,旨在解答第一个现象学之基本问题,即存在论的差异问题。该书的编者弗里德里希-威廉·冯·赫尔曼(Friedrich-Wilhelm v. Herrmann)教授曾在该书1975年版的"后记"中提到:"这一讲座详解了《存在与时间》第一部分第三章节的要题,即通过作为一切存在领会的视域之'时间'的廓清,解答一般存在的意义问题(der Sinn von Sein überhaupt),它基于以此在(Dasein)解析为引导的基础存在论", cf. Die Grundprobleme der Phänomenologie[M]. Frankfurt am Main: Vittorio Klostermann GmbH,1975: 472-473. 因此,该书某种程度上可视为《存在与时间》未完成的"时间与存在"章节的增补。

于亚里士多德。所以,在阐明存在论差异问题伊始,他首先对亚里士多德详述时间问题的文本(《物理学》Δ 卷 217b29-224a17)展开了颇为详尽的现象学解析;然后,通过厘清亚里士多德的物理时间理解与流俗的时间领会之间的关联,海德格尔又从钟表时间出发,经由世界时间,直至阐明源始的时间性乃至瞬间问题。

关于这条解析进路,在《现象学之基本问题》中,海德格尔明确提到自己曾受到新柏拉图主义者辛布里丘(Simplicius)关于《物理学》Δ 卷的评注的启发①。因此,笔者将结合辛布里丘的《物理学》解注②讨论亚里士多德的时间问题,以便与海德格尔的相关阐释互鉴。

此外,沃尔特·布罗根(Walter Brogan)曾撰写《海德格尔的亚里士多德阐释中的时间问题》③一文,详细阐述了海德格尔在《现象学之基本问题》(GA24)中关于亚里士多德《物理学》Δ 卷的时间问题解释。美国学者威廉·麦克尼尔(William Mcneill)在《瞬间:海德格尔、亚里士多德和理论的终结》④中曾经全面深入地探讨了现在与瞬间的关系问题。王恒也在《海德格尔时间性的缘起》⑤这篇论文中介绍了这条进路。

再次,关于第三条进路即实践哲学进路。朱清华在其专著《回到源初的生存现象——海德格尔前期对亚里士多德的存在论诠释》⑥第四章中讨论了海德格尔前期对《尼各马可伦理学》第六章的现象学阐释。在关于亚里士多德思想研究的系列课程讲稿中,海德格尔曾对实践智慧(φρόνησις)、良机(καιρός)、瞬间(Augenblick)和时间性(Zeitlichkeit)等重要术语及其内在关联展开了清晰而深入的阐释。威廉·麦克尼尔(William Mcneill)同样在《瞬间:海德格尔、亚里士多德和理论的终结》中全面系统地探讨了亚里士多德和海德格尔在瞬间问题上的思想脉承。该书标题中的"The Glance of The Eye"分狭义和广义:它在广义上意指眼睛一般地"看",正如古希腊语

---

① Heidegger M. Die Grundprobleme der Phänomenologie[M]. Frankfurt am Main:Vittorio Klostermann GmbH,1975:328.
② Cf. Simplicius. On Aristotle Physics 4. 1-5,10-14[M]. J. O. Urmson,trans. London and New York:Bloomsbury Academic,2013.
③ Brogan W. Die Frage nach der Zeit in Heideggers Aristoteles-Interpretation. Auf dem Weg zu Sein und Zeit[J]. Zaborowski H,Übers. Heidegger-Jahrbuch,2007(3):96-108.
④ William M. The Glance of The Eye:Heidegger,Aristotle,and the Ends of Theory[M]. Albany:State University of New York Press,1999.
⑤ 王恒. 海德格尔时间性的缘起[J]. 江海学刊,2005(6):213-219.
⑥ 朱清华. 回到源初的生存现象:海德格尔前期对亚里士多德的存在论诠释[M]. 北京:首都师范大学出版社,2009.

词"θεωρία",它的原初含义就是观看、凝视,后引申为"理论"(theory);它在狭义上是德文"瞬间"(Augenblick)的专属译名,既具有"看"的特征,也具有时间含义,即"看的瞬间"。该书的前两个部分详述了海德格尔前期关于亚里士多德哲学著作的现象学研究,包括实践智慧、良机和瞬间这些主题。

此外,还有两篇经典文献同样值得关注:一篇是意大利学者弗朗柯·伏尔皮(Franco Volpi)撰写的《〈存在与时间〉:对〈尼各马可伦理学〉的一种"转译"?》[1],他以亚里士多德为例,通过海德格尔对于亚里士多德《尼各马可伦理学》相关章节的现象学诠释,揭示了海德格尔与传统形而上学之间具有内在张力的思想关联。另一篇是由沃尔特·布罗根(Walter Brogan)撰写的《亚里士多德在海德格尔现象学发展中的地位》[2]一文,同样论述了海德格尔前期对亚里士多德的哲学著作卓有成效的现象学解读,尤其是真理问题。这两篇文献有助于我们初步了解,海德格尔前期是如何对亚里士多德的相关思想展开现象学研究的。

再次,关于第四条进路即生命哲学进路。克尔凯郭尔思想研究专家琼斯(O. T. Jones)的专著《克尔凯郭尔生存境遇下"瞬间"的意义》[3]着眼于克尔凯郭尔当时真实的生存处境,尝试站在他作为虔诚的基督徒这个视角,在基督教神学背景下,阐明其"瞬间"概念所蕴含的思想意义。威廉·戴维斯(William C. Davis)在其论文《克尔凯郭尔关于转折中的个体转变》[4]也具体阐释过克尔凯郭尔在《哲学片断》中讨论的瞬间与个体概念。另一方面,海德格尔研究专家西奥多·克兹尔(Theodore Kisiel)和约翰·凡·布鲁恩(John van Buren)侧重于介绍海德格尔早年所受的基督教神学教育对其解读亚里士多德哲学著作所产生的广泛影响。尤其是约翰·凡·布鲁恩(John van Buren),他在专著《青年海德格尔:隐秘之王的传说》[5]中甚至将海德格尔在学术上视为一个哲学家,同时在生活中视为一个基督徒,由此加

---

[1] Volpi F. Being and Time: A "Translation" the Nicomachean Ethics[J]. //Kisiel T, Buren v. J., ed. Reading Heidegger from the Start. Albany: State University of New York Press, 1994.

[2] Brogan W. The Place of Aristotle in the Development of Heidegger's Phenomenology [M]//Kisiel T, Buren v. J, ed. Reading Heidegger from the Start. Albany: State University of New York Press, 1994.

[3] Jones O. T. The Meaning of the "Moment" in Existential Encounter according to Kierkegaard[M]. Philadelphia: Temple University Press, 1962.

[4] William D. Kierkegaard on the Transformation of the Individual in Conversion [J]. Religious Studies, 28: 145-163.

[5] Buren v. J. The Young Heidegger: Rumor of the Hidden King[M]. Bloomington: Indiana University Press, 1994.

以综合比较，进而展开学术研究。他们都提到了"瞬间学"(Kairology)，这个概念既是亚里士多德的伦理学术语，同时也是一个基督教神学范畴。它在海德格尔关于瞬间问题的现象学诠释中体现了基督教神学与亚里士多德实践哲学之间的交叉融合。德国学者奥托·珀格勒(Otto Pöggeler)在《解构与瞬间》[1]一文中较为系统地阐释了柏拉图、克尔凯郭尔和海德格尔这三位思想家之间关于瞬间问题的思想脉承。奥托·珀格勒围绕时间、永恒、解构和瞬间这四个主题，对此展开了颇为详尽的哲学阐析，这些主题均植根于基督教神学终末论背景，这篇文献对于第四条进路的思想研究具有启示意义。此外，如前所述，科罗·沃德的博士论文同样对克尔凯郭尔和海德格尔的瞬间概念有过一般性介绍。

最后，关于海德格尔与诺斯替主义的内在关联这一段颇受争议的公案。随着那戈·玛第书册与《死海古卷》在1945年和1947年相继被发现，曾被斥为基督教异端的诺斯替主义[2]研究逐渐成为西方学术界的热点之一。在翻译曼达派(Mandeans)文献的热潮中，同时在布尔特曼与海德格尔的指导下，汉斯·约纳斯开始研究诺斯替主义，其博士论文的题目为《诺斯的概念》，后来他又陆续发表德文著作《诺斯与古代晚期精神》(*Gnosis und Spätantiker Geist*)和权威的概览性英文著作《诺斯替宗教：异在上帝的信息与基督教的开端》[3]。1952年，约纳斯发表了《诺斯替主义与现代虚无主义》[4]一文，矛头直指海德格尔的存在主义思想，此文后经扩充，附于《诺斯替宗教：异在上帝的信息与基督教的开端》书后，跋文名为《诺斯替主义、虚

---

[1] Pöggeler O. Destruktion und Augenblick [M]// Buchheim T, ed. Destrucktion und Übersetzung. Weinheim：VCH, Acta Humaniora, 1989：9-29.

[2] "诺斯替主义"(Gnosticism)，源于希腊文 γνωστικός，指某个拥有诺斯或灵知的人。诺斯替主义曾用于表示公元2、3世纪的教父所批判的基督教异端。后到了18、19世纪，它的外延得到扩大，被认为是希腊化晚期世俗文化向宗教文化转型过程中的一场大范围的宗教运动。自从20世纪那戈·玛第书册与《死海古卷》被相继发现，学者不仅将诺斯替主义视为历史上的一场精神运动，更进一步看作对人类处境的一种独特回应，其精神原则已经体现在现代性之中。参见张新樟. 诺斯替主义与现代精神[J]. 浙江社会科学，2003，5：118-123. 关于译名，张新樟将 Gnosticism 译为"诺斯替主义"，刘小枫、韩潮等主张意译为"灵知主义"，考虑到该词的历史演变和丰富含义，作者采纳张新樟的译名，直接音译为"诺斯替主义"。

[3] Jonas H. The Gnostic Religion. The Message of the Alien God and the Beginnings of Christianity[M]. Boston：Beacon Press, 2001.

[4] Jonas H. Gnosticism and Modern Nihilism[J]. Social Research, 1952, 19(4)：430-452.

无主义与存在主义》。①一言以蔽之，约纳斯将海德格尔的存在主义思想视为古代晚期的诺斯替主义运动的现代对应项。不特如此，苏珊·阿尼玛·陶伯斯亦曾撰写《海德格尔的虚无主义的诺斯替主义基础》②一文，继续拓展该论题，阐明了《存在与时间》《形而上学是什么？》《论真理的本质》等著作中的诺斯替主义因素，比如畏、操心、被抛状态、无、良知的呼声等概念。艾瑞克·沃格林也将海德格尔视为诺斯替主义运动的现代代言人，甚至借用海德格尔的"临在"（parousia）概念为现代诺斯替主义命名，称其为"临在主义"（Parousiasm）。③ 迈克尔·鲍恩则指出，《哲学论稿》（*Beiträge zur Philosophie*）才是海德格尔式的诺斯替主义的高峰。④ 上述学者均认同海德格尔与诺斯替主义之间或隐或显的思想关联，尽管在与之对应的具体著作与概念方面存在分歧。韩潮曾做出精辟总结："甚至不妨说，海德格尔大概是第一个被诊断为患有诺斯替主义病症的思想家。"⑤约纳斯对于海德格尔《存在与时间》时期的瞬间思想展开了激烈批判，相关内容集中体现在《诺斯替主义、虚无主义与存在主义》这篇文章中。

总体而言，国内外学界近些年来已经对历史上重要哲学家的瞬间问题展开了较为深入的研究，并且取得了相对丰硕的学术成果，不过，目前仍尚未针对柏拉图的突然（ἐξαίφνης）、亚里士多德的现在（νῦν）和良机（καιρός）、克尔凯郭尔的瞬间（Øieblikket）以及海德格尔的瞬间（Augenblick）等含义相近又相互关联着的哲学概念展开全面系统的梳理和廓清。这一工作理应得到重视，它不仅能够清晰地展现海德格尔的瞬间概念在西方形而上学传统中的思想源头及其哲学史定位，而且从瞬间问题入手，还能够管窥存在、永恒、时间等其他亘古不变的经典哲学主题在这一传统里曾发生的思想转变，甚至能明晰地再现希腊与希伯来这两大文明源头在形而上学传统中的融合与碰撞，同时直指现代人饱受虚无主义困扰的现实思想处境，这也构成了本书选题的宏观背景和思想史意义。

---

① Jonas H. The Gnostic Religion. The Message of the Alien God and the Beginnings of Christianity[M]. Boston: Beacon Press, 2001: 320-340.
② Taubes A. S. The Gnostic Foundation of Heidegger's Nihilism[J]. The Journal of Religion, 1954, 34(3): 155-172.
③ 参见沃格林. 没有约束的现代性[M]. 张新樟, 译. 上海: 华东师范大学出版社, 2007: 46. 以及韩潮. 海德格尔与灵知主义[J]. 哲学门, 2011, 23(1): 51-63.
④ Pauen M. Dithyrambiker des Untergangs: Gnostizismus in Ästhetik und Philosophie der Moderne[M]. Berlin: Akademie Verlag, 1994.
⑤ 韩潮. 海德格尔与灵知主义[J]. 哲学门, 2011, 23(1): 51-63.

第一章 瞬间问题的认识论进路
——柏拉图的突然与海德格尔的瞬间

目前,在已经出版的《海德格尔全集》(简称 GA)①中,海德格尔关于柏拉图的思想阐释主要包括:在 1924 年至 1925 年冬季学期的马堡大学讲座课上,他开始讲授柏拉图的《智者篇》,其讲座稿和学生笔记后收录于《海德格尔全集》第 19 卷(GA19)。在 1931 年至 1932 年冬季学期的弗莱堡大学讲座课上,他阐释了柏拉图的洞穴譬喻以及《泰阿泰德篇》的相关思想,这一讲座稿和学生笔记后收录于《海德格尔全集》第 34 卷(GA34),编者命名为《论真理的本质——关于柏拉图的洞穴譬喻和泰阿泰德篇》。1940 年,他拓展了柏拉图的真理问题,应邀发表演讲,题为《柏拉图的真理学说》。该演讲报告首次出现在 1942 年的《精神遗产年鉴》上,后收录于《海德格尔全集》第 9 卷(GA9)。在 1942 年至 1943 年冬季学期的弗莱堡大学讲座课上,他比照柏拉图的真理学说,阐述了巴门尼德的相关思想,见《海德格尔全集》第 54 卷(GA54)。除此之外,海德格尔关于柏拉图对话的思想阐释亦散见于《海德格尔全集》其他卷次,比如《存在与时间》(GA2)、《现象学之基本问题》(GA24)、《西方哲学的开端——关于阿那克西曼德和巴门尼德的阐释》(GA35)、《存在论——实际性的解释学》(GA63)等。

在上述文本中,海德格尔将柏拉图的整体思想视为一种以在场状态(Anwesenheit)为根本特征的形而上学,简而言之,在存在之无蔽状态中,存在被还原为针对某种在场状态的"看"即理知活动(νοεῖν),比如在 1942 年发表的《柏拉图的真理学说》中,他就提到:"无蔽者首先并且唯一地被理解为在对 ἰδέα 之觉知中被觉知的东西,被理解为在理知活动中被理知的东西。"②海德

---

① 《海德格尔全集》由位于德国法兰克福的维托里奥·克洛斯特曼(Vittorio Klostermann)出版社编辑出版,主要由弗里德里希·威廉·冯·赫尔曼担任主编,共计划出版 102 卷,收录了海德格尔一生所有的专著、论文、讲演稿、课程记录、私人书信等。德文版全集从 1975 年开始陆续出版,截至 2019 年,已经出版了 95 卷。

② Heidegger M. Wegmarken[M]. Frankfurt am Main: Vittorio Klostermann GmbH, 1976: 225.

格尔曾将阿那克西曼德、巴门尼德和赫拉克利特视为存在历史之思的"第一个开端"(der erste Anfang)，与之相对，柏拉图则被他视为存在遗忘(Seinsvergessenheit)之历史即在场形而上学的鼻祖。然而，海德格尔在《巴门尼德篇》中却发现了一个全新的柏拉图，特别是从中得出的"存在是转变(μεταβολή)，时间是瞬间(ἐξαίφνης)"这一结论，更是可能从根本上动摇其关于柏拉图思想的整体评价与历史定位："关于理念之'一'性的可能种类[1. 整体(ὅλον), 2. 相(ἰδέα), 3. 原型(παράδειγμα)]的那些解释尝试都宣告失败，但仍能看到：第一，超越者变得可见，这是积极的一面；第二，简单的分有彻底开始存疑；第三，'一'之理念特征也完全成为问题——不可理知的理念(第四组疑难)。所以，必须从根基处对此予以重新规定。"①

第一节　转变作为存在的核心规定

如导论所述，那份被遗忘的题为《海德格尔关于柏拉图〈巴门尼德篇〉的阐释》(HEIDEGGER, Plato: Parmenides)的研讨班手稿分为两个部分：

第一部分记录了 1930 年至 1931 年冬季学期的研讨班内容，海德格尔几乎逐条阐析了《巴门尼德篇》第一部分和第二部分的前两组推论(127e-156c8)，直到被他称为"第三条进路"(der dritte Gang)即 155e-157b，也就是柏拉图开始讨论"瞬间"(ἐξαίφνης)问题的地方。海德格尔最后留下了一个耐人寻味的论断："《巴门尼德篇》中的第三条进路乃是西方形而上学曾达到的最深刻之处。这条进路最彻底地推进了存在与时间问题，然而，它非但未曾(由亚里士多德)继承下来，反而遭到阻断。"②

第二部分则记录了 1931 年夏季学期关于同一主题的研讨班内容，海德格尔继续详述了《巴门尼德篇》的"第三条进路"，尤其是"瞬间"问题，并与亚里士多德在《物理学》Δ 卷中所讨论的时间和瞬间问题展开比照。最后，他简要阐析了《巴门尼德篇》后面六组推论，并认为它们皆已通过"第三条进

---

① Heidegger M. Seminare: Platon-Aristoteles-Augustinus[M]. Frankfurt am Mein: Vittorio Klostermann, 2012: 30-31.

② "Der dritte Gang des 'Parmenides' ist der tiefste Punkt, bis zu dem die abendländische Metaphysik je vorgestossen ist. Er ist der radikalste Vorstoss in das Problem von Sein und Zeit, ein Vorstoss, der dann (von Aristoteles) nicht aufgefangen, sondern abgefangen wurde." Marcuse H. Unpublished transcript of Heidegger. Plato: Parmenides[Z]. Frankfurt am Main: Universitätsbibliothek Johann-Christian-Senckenberg, Archivzentrum. Na 3, 19(0020.01): 15.

路"确立了基本框架。

总的来说,海德格尔对《巴门尼德篇》的阐析与《存在与时间》时期的基础存在论进路一脉相承,整份手稿的核心观点可概括为"存在是转变,转变是瞬间,瞬间又不在时间中,因此,存在没有时间"①。弗朗西斯科·J.冈萨雷斯(Francisco J. Gonzalez)就此进一步指出,海德格尔关于《巴门尼德篇》的阐释在根本上重置了存在与时间问题的传统理解范式,简而言之,"存在作为转变(μεταβολή),时间作为瞬间(ἐξαίφνης)"②。

一、存在作为理念

我们首先考察海德格尔关于这篇对话第一部分(126a-135e)的现象学阐析。他认为,《巴门尼德篇》的第一部分主要围绕这样一个基本问题展开,即"作为'一'(理念)的存在如何能够在'多'(诸存在者)之中存在"③。换而

---

① "Sein ist μεταβολή, μεταβολή ist ἐξαίφνης, ἐξαίφνης ist nicht in χρόνῳ; -also Sein ohne Zeit!" Marcuse H. Unpublished transcript of Heidegger. Plato: Parmenides[Z]. Frankfurt am Main: Universitätsbibliothek Johann-Christian-Senckenberg, Archivzentrum. Na 3,19(0020.01): 13.

② Cf. J. Gonzalez F. Shattering Presence: Being as Change, Time as the Sudden Instant in Heidegger's 1930-1931 Seminar on Plato's Parmenides[J]. Journal of the History of Philosophy, 2019,57(2): 313-338. 在这一节的撰写过程中,笔者参考了巴克曼、冈萨雷斯关于这份未刊手稿的研究成果,尤其是冈萨雷斯。冈萨雷斯全面梳理了这份课程记录的思想结构和问题背景,归纳出"存在作为转变,时间作为瞬间"这个核心论点,并且解释了这份手稿被海德格尔和米查尔斯基忽视、遗忘的原因。笔者基本赞同冈萨雷斯的观点,同时聚焦于存在作为转变和时间作为瞬间这两个问题,尝试在如下两个方面深入推进冈萨雷斯尚未完成的研究工作:第一,通过比照存在作为在场状态与存在作为转变这两种迥异的存在领会,力求阐明转变的核心规定是由不在场状态向在场状态的生成和转变,这也是存在作为在场状态的可能性根据,因此,存在作为转变乃是一种更为源始的存在领会。第二,通过揭示转变发生的时间视域发端于瞬间,倾力廓清瞬间正是源始的时间性之绽出的开端,它不在时间之中,并且具有无性,因此,瞬间也是可被打开的时间视域乃至在时间视域中发生的一切转变的存在论基础。简而言之,笔者准备从"转变作为存在的核心规定"和"瞬间作为时间视域之源始开端"这两个方面具体阐释"存在作为转变,时间作为瞬间"这一结论。此外,笔者还将结合海德格尔关于亚里士多德《物理学》相关问题的阐释,作为比照,清晰地展现海德格尔视野中《巴门尼德篇》时期的柏拉图形象,尝试论证为何海德格尔认为第三条进路"非但未曾(由亚里士多德)继承下来,反而遭到遗弃"。与此同时,笔者将穿插引介若干柏拉图研究专家关于《巴门尼德篇》曾达成共识的经典结论或者仍尚存争议的经典疑难,旨在对比呈现海德格尔的相关阐释在哪些地方有意地"曲解"了柏拉图,这种"曲解"又造成了怎样的理论效果。

③ "Wie kann das Sein als Eines (Eidos) bei den vielen (Seienden) sein?" Marcuse H. Unpublished transcript of Heidegger. Plato: Parmenides[Z]. Frankfurt am Main: Universitätsbibliothek Johann-Christian-Senckenberg, Archivzentrum. Na 3,19(0020.01): 3.

言之,理念与个别事物的分离问题被海德格尔转化为存在与存在者之间的差异问题。在《巴门尼德篇》中,为了解决这个疑难,少年苏格拉底提出了"分有说"(131a-135e),即个别事物由于分有了各自的理念才存在。海德格尔提到,"分有说"其实将上述基本问题细化为如下三个层面①:

第一,在分有活动中,理念或者作为一个整体出场(131a-b),或者作为一个可被分割的部分出场(131c-e),这两种情况都被证明为不可能,因此,柏拉图必须寻找另一种分有模式。

第二,这一完全崭新的问题背景植根于由柏拉图所揭示的理念与"看"(ἰδεῖν)之间的源始关联,理念具有"被看见"这一根本特征(132a3:ἐπὶ πάντα ἰδ ὄντι),这里的"看"并不是肉眼感性的观看活动,而是灵魂的理知活动(νοεῖν),这便是 132a-133a 的主要内容,包括理念作为可被理知的对象(νόημα)(132a-c)和理念作为"原型"(παράδειγμα)(132d-133a)。

第三,"分有说"同时将会面临一个主要困难,即一般理念的可理知性如何可能?(133b4-135e)

海德格尔指出,上述第二个层面最为重要,因为它正是展现并解决"一"之理念与复多的个别事物之间分离问题的关键所在,因为"任何诸类规定始终是通过眼睛才被持守! 古代的整个存在问题在这里被置入一个前所未闻的表述中!"②。由此可见,一般存在作为理念不能脱离"看"即理知活动。存在在理知活动中始终保持为"一",这一点"自存在问题被明确提出以来便是哲学的中心问题"③。

这样一来,存在作为理念就同时具有双重特征,即它一方面是个别事物的"原型",从而具有客观实在性,必须同个别事物发生关联;另一方面,它又是被看见的对象,由此无法脱离灵魂主观的理知活动,这两个方面如何得到统一呢? 海德格尔指出,这个问题才是理念所具有的"一"之特征的实质内容,换而言之,"'一'(ἕν)必须是理念,即'一'与'努斯'(νοῦς)的关联:只

---

① Marcuse H. Unpublished transcript of Heidegger. Plato:Parmenides[Z]. Frankfurt am Main:Universitätsbibliothek Johann-Christian-Senckenberg,Archivzentrum. Na 3,19(0020.01):3.

② "Alle diesen Bestimmungen sind immer im Auge zu behalten! Hier liegt das ganze Seinproblem der Antike in einer unerhörten Formulierung vor!"Ibid.

③ "Das zentrale Problem der Philosophie seit der ausdrücklichen Stellung der Seinsfrage." Marcuse H. Unpublished transcript of Heidegger. Plato:Parmenides[Z]. Frankfurt am Main:Universitätsbibliothek Johann-Christian-Senckenberg,Archivzentrum. Na 3,19(0020.01):4.

有作为理念,作为通过努斯被看见的东西,理念才可能行使其作为'一'的功能"①。然而,在"看"即理知活动中被揭示的存在者之存在实际上是一种被看见的在场状态(Anwesenheit),更确切地说,是一种"什么—内容"(Wasgehalt),也就是说,作为可被理知的对象,理念根本上就是一种现成在场的存在者。那么,理念究竟是如何被灵魂看见从而在场显现的呢?这不仅需要灵魂的理知活动,还需要一种让这类"看"得以可能的媒介——光亮。

二、存在作为光亮

海德格尔特别提到了柏拉图在131b3处列举的"白天"(der Tag)这个例子。柏拉图在这里原本想要探讨个别事物如何分有理念,共有两类方式:一类是像白天那样完整地被任何个别事物分有,二者是一与多的分有关系;另一类则是像帆篷那样被个别事物部分地分割,二者是整体与部分的关系。海德格尔认为,这里的"白天"不是一个时间量度,比如一天、日子,而是一种光亮(Helligkeit)。光亮显然与"看"即理知活动必然关联,"它是看的媒介"②。由此可见,这个例子并不是柏拉图随意构想的产物,因为白天作为光亮这一点也在《国家篇》的"洞穴譬喻"中得到展示。他进一步断言,这里的"白天根本不是一个可被分割的存在者,它根本上就不是存在者"③。

"白天"乃是光亮,它既不是在场的存在者,也不是存在者之在场状态,而是让存在者得以显现在场的必要前提。海德格尔由此指出,柏拉图的"理念学说"正是在这里遇到了最根本的挑战:如果存在仅被视为理念,仅作为存在者的在场状态,即使是"一"这个最高的理念,它也无法从根本上消解被理知的对象与具体外在之个别事物的分离问题。因为在这种情况下,存在只是从被看见的对象即被理知的对象这一方面得到领会,而没有继续追问并揭示让灵魂的理知活动同被理知的对象发生关联的可能性根据,这样一来,存在仍被当作一个现成在场的存在者,而与其他具体个别的存在者并列,二者只具有类属层面上的区分,也就是说,理念与个别事物只是普遍存在

---

① "Das ἕν muss Eidos sein, daher der Zusammenhang von ἕν und νοῦς: nur als εἶδος, als im νοῦς Erblicktes kann das Eidos seine Funktion als ausüben…"Ibid.

② "Sie ist das Medium des Sehens." Marcuse H. Unpublished transcript of Heidegger. Plato: Parmenides [Z]. Frankfurt am Main: Universitätsbibliothek Johann-Christian-Senckenberg, Archivzentrum. Na 3,19(0020.01): 3.

③ "Der Tag ist kein Seiendes, das überhaupt zerteilt werden könnte, er ist überhaupt kein Seiendes!"Ibid.

者与特殊存在者的关系,它抹平并遮蔽了存在与存在者之间的根本差异。关于这一点,海德格尔亦曾在《存在与时间》中引用亚里士多德《形而上学》中的观点予以说明:"存在不是类。"①

由于具体的个别事物被排除在"看"即理知活动之外,按照这一思路,理念与个别事物之间的分离问题将无法得到彻底解决。海德格尔最后得出如下结论:"他(柏拉图)因此未能领会'一'之理念的同一性以及它的统一方式,因为他未能将存在把握为一个属于超越者(Transzendenz)的东西。"②

三、存在作为超越者

存在作为光亮,它不是存在者,而是超越者。如何理解这里的"超越者"呢?海德格尔强调从理知活动(νοεῖν)方面来理解超越者,而理知活动归根结底又是人之实存(die menschliche Existenz)的一类活动,少年苏格拉底在《巴门尼德篇》第一部分结尾提出的"拯救现象"(διασῳζειν τὰ φαινόμενα)其实揭示了人之实存作为哲学活动开展的有限性,它对"实体—理念—属"(οὐσία-εἶδος-γένος)这一哲学的基本问题方式提出了挑战。海德格尔接下来进一步廓清了《巴门尼德篇》与《智者篇》关于上述问题的内在关联,即《智者篇》以追问哲学家(尤其是智者)的实存方式发现了哲学的基本问题即"存在是什么"(τί τὸ ὄν),简而言之,通过追问哲学家是什么,深入探讨了哲学实质上的基本问题(das sachliche Grundproblem);在《巴门尼德篇》中,柏拉图则正好相反,他通过哲学实质上的基本问题展现了哲学家的实存方式(哲学家巴门尼德的八组推论),并且由此表明:"哲学实质上的基本问题('存在是什么',τί τὸ ὄν)无法脱离哲学家的实际生存,(二者)亦不能被分开对待。它不是随口说出或者出于偶然旨趣生发的问题,毋宁说它植根于哲学家之实际生存。"③

海德格尔在这里着重强调"哲学家"这一身份,可能出于如下考虑:一

---

① Heidegger M. Sein und Zeit[M]. Tübingen: Max Niemeyer Verlag, 2006: 3.

② "Daher kann er die Selbigkeit des ἓν εἶδος, die Weise seiner Einheit, nie fassen, weil er das Sein nicht fasst als zugehörig zur Transzendenz." Marcuse H. Unpublished transcript of Heidegger. Plato: Parmenides[Z]. Frankfurt am Main: Universitätsbibliothek Johann-Christian-Senckenberg, Archivzentrum. Na 3, 19(0020.01): 4.

③ "Das sachliche Grundproblem der Philosophie (τί τὸ ὄν) ist von der Existenz des Philosophen nicht zu trennen und nicht getrennt zu behandeln; es ist kein Problem beliebiger Begabung oder belieb. Interesses, sondern in der Existenz des Philosophen verwurzelt." Marcuse H. Unpublished transcript of Heidegger. Plato: Parmenides[Z]. Frankfurt am Main: Universitätsbibliothek Johann-Christian-Senckenberg, Archivzentrum. Na 3, 19(0020.01): 7.

方面,哲学家不但居于流变的感性世界中,还能超越于具体的感性事物之上,观照到天外区域中普遍永恒的事物原型即理念,因此,"存在是什么"这一哲学的基本问题实际上是通过哲学家的理知活动得以实现的。另一方面,哲学家作为此在(人)的一种可能样式,其理知活动仍然属于此在(人)的人实际生存活动。就此而言,海德格尔仍继承了《存在与时间》时期关于此在之生存论阐析的一贯做法,将《巴门尼德篇》第二部分的若干推论视为哲学家巴门尼德的理性"训练",这类"训练"活动根本上植根于哲学家的实际生存,也就是此在(人)的实际生存。简而言之,哲学家的理知活动不是一种无生存处境关涉的、客观中立的静观活动,它根本上乃是此在之实际生存的一种可能样式。

四、存在作为转变

存在作为理念,侧重于从可被理知的对象方面把握存在;存在作为光亮,则侧重于从灵魂的理知活动与可被理知的对象之间的关联中介理解存在,这两类方式根本上揭示了存在被视为一个在场者还是超越者,从而展现了两类截然不同的问题范式:其一,如果存在作为理念,"一"之理念与个别事物的分离问题实际上涉及普遍在场者与特殊在场者的关系问题,归根结底,任何存在者都首先被看成一个现成的在场者,这仍停留在存在者层次。其二,如果存在作为光亮,也就是哲学家的理知活动与可被理知的对象之间的关联媒介,也是让理知活动得以可能的实现条件,上述疑难就变成了"一"之理念与个别事物如何在作为光亮的人之存在视域中生成和转变的问题,这一存在视域首先是哲学家这个特殊此在的实际生存境域。具体而言,一与多、理念原型与具体的个别事物是在哲学家的理知活动这一特定的实际生存活动中得到结合的,从一进入多,从理念原型进入具体的个别事物,这不是从普遍存在者到特殊存在者的简单运动($\kappa\iota\nu\eta\sigma\iota\varsigma$),也不是量、性质、位移方面的变化,而是从存在者到非存在者的一次超越和转变($\mu\varepsilon\tau\alpha\beta o\lambda\eta$)①。

---

① 这里或可参照亚里士多德在《物理学》Γ 卷中关于转变($\mu\varepsilon\tau\alpha\beta o\lambda\eta$)和运动($\kappa\iota\nu\eta\sigma\iota\varsigma$)的区分。(Cf. Ross W. D. Aristotelis Physica[M]. New York: Oxford University Press,1950,200b33-201b4) 亚里士多德总共归纳出四类转变,即实体的生成和毁灭、量的转变、性质的转变和位移的转变,但运动只涉及后三种转变,而不包括实体的生成和毁灭,因为生成和毁灭是一类最特殊的转变,它意指作为基底的实体本身的存在转变,即存在者与非存在者之间的转变。与此相照,量、性质和位移方面的转变都以实体的存在为前提。有鉴于此,海德格尔在这里突出转变是存在的核心规定这一点,可能是想结合理念如何在具体的个别事物中生成这一问题,从而进一步阐明:存在者与非存在者之间的转变,亦即在场状态与不在场状态之间的转变是存在作为在场状态的源始根基,与在场状态相比,转变这一核心规定揭示了更为源始的存在开端问题。

有鉴于此,存在不再被视为存在者之在场状态,而是作为由存在者进入非存在者的转变,这也是一种理念的生成(γίγνομαι),"理念自身的这一'生成'在接下来的'训练'中得到实际展示,即作为理念之转变。转变就成为存在之核心规定!"①

由此可见,《巴门尼德篇》对柏拉图通常的"理念学说"构成了根本性挑战,即存在不是作为在场状态,而是作为让在场状态得以可能的转变,更确切地说,存在不是在场者,而是超越者。那么,存在作为转变是如何发生的呢?在《巴门尼德篇》中,柏拉图认为任何转变都是在瞬间中发生的。海德格尔随即转入对"第三条进路"尤其瞬间问题的存在论阐析。

第二节 瞬间作为时间的开端

如何明确《巴门尼德篇》155e4-157b5 在整篇对话中的功能定位?这一疑难在柏拉图研究学界向来引发了极大的争议。新柏拉图主义传统认为,这个部分应该与其他八组推论同等对待,应被视为关于"一"的第三次推演,因此整篇对话的第二部分共由相互关联着的九组推论构成。与此同时,康福德(F. M. Conford)、迈因沃尔德(C. Meinwald)等学者却并不赞同新柏拉图主义者的观点,提出这部分内容不能被视为一组独立的推论,而应被看成第二组推论的"附录"(Appendix),整篇对话的第二部分实际上由相互对称的八组推论加上一个附录构成。② 然而,荣戈什(S. Rangos)后来又针对康福德等学者的上述观点展开驳斥,强调 155e4-157b5 不应仅被视为第二组推论的"附录",与此相反,这一部分内容在《巴门尼德篇》第二部分中居于枢要位置,这九组推论无法构成两两对称结构,并引用海德格尔在《海德格尔关于柏拉图〈巴门尼德篇〉的阐释》这份手稿中得出的结论作为佐证。③ 然而,海德格尔在这个问题上的观点立场其实不甚明确,显得模棱两可:他一方面继承了新柏拉图主义传统,坚持该部分内容应被当作与其他八组推论

---

① "Und dieses γίγνεσθαι der Eide selbst wird dann in der Gymnasia tatsächlich aufgewiesen, und zwar als μεταβολή der Eide. Die μεταβολή wird die zentrale Bestimmung des Seins!" Marcuse H. Unpublished transcript of Heidegger. Plato: Parmenides[Z]. Frankfurt am Main: Universitätsbibliothek Johann-Christian-Senckenberg, Archivzentrum. Na 3,19(0020.01): 8.

② Cf. Meinwald C. Plato's Parmenides[M]. New York: Oxford University Press,1991: 117-124.

③ Cf. Rangos S. Plato on the Nature of the Sudden Moment, and the Asymmetry of the Second Part of the Parmenides[J]. Dialogue,2014(53): 538-574.

并列的一组推论,换而言之,整篇对话的第二部分共包括九组推论,并将155e4-157b5划归为"第三条进路"(der dritte Gang)。但另一方面,他同时认为"第三条进路看起来不应当被放置其中,它被视为一个'附录'(155e4-157b5)"①,不过,这个所谓的"附录"却是整篇对话的核心部分(Kernstück)。此外,关于这九组推论之间的内在结构,海德格尔独树一帜,提出了自己的分类原则,即将柏拉图研究学界通常认为的前三组推论或者前两组推论加上一个附录视为独立的前三条进路,同时把后面六组推论统一当成"第四条进路",这样一来,上述九组推论就被划分为如下四条相互关联的思想进路②:

第一条进路(137c4-142b1):如果是孤立的一,即没有与存在结合的一(ἓν εἰ ἕν);

第二条进路(142b1-155e3):如果是与存在相结合的一(ἓν εἰ ἔστιν);

第三条进路(155e4-157b5):如果是与存在相结合的一,正如我们已经说过的(ἓν εἰ ἔστιν οἷον διεληλύθαμεν);

第四条进路(157b6-165e2):如果是与存在相结合的一,即转变(ἓν εἰ ἔστιν <u>μεταβολή</u>)。

如前所述,海德格尔在这份课程记录中不止一次地强调,第三条进路在整篇对话中具有决定性的意义,这是因为:它综合了前两条进路所达成的思想成果,即如果"一"是绝对的,不与存在相互结合,这样的"一"将无法真正地进入具体的个别事物,从而与多结合。换而言之,仅当"一"与存在相互结合,它才能是可被具体个别事物分有的"一"。因此,前两组推论也再次演绎了《巴门尼德篇》第一部分曾得到的结论,即与"一"相互结合的存在揭示了作为最高理念的"一"如何进入具体的个别事物之中,其中蕴含着一与多或者理念与个别事物之间的生成转变。存在作为转变,更准确地说,转变是存在的核心规定,这一点在海德格尔所指的"第三条进路"中得到了更为彻

---

① "Der 3. Gang scheint nicht recht unterzubringen, er gilt als ein 'Anhang'(155e4-157b5)." Marcuse H. Unpublished transcript of Heidegger. Plato: Parmenides[Z]. Frankfurt am Main: Universitätsbibliothek Johann-Christian-Senckenberg, Archivzentrum. Na 3,19(0020.01): 8.

② Marcuse H. Unpublished transcript of Heidegger. Plato: Parmenides[Z]. Frankfurt am Main: Universitätsbibliothek Johann-Christian-Senckenberg, Archivzentrum. Na 3,19(0020.01): 21.

底的展示,乃至于上述第四条进路即后面六组推论仍沿着第三条进路继续推进,在某种程度上,第四条进路只是对第三条进路的执行和完成。①

那么,第三条进路究竟在何种程度上推进了"存在作为转变"这一核心规定呢？海德格尔指出,柏拉图在第三条进路中发现了同"一"相互结合的存在(ist)具有"现在"这一时间特征,但与此同时,瞬间即转变的发生通道却不在时间之中,这一表面上的悖谬恰恰将存在问题的探讨推向了更为源始的开端处,因此是"西方形而上学曾达到的最深刻之处"。我们接下来将详细考察柏拉图在第三条进路中提到的瞬间疑难。

在《巴门尼德篇》中,为了厘清运动与静止的关系,为了找到让事物发生动静状态转变的处所,柏拉图引入了"瞬间"(τὸ ἐξαίφνης)这个概念,见156d3-e3：

> τὸ ἐξαίφνης-τὸ γὰρ ἐξαίφνης τοιόνδε τι ἔοικε σημαίνειν, ὡς ἐξ ἐκείνου μεταβάλλον εἰς ἑκάτερον. οὐ γὰρ ἔκ γε τοῦ ἑστάναι ἑστῶτος ἔτι μεταβάλλει, οὐδ' ἐκ τῆς κινήσεως κινουμένης ἔτι μεταβάλλει. ἀλλ' ἡ ἐξαίφνης αὕτη φύσις ἄτοπός τις ἐγκάθηται μεταξὺ τῆς κινήσεώς τε καὶ στάσεως, ἐν χρόνῳ οὐδενὶ οὖσα, καὶ εἰς ταύτην δὴ καὶ ἐκ ταύτης τό τε κινούμενον μεταβάλλει ἐπὶ τὸ ἑστάναι καὶ τὸ ἑστὸς ἐπὶ τὸ κινεῖσθαι.②

> **瞬间**。因为"**瞬间**"仿佛指示这样一个,像任何的向运动和静止之中的一个转变时所从出发的。因为它不从仍然静止的静止转变,也不从仍然运动的运动转变。但是**瞬间**,这个本性上奇异的东西,处于动静之间,不在时间以内,凡运动向静止或静止向运动的转变皆进入它里面,再由它出来。③

---

① 海德格尔认为,"在第四条进路中,'一'仍在那些推论中被提出来,正如在作为前面两组推论之统一的第三条进路中所表明的,即(存在)作为转变(Im 4. Gang wird also das hen so in die hypothesis gestellt, wie es sich im 3. Gang als Einheit der beiden ersten ergeben hat: nämlich als metabole)". Marcuse H. Unpublished transcript of Heidegger. Plato: Parmenides[Z]. Frankfurt am Main: Universitätsbibliothek Johann-Christian-Senckenberg, Archivzentrum. Na 3,19(0020.01): 21.

② Plato. Parmenides [M]//Burnet I. Platonis Opera TOMVS II. New York: Oxford University Press, 2011: 43.

③ 柏拉图. 巴曼尼得斯篇[M]. 陈康,译注. 北京:商务印书馆,2009:296. 陈康将 ἐξαίφνης 译为"突然",笔者在这里改译为"瞬间"。

第一章 瞬间问题的认识论进路——柏拉图的突然与海德格尔的瞬间

从语词构成来看,据维内尔·拜尔瓦尔特斯(Werner Beierwaltes)描述,瞬间(ἐξαίφνης)由介词ἐκ("由某某而出")与名词化的形容词ἀφανές("未显现的东西")组成,是一个合成词。他认为,瞬间的原初含义就是"从隐藏的地方出来……"①。此外,据威廉·麦克尼尔(William Mcneill)考证,这个概念最早出现在荷马的《伊利亚德》17.738和21.14两处,用来描述"巨大火焰的瞬间喷发""一个瞬间的燃烧或忽闪""一束给自己照明的光亮的瞬间到来"等含义②。本杰明·乔伊特(Benjamin Jowett)在《巴门尼德篇》的英译本中将ἐξαίφνης译作moment;海德格尔则承袭了施莱尔马赫(Schleiermacher)的译法,将它译成Augenblick。上述译法都表达了"瞬间"的含义。

海德格尔关于"瞬间"问题的阐明始于他对第三条进路的存在论判断,如前所述,"存在是转变,转变是瞬间,瞬间又不在时间中,因此,存在没有时间"③。首先,存在是转变,或者更确切地说,转变作为存在的核心规定。回到海德格尔所归纳的"第一条进路"即"一是一",在这样一个前提下,任何相反的性质都不可能附属在"一"之上,当然包括了运动与静止这类存在本身的属性。海德格尔指出,这里的"一"不是与"多"并列对立的那个"一",毋宁说"它是全一者:唯一者和大全中的'一'"④。与此同时,这里的"是"也不能被简单地等同于"如此存在"(Dassein),并由此推出"如果一是"这个前提,也就是说,"是"不能仅被视为"一"的存在特征;但也应该同时避免将它粗暴地还原为"本质存在"(Wassein),从而推出"如果一是一"这个前提,在这类情况下,"是"就被当作了某个现成的本质存在者。如前所述,这里的"是"必须被理解成动态的转变(μεταβολή)。

那么,柏拉图为什么要引入运动和静止来讨论"瞬间"问题呢?海德格

---

① "aus dem Verborgenen", cf. Beierwaltes W. Ἐξαίφνης oder: Die Paradoxie des Augenblicks [J]. Philosophisches Jahrbuch, 1967, 74(2): 271-283.

② Cf. William M. The Glance Of The Eye: Heidegger, Aristotle, and the Ends of Theory [M]. Albany: State University of New York Press, 1999: 116-117, fn28.

③ "Sein ist μεταβολή, μεταβολή ist ἐξαίφνης, ἐξαίφνης ist nicht in χρόνῳ; -also Sein ohne Zeit!" Marcuse H. Unpublished transcript of Heidegger. Plato: Parmenides [Z]. Frankfurt am Main: Universitätsbibliothek Johann-Christian-Senckenberg, Archivzentrum. Na 3, 19(0020.01): 13.

④ "Es ist das All-einige: das Einzige und das Eine in Allem." Marcuse H. Unpublished transcript of Heidegger. Plato: Parmenides [Z]. Frankfurt am Main: Universitätsbibliothek Johann-Christian-Senckenberg, Archivzentrum. Na 3, 19(0020.01): 11.

尔列举了三种可能的解释①：

第一，运动首先作为与"差异"相对立的"同一"而被引用，以便显示极端相反者正是在运动中才实现统一。由此可见，运动与静止这一对极端相反者与其他在运动中获得统一的相反者之间存在根本差异。

第二，运动与静止不过是通过转变得到统一的一个具体案例。

第三，运动与静止具有根本的存在论含义：它们不是随意的一对相反者，而是一般存在者的普遍规定。就此而言，"运动—静止"这对相反者揭示了"一"在第三条进路中所具有的整体特征。静止意味着"一"的当下存在（das jeweilige einai），即"一"分有了存在；运动则表明"一"不再当下存在，即"一"背离了存在。"瞬间"问题正肇始于上述两种情形之间，它表明转变（μεταβολή）并非发生在"一"的两类现成样式（运动和静止）之间，而是发轫于"一"对"存在"的居有与背离之间。

海德格尔显然更为接受第三种解释，并且进一步考察了转变与时间的关系。《巴门尼德篇》156d3-e3 表明了从运动向静止或者由静止向运动的转变不可能在时间中发生，它在时间中没有一个位置（ἄ-τοπός）。这是因为"转变让'既—又'即复多的同一成为可能。'分有'难题由此就变成了'转变'难题。分有的前提是'同一'与'自身'理念，但如今经由'转变'，理念本身就成为值得追问的对象！"②

一、瞬间不在时间之中

上述引文中的"奇异"（ἄτοπός，直译为"没有一个位置"）揭示了一个存在论层面上的基础问题，既然我们无法在物理时间中找到一个位置来安顿转变发生的时刻，那么，转变究竟在"何时"（Wann）发生呢？柏拉图勉强将它命名为"瞬间"（ἐξαίφνης），海德格尔则从词源构成方面进一步阐析了两种不同的瞬间之"绽出"（ἐκ）：

第一，瞬间自身所具有的绽出（Aus-Charakter）特征。任何瞬间都不在时间中，无法被视为物理时间中的一个位置，就本质而言，瞬间是一个可被

---

① Marcuse H. Unpublished transcript of Heidegger. Plato：Parmenides[Z]. Frankfurt am Main：Universitätsbibliothek Johann-Christian-Senckenberg，Archivzentrum. Na 3,19(0020.01)：17.

② "Die metabole ermöglicht das te-kai…, die Einheit in der Vielheit；das Problem der methexis ist zum Problem der metabole geworden. Die Voraussetzung für die methexis war aber das Eidos als Eines und Selbiges,-also ist durch die metabole auch das Eidos fraglich geworden!" Marcuse H. Unpublished transcript of Heidegger. Plato：Parmenides[Z]. Frankfurt am Main：Universitätsbibliothek Johann-Christian-Senckenberg，Archivzentrum. Na 3,19(0020.01)：18.

第一章 瞬间问题的认识论进路——柏拉图的突然与海德格尔的瞬间 29

打开的、向外绽出的时间视域之开端。海德格尔由此窥见,柏拉图在这里揭示的瞬间正蕴含着源始的时间性。

第二,任何转变所具有的"从—到"(ἐκ…εἰς)结构,比如从运动到静止的转变。因为一切转变都在瞬间中发生,"从—到"结构也表明了瞬间与时间视域的关系,即通过瞬间而被打开的时间视域具有前后相继性和延展性("从某某到某某")。

上述两层"绽出"即"绽出—延展"结构表明了瞬间与转变之间的内在关联,简而言之,瞬间让转变成为可能,"瞬间向'转变'而转变"(τὸ ἐξαίφνης μεταβάλλει εἰς μεταβολήν)①。在那份手稿中,记录者专门画了草图予以说明,如下所示(原图中均为古希腊文)②:

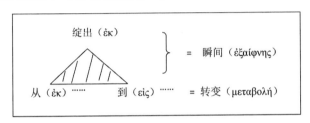

图 1-1 关于瞬间之两重"绽出"结构图

上述关于瞬间和转变之绽出特性的两层区分实际上旨在阐明与时间有关的两大疑难:第一,时间的开端疑难,即时间是如何发端的。在《存在与时间》中,海德格尔曾将时间视为阐明一般存在之意义问题的超越的视域(Horizont),那么,这样的一个时间视域又是如何被打开的?在海德格尔看来,瞬间正是时间视域被打开而绽出的开端和通道。第二,时间的延展疑难,被打开的时间视域是如何延展的?他在这里尝试通过揭示时间视域中所蕴含的"从—到"结构来解答这一疑难。其实,海德格尔的上述解析与他在《存在与时间》时期关于时间性的存在论阐释异曲同工。早在1927年,他就在马堡大学开设的《现象学之基本问题》这门课程上,运用现象学方法阐析了亚里士多德关于时间问题的研究成果(《物理学》Δ 卷 217b29-224a17),并且剖析了由此衍生的钟表时间和世界时间这类流俗的时间理解,最终展示了时间性所具有的双重特征——绽出性与视域性,他称其为"'绽出—视

---

① Marcuse H. Unpublished transcript of Heidegger. Plato:Parmenides[Z]. Frankfurt am Main:Universitätsbibliothek Johann-Christian-Senckenberg,Archivzentrum. Na 3,19(0020.01):18.

② Marcuse H. Unpublished transcript of Heidegger. Plato:Parmenides[Z]. Frankfurt am Main:Universitätsbibliothek Johann-Christian-Senckenberg,Archivzentrum. Na 3,19(0020.01):18.

域'之时间性"(die ekstatisch-horizontale Zeitlichkeit)①。不难看出,海德格尔关于瞬间和转变之绽出特征的双重区分仍然继承了《现象学之基本问题》(GA24)的主导思路,同时得出了相似的结论,即瞬间不是作为物理时间各个部分之联结或者分界的"现在"(νῦν)②,毋宁说,瞬间是时间视域之绽出的开端,从而也是在时间视域中发生的一切转变之开端。这样一个时间视域的开端并不在传统的物理时间之中。因此,海德格尔特别提到:

> 瞬间既不是时间特性,也不是时间本身。因为如果它是时间,它就会是某个特定的"这一个",由此被时间置入一个位置中,而不再可能具有"从—到"特征。"不是时间"这一规定仅仅意味着:它不是这样一类时间,让某个被计数的特定东西在其中存在(亚里士多德!),它不是一种内时间状态。③

他在这里首先将柏拉图与亚里士多德对照,尝试厘清瞬间问题在这两位思想巨擘那里曾发生的理解范式转换。亚里士多德在《物理学》Δ卷中这样界定时间:"时间是关于前后运动的被数之数"(τὸ ἀριθμούμενον κινήσεως κατὰ τὸ πρότερον καὶ ὕστερον)④,简而言之,时间是关于运动的测量,呈现为具体的被数之数。海德格尔对此做出精辟总结:对亚里士多德而言,事物

---

① Heidegger M. Die Grundprobleme der Phänomenologie[M]. Frankfurt am Main: Vittorio Klostermann GmbH,1975:379.

② 荣戈什(S. Rangos)也曾专门探讨《巴门尼德篇》中瞬间与现在的异同。他认为,瞬间与现在都具有某种无时间特征(timeless)。不过,两者仍存在显著差异:现在意指彻底排除了生成的永恒存在之在场,但瞬间并未排除生成的可能性,而且是无时间的永恒存在(eternal Being)进入时间性的生成(temporal Becoming)中从而在场的通道。(Cf. Rangos S. Plato on the Nature of the Sudden Moment, and the Asymmetry of the Second Part of the Parmenides[J]. Dialogue,2014(53):538-574)荣戈什的上述结论与海德格尔的现象学阐析结果异曲同工。

③ "Das Exaiphnes ist kein Charakter der Zeit, ist keine Zeit. Denn wäre es Zeit, dann es auch ein bestimmtes Dieses, von der Zeit an eine Stelle Gestelltes, und könnte kein Von-zu sein.-Die Bestimmung 'keine Zeit' meint also nur: keine Zeit, in der und zu der etwas ein Bestimmtes ist, durch die etwas gezählt wird (Aristoteles!), keine Innerzeitigkeit". Marcuse H. Unpublished transcript of Heidegger. Plato: Parmenides[Z]. Frankfurt am Main: Universitätsbibliothek Johann-Christian-Senckenberg, Archivzentrum. Na 3,19(0020.01):18.

④ Günter Zekl H. Aristoteles'Physik Bücher Ⅰ(A)-Ⅳ(Δ)(Griechisch-Deutsch)[M]. Hamburg: Felix Meiner Verlag, 1987:212. 关于亚里士多德本人在《物理学》Δ卷中所做出的时间论述,海德格尔曾在《现象学之基本问题》(GA24)中对此展开了更为详尽的阐析,参见本书第二章第一节的相关内容。

"在时间中存在"(das en-chrono-sein)就等同于"在时间中被测量"(in der Zeit gemessen werden)。① 然而,瞬间乃是时间视域延展的开端,时间在瞬间中被压缩为一个原点,不再具有延展与分有的特征,因此,瞬间无法显现为运动的量度,从而不能在时间中被测量,也就不在时间中存在。另一方面,任何计数活动都指向了某个计数者,这个计数者正是灵魂。灵魂的努斯随着位移运动的延展,测量出一个又一个被数之数,这便是亚里士多德关于时间的双向描述。但是,瞬间作为时间的开端不在时间之中延展,所以"不能被测量。它无法预料:瞬间是不可预见的东西(das Unvoraussehbare),一切测量、操劳以及任何操心活动都被抽离了"②。

作为时间视域被打开的开端和转变的通道,瞬间不仅不在时间之中延展,因而无法被测量,而且这样一个开端和转变的通道根本就不是能够被灵魂的理知活动所把握的对象,换而言之,瞬间超越于人的理知活动之上,它揭示了人与存在之间的源始关联,瞬间是被打开的通道,它剥离了时间与灵魂通过计数活动而建立的内在关联,也就是说,瞬间无法由灵魂的努斯而事先预见,它具有无法理知、无法直接被把握的"无性"。然而,这一洞见并未被亚里士多德接受,他仍然要在瞬间同灵魂和位移运动相关的物理时间框架下解决瞬间疑难,因此,他将瞬间与"刚才""马上"等归为一类,它们都与"现在"密切相关,"瞬间意指转变由于其短暂而在无法感觉到的时间里绽出"③。由此可见,亚里士多德认为,瞬间仍在时间中存在,尽管是"无法感觉到的时间"。海德格尔敏锐地指出,"在无法感觉到的时间里"(ἐν ἀναισθήτῳ χρόνῳ)这一说法揭示了瞬间与灵魂的内在关联,因为感觉正是灵魂的一种基本活动,"时间本质上乃是'时间—直观'(感觉活动!),它既不仅是直观形式,也不纯粹是被直观的东西"④。不难发现,亚里士多德仍然试

---

① Marcuse H. Unpublished transcript of Heidegger. Plato: Parmenides[Z]. Frankfurt am Main: Universitätsbibliothek Johann-Christian-Senckenberg, Archivzentrum. Na 3,19(0020.01): 20.

② "Es kann nicht gemessen werden. Unversehens: es ist das Unvoraussehbare, was sich allem Er-messen, Besorgen, jeder Sorge entzieht."Marcuse H. Unpublished transcript of Heidegger. Plato: Parmenides[Z]. Frankfurt am Main: Universitätsbibliothek Johann-Christian-Senckenberg, Archivzentrum. Na 3,19(0020.01): 19.

③ Günter Zekl H. Aristoteles'Physik Bücher Ⅰ(A)-Ⅳ(Δ) (Griechisch-Deutsch)[M]. Hamburg: Felix Meiner Verlag, 1987: 212.

④ "Zeit ist wesenhaft Zeit-Anschauung (aisthesis!), -aber weder nur die Form der Anschauung noch bloss das Angeschaute."Marcuse H. Unpublished transcript of Heidegger. Plato: Parmenides [Z]. Frankfurt am Main: Universitätsbibliothek Johann-Christian-Senckenberg, Archivzentrum. Na 3,19(0020.01): 21.

图在"位移运动—灵魂"这一原有的时间问题范式下解决柏拉图在《巴门尼德篇》中遇到的瞬间疑难。柏拉图揭示了"瞬间不在时间中"这一源始现象,与之相照,亚里士多德反而在瞬间疑难面前"退缩"了,将瞬间重新拉回到物理学视野下的时间之内。

二、瞬间之无性

除了阐明瞬间与时间的关系外,即瞬间作为时间视域的开端不在时间之中,海德格尔还进一步考察了瞬间与永恒的关系,他提出如下质疑:

> 不过,这也不是说瞬间就是永恒。有人宣称,瞬间既然不在时间中存在,那它就是永恒!这个论题在形式上统括了整个西方形而上学,它必须结合我们提出的评断予以回顾。①

如前所述,物理时间正是从瞬间中被打开的,继而才能向外绽出,物理时间的延展性、物理时间同位移运动的内在关联都植根于瞬间这个可被打开、可向外绽出的时间之开端。那么,这样一个开端既然不在时间之中,是否就只能属于永恒呢?海德格尔对此同样予以否定。② 作为任何相反者(包括一与多、同与异、动与静在内的一切理念)转变的通道,同时也是时间视域被打开的开端,瞬间非但不在时间之中,不是时间的原子,而且它也不

---

① "-Damit ist aber nicht etwa gesagt, dass das Exaiphnes das Ewige wäre. Man hat behauptet; das Exaiphnes ist nicht in der Zeit, also ist es die Ewigkeit! Diese These fasst die ganze abendländische Metaphysik in einer Formel zusammen. Sie muss, das ist unsere Behauptung, rückgängig gemacht werden." Marcuse H. Unpublished transcript of Heidegger. Plato: Parmenides [Z]. Frankfurt am Main: Universitätsbibliothek Johann-Christian-Senckenberg, Archivzentrum. Na 3,19(0020.01): 18.

② 尤西·巴克曼在这里引用了克尔凯郭尔关于《巴门尼德篇》瞬间问题的解析,并且尝试阐明海德格尔的上述观点与克尔凯郭尔思想之间的内在关联,毕竟后者相信"瞬间不是时间的原子,而是永恒的原子"。(Cf. Backman J. All of a Sudden: Heidegger and Plato's Parmenides[J]. Epoche,2007,11(2): 393-408)笔者一方面赞同巴克曼所揭示的、极富洞见的文本互鉴,因为海德格尔曾在《存在与时间》《现象学之基本问题》(GA24)等文本的正文、边注多处(如前所述)直接提到克尔凯郭尔的瞬间概念,并对之予以哲学评断,由此可推知,海德格尔瞬间思想的形成建基于他对克尔凯郭尔瞬间问题的相关阐释;但另一方面,我们必须坚持海德格尔与克尔凯郭尔关于《巴门尼德篇》瞬间问题阐释的根本差异,即克尔凯郭尔植根于基督教神学背景阐明这里的瞬间(Øieblikket)概念,海德格尔则运用现象学方法,旨在廓清生存论视野下的瞬间(Augenblick)。关于克尔凯郭尔对《巴门尼德篇》瞬间(ἐξαίφνης)概念的哲学阐释,笔者将在第四章第二节予以详细探讨。

能是转变的任何一方,既不能是任何个别的感性事物,也不能是任何永恒的理念,因此,瞬间也不是永恒的原子。对柏拉图而言,不管是理念还是个别的感性事物,不管是存在者还是非存在者,通过辩证法的学习,都能要么作为可被理知的对象,要么作为可被感觉的对象。但是,灵魂对于瞬间这个真正的时间开端却完全一无所知。因此,瞬间既不是时间,也不是永恒,而具有完全无法理知的"无性"。"瞬间具有无性"这个观点导致了存在问题在西方哲学传统中的根本转化,既然作为任何转变发生通道的瞬间是无法被灵魂的理知活动所直接把握的,那么就此而言,瞬间具有无性。与此相应,如果转变是存在的核心规定,那么,存在作为转变同样具有无法被灵魂的理知活动完全直接把握的无性,所以,海德格尔最后得出如下结论:"存在(das on)既是一又是多。存在是一,由于存在同时是多,反之亦然。仅当一与多本身就是'无性'的,它们才存在。"①

有鉴于此,海德格尔断言,柏拉图关于"瞬间不在时间之中"这一洞见达到了亚里士多德所未能触及的高度,因为这一发现揭示了源始的瞬间之"无性",从而在根本上扭转了西方哲学传统对于时间乃至存在问题的探讨,即承认否定性的"不"(μή)也是存在的基本特征,从而为非存在者、多、差异等主题开辟了存在论上的阐释空间,同时也为真正的"拯救现象"创设了前提条件。所以,我们便不难理解海德格尔曾做出的相关总体评价:"《巴门尼德篇》中的第三条进路乃是西方形而上学曾达到的最深刻之处。这条进路最为彻底地推进了存在与时间问题,然而,它非但未曾(由亚里士多德)继承下来,反而遭到阻断。"②

如前所述,在海德格尔关于《巴门尼德篇》的系统阐释之前,他曾将柏拉图的整体思想视为一种以在场状态为根本特征的形而上学,这也是西方传统形而上学"遗忘存在"的开端。在 1924 至 1925 年关于《智者篇》的课程讲稿中,海德格尔就明确指出:"对希腊人而言,存在仅仅是'在场—是'(Anwesend-sein)、'当前—是'(Gegenwärtig-sein)。"③他的上述评断主要

---

① "Das on ist hen und polla, und es ist hen, indem es polla ist und umgekehrt. Das Eine und die Vielen sind nur, indem sie in sich nichtig sind." Marcuse H. Unpublished transcript of Heidegger. Plato: Parmenides[Z]. Frankfurt am Main: Universitätsbibliothek Johann-Christian-Senckenberg, Archivzentrum. Na 3,19(0020.01): 24.

② Marcuse H. Unpublished transcript of Heidegger. Plato: Parmenides[Z]. Frankfurt am Main: Universitätsbibliothek Johann-Christian-Senckenberg, Archivzentrum. Na 3,19(0020.01): 15.

③ Heidegger M. Platon: Sophistes(Wintersemester 1924/25)[M]. Frankfurt am Main: Vittorio Klostermann GmbH,1992: 398.

针对柏拉图的"理念学说",尤其是《国家篇》第七卷讲述的"洞穴譬喻"。海德格尔将柏拉图的"理念"(εἶδος)或"相"(ἰδέα)理解成事物的"外观"(Aussehen),它是存在者的一种自行显现,植根于无蔽状态即"自由域"(das Freie),换而言之,正是处于这些外观之中,存在者才得以在场,就此而言,存在者之存在就是存在者之在场状态,"理念之本质在于可闪现状态与可见状态。可见状态是对在场化(Anwesung)的完成,即是对当前存在着的存在者之在场化的完成。存在者总是在其'什么—是'(Was-sein)中在场。在场化根本上就是存在之本质"①。海德格尔认为,理念不但是存在者的自行显现乃至存在者之在场状态,它作为"外观"根本上也是对存在者的一种"观看"(der Anblick),通过这一观看活动,个别事物便作为某个存在者而出场(präsentiert),显现并在场(präsent und anwesend),"在场状态便被希腊人命名为 παρουσία,简称 οὐσία,因此,对希腊人来说,在场状态就意味着存在(Sein)"②。

然而,海德格尔关于《巴门尼德篇》的阐释结论却可能从根本上动摇他关于柏拉图思想的整体评断。"存在作为转变,时间作为瞬间",海德格尔关于"第三条进路"的核心观点展现了柏拉图思想本身的艰涩繁杂。作为一与多、同与异、动与静发生转变的通道,瞬间非但不在时间中存在,还启示着"无性",相应地,"一"之存在也不再是存在者之在场,而是存在者之转变,即某种动态的"之间"(Zwischen)。无怪乎海德格尔曾在同一时期(1931年)的私人笔记本中写下这样一段话:"'存在论'甚至对存在问题都无认识……;哪里才是通向这种'存在论'的过渡途径!柏拉图——亚里士多德——经由他们的伟大,恰恰使得其哲学思维的歧义性得到加强。"③1949年7月10日,雅斯贝尔斯曾在写给海德格尔的一封信中明确指出:"如果他(柏拉图)的《巴门尼德篇》之第二部分能够通过现今的方法得到重新演绎(而不是新柏拉图主义式的),那么任何坏的形而上学都将得到克服,同时亦将为纯粹地倾听存在之语言敞开一个场域。"④

---

① Heidegger M. Wegmarken[M]. Frankfurt am Main: Vittorio Klostermann GmbH,1976: 225.

② Heidegger M. Vom Wesen der Wahrheit: Zu Platons Höhlengleichnis und Theätet[M]. Frankfurt am Main: Vittorio Klostermann GmbH,1988: 51.

③ Heidegger M. Überlegungen II-VI (Schwarze Hefte 1931-1938)[M]. Frankfurt am Main: Vittorio Klostermann GmbH, 2014: 90.

④ Martin Heidegger-Karl Jaspers: Briefwechsel 1920-1963[M]. Biemel W, Saner H, ed. Frankfurt am Main: Klostermann,1990: 176.

总而言之，通过阐释《巴门尼德篇》的主要段落尤其是"第三条进路"以及转变与瞬间疑难，海德格尔实际上发现了一个与《国家篇》时期截然不同的柏拉图，这个柏拉图已经触及存在论层面（ontologisch）上源始的一般存在（das Sein überhaupt），瞬间揭示了无法理知的存在整体即无（Nichts）。这显然冲击了海德格尔对于柏拉图思想的惯常理解，即存在是存在者之在场状态（παρουσία，Anwesenheit），它只是存在者层面（ontisch）的存在领会，也是对一般存在的遮蔽和遗忘。由此可见，如今被保存在马尔库塞档案馆里的这份手稿将迫使我们重新审视海德格尔与柏拉图之间的思想关联。海德格尔对于柏拉图思想的整体评断以及存在论历史定位是否只有一种理解范式？这个问题亦将得到重新探讨。简而言之，我们应该由此区分《国家篇》时期的柏拉图与《巴门尼德篇》时期的柏拉图，前者被海德格尔视为所谓的"在场形而上学"或者"存在遗忘之历史"的鼻祖，这一看法仍有其理据；但后者更接近于阿那克西曼德、巴门尼德以及赫拉克利特曾达到的存在领会，而属于海德格尔所揭示的"第一个开端"。

第二章 瞬间问题的物理学进路
——亚里士多德的现在与海德格尔的瞬间

正如第一章所述,针对柏拉图《巴门尼德篇》中的瞬间疑难,亚里士多德却将它视为与现在(νῦν)相关的时间概念。他曾在《物理学》Δ卷中详细讨论了时间与现在问题,海德格尔亦曾对该卷相关内容进行了颇为详尽的现象学阐释,并为这个悖论的解决提供了一条可能的物理学进路。我们接下来将对这一进路展开具体论述。

第一节 《物理学》Δ卷的现在问题

亚里士多德在《物理学》Δ卷第10章一开头就提出了关于时间的两个基本问题:第一,时间到底是存在者,还是非存在者?第二,时间的本质是什么?针对第一个问题即时间的存在问题,他从现在这个时间环节切入,证明了时间只能以现在的样式存在。

亚里士多德认为,如果把时间看作一个可分的事物,那么,它的任何一个部分都不可能存在,因为属于过去的那一部分已经存在过,现在不再存在;属于将来的那一部分还有待存在,现在仍尚未存在。[①] 所以,作为一个可分事物,时间的任何一个部分都不存在,只有作为过去与将来界限的现在存在,换而言之,时间之存在就是作为界限的现在。不过,这又会引发一个新问题,即类似于点的现在在数量上是一,还是多?

首先,不可能有多个现在。如果它的数量是多,这些彼此不同的现在必然不能同时并存,否则,就会出现多个不同的时间。但是,根据我们的经验,即使不同的运动者同时运动,它们仍停驻在同一个现在中,这也反证了时间作为一个整体是一,而不是多。因此,这些殊异的现在只能以前后相继的方式在时间里出现。

---

① Günter Z. H. Aristoteles'Physik Bücher Ⅰ(A)-Ⅳ(Δ)(Griechisch-Deutsch)[M]. Hamburg: Felix Meiner Verlag, 1987: 204.

这样的话，前一个现在又在哪里消失呢？显然，它不能消失在自身之内，否则时间将永远囿于一个点状的现在里，从而无法延展。但另一方面，它也不能消失在随即出现的下一个现在中，因为现在就像一个有界限的点，各个现在之间总是夹着一段时间，如果前一个现在紧接着消失在下一个现在中，时间也将不再具有持续性。最后，现在也不能消失在后来才出现的某一个现在里，倘若如此，两个现在之间将会有无数个其他的现在同时并存，这一点已被证明是不可能的。

其次，现在也不可能只有一个。因为时间作为可分对象，不可能从始至终都只有一个界限，我们完全可以从时间长流里随意取出有限的一段，作为这一段起点和终点的现在显然不是同一个。此外，如果现在只有一个，在时间中存在就将等同于在这同一个现在中存在，这样一来，在时间中将不再有过去与将来，一切现象都会是同时发生，从而也就取消了时间方面的先与后。

总而言之，现在作为时间的存在根据在数量上既不是多，也不是一，它究竟以何种方式存在，或者它根本就不存在？此乃与现在有关的一个悖论。鉴于这一悖论，亚里士多德暂且搁置了时间是否存在这一难题，转而探究时间的本质（ἡ φύσις），即时间是什么。

关于这个问题，亚里士多德驳斥了"时间是天球的运动"和"时间就是天球本身"这两种关于时间的"外传学说"（διὰ τῶν ἐξωτερικῶν λόγων）。对于前一类传统观点，他反对的理由有二：第一，天球运动只是一类特殊运动，它只是截取了循环运动的一部分，而不是循环运动本身，但时间作为可分的整体对象，显然不可能只是一个运动的部分。第二，如果天有多重，任何一重天之运动都是时间，就将导致同时有多个时间并行，然而，作为摹本的现实宇宙只有一个，其中的时间也应该是一个，而不是多个。[①]

至于后一种观点即"时间就是天球本身"，前人所持的理由是"万物都发生在时间里，也都存在于整个天球里"[②]，所以，时间就是天球本身。这一论证的逻辑结构如下：

所有 S 是 P，且所有 S 是 Q，所以，所有 P 是 Q。

这显然是一个无效推理。因为 P 和 Q 在外延上完全可以是一对交叉

---

① Günter Z. H. Aristoteles'Physik Bücher Ⅰ（Α）-Ⅳ（Δ）(Griechisch-Deutsch)［M］. Hamburg: Felix Meiner Verlag, 1987: 206.

② "ὅτι ἕν τε τῷ χρόνῳ πάντα ἐστὶν καὶ ἐν τῇ τοῦ ὅλου σφαίρᾳ." Ibid.

关系而非必然等同。

不过,对于第三类流行观点即"时间是运动本身",亚里士多德却非常重视。他从两个方面驳斥了这种看法:首先,"每一个事物的运动只存在于这变化着的事物自身,或存在于运动变化着的事物正巧所在的地方"①,但时间却"同等地出现在一切地方,和一切事物同在"②。其次,任何运动总是有速度上的快与慢(ταχὺ καὶ βραδύ),但是,快与慢本身就必须通过时间来测量。亚里士多德就此认为,时间本身是均匀流逝的,并无快慢变化。所以,时间不是运动。

与此同时,时间也不能脱离运动。为了证明这个观点,亚里士多德引入理智活动(ἡ διάνοια)作为例证:如果理智自身未能发生变化,或者没有察觉到事物的运动,我们就不会感到有一段时间已经过去。因此,时间虽然不是运动,但也不能脱离运动。亚里士多德将时间表述为"运动的什么"(τί τῆς κινήσεως)。这样一来,时间的本质问题也就具体表现为时间是"运动的什么"这个问题。

亚里士多德最终这样规定时间,即"时间是关于前后运动的数"③。他同时强调这里的"数"不是计数之数(τὸ ἀριθμητὸν ἀριθμόν),比如数的单位"一",而是被数之数(τὸ ἀριθμούμενον),例如一本书。前者是一般的数,它无须关涉具体事物,具体事物正是通过计数之数才能被数出来,因此它也是"所有数之数";但被数之数作为量词则是一种衡量尺度,它总是在量方面关于某个事物的数,例如十本书是在量方面关于书的"十"。同理,时间作为被数之数就是在量方面关于前后运动的数。

如前所述,在与运动有关的时间里,现在既不是一个,也不是多个,所以它不可能是数。然而,由于时间被看成关于前后运动的被数之数,这样一来,将不得不推出这个结论,即现在不"是"时间。作为时间的存在根据,现在本身竟然不"是"时间,现在非但不是时间的一个部分,甚至也不属于时间

---

① "(ἡ μὲν οὖν ἑκάστου μεταβολὴ καὶ κίνησις ἐν αὐτῷ τῷ μεταβάλλοντι μόνον ἐστίν, ἢ οὗ ἂν τύχῃ ὂν αὐτὸ τὸ κινούμενον καὶ μεταβάλλον)", Günter Z. H. Aristoteles'Physik Bücher Ⅰ(A)-Ⅳ(Δ) (Griechisch-Deutsch)[M]. Hamburg: Felix Meiner Verlag, 1987: 206-208.

② "ὁ δὲ χρόνος ὁμοίως καὶ πανταχοῦ καὶ παρὰ πᾶσιν", Günter Z. H. Aristoteles'Physik Bücher Ⅰ(A)-Ⅳ(Δ)(Griechisch-Deutsch)[M]. Hamburg: Felix Meiner Verlag, 1987: 208.

③ "τοῦτο γάρ ἐστιν ὁ χρόνος, ἀριθμὸς κινήσεως κατὰ τὸ πρότερον καὶ ὕστερον", Günter Z. H. Aristoteles'Physik Bücher Ⅰ(A)-Ⅳ(Δ)(Griechisch-Deutsch)[M]. Hamburg: Felix Meiner Verlag, 1987: 212.

的本质,换而言之,无论是在整体与部分关系方面,还是在种属关系层面,时间与现在都是异质的两个东西。这一发现迫使亚里士多德在《物理学》Δ卷第13章重新讨论曾在第10章中揭示的现在悖论。

亚里士多德在这里论述了现在的分离和统一。因为现在既是过去和将来的界限(τό πέρας),同时也是联结(ἡ συνέχεια),也就是说,现在作为时间的分离者是界限,而不是被数之数。它是时间的停顿,因而"不是"时间,也不在时间之中。但另一方面,作为时间的联结者即时间之计量单位,现在又是计数之数,它确保了时间的连续,所以它在这个层面上又"是"时间。亚里士多德还以数学上的点线关系做类比:"就像数学上运动的点画出线的情况那样:在理性看来,点是永远不相同的(因为在分割线的时候,各个分割处的点都是不同的),而作为一个画出这条线的点,则始终是同一的。"① 这个类比基于一个不容忽视的前提"在理性看来"(τῇ νοήσει)。作为被数之数,时间在灵魂对运动的测量活动中一同被读取出来,实际上,真正分割、统一乃至延展时间的存在者并不是点状的现在,而是与理性(ἡ νόησις)、理智(ἡ διάνοια)或者灵魂(ἡ ψυχή)这些计数者有关的计数活动,正如没有手的推动,单凭几何点自身不可能画出一条线。

亚里士多德在《物理学》Δ卷第11章和第14章也曾提到理智或者灵魂同时间的关系,他认为,如果没有理智的变化或者理智对于事物运动的察觉,时间的流逝就不会被我们感觉到,"如果灵魂不存在,时间还是否存在呢?"②

对于这个问题,他尝试借助反证法来解答:如果除了灵魂之外,再没有别的事物能够作为计数者存在,那么,没有灵魂也就没有时间,而只剩下运动存在(假设运动能脱离理智或灵魂存在)。不过,只要考察运动,就可以发现,运动始终有前后,前与后本身就是时间存在的一组标志。不难发现,亚里士多德其实并不认为时间和运动必须依赖于灵魂,因为时间作为被数之数并未指向唯一明确的具体计数者,重要的不是究竟由谁展开计数活动,而是时间和运动本身就蕴含着一种基本的"前—后"结构。海德格尔指出,这

---

① "ὥσπερ ἐπὶ τῶν μαθηματικῶν γραμμῶν(οὐ γὰρ ἡ αὐτὴ αἰεὶ στιγμὴ τῇ νοήσει. διαιρούντων γὰρ ἄλλη. ᾗ δὲ μία, ἡ αὐτὴ πάντῃ", Günter Z. H. Aristoteles'Physik Bücher Ⅰ(Α)-Ⅳ(Δ)(Griechisch-Deutsch)[M]. Hamburg:Felix Meiner Verlag, 1987:226.

② "πότερον δὲ μὴ οὔσης ψυχῆς εἴη ἂν ὁ χρόνος ἢ οὔ", Günter Z. H. Aristoteles'Physik Bücher Ⅰ(Α)-Ⅳ(Δ)(Griechisch-Deutsch)[M]. Hamburg:Felix Meiner Verlag,1987:232.

里的"关于前后"(κατὰ τὸ πρότερον καὶ ὕστερον)首先不是运动的属性,而是一种基本的时间结构,它指向了更为源始的时间视域。

第二节 海德格尔论亚里士多德的时间疑难

海德格尔曾在《现象学之基本问题》第 19 节里逐段阐析了《物理学》Δ 卷 217b29-224a17。他认为,亚里士多德在《物理学》Δ 卷第 10 章开篇提出的两个问题体现了根本的存在论差异:第一个问题是存在论(ontologisch)问题,它探究时间之存在样式;第二个问题是"存在者层次"(ontisch)的问题,它把时间视为一个现成的存在者,追问时间之本质。

在海德格尔看来,亚里士多德抛出了现在悖论之后,就不再讨论第一个问题,而转向了对第二个问题即时间本质问题的研究。亚里士多德认为"时间是关于前后运动的被数之数"。他关注时间作为"运动的什么",是一种被数之数,而不是计数之数。两者的差别在于:前者的被数特性表明了它自身的延展性(Dehnung),这种延展不是一种空间维度意义上的广延(Ausdehnung),而是一种时间维度意义上的"跟随"(ἀκολουθεῖ)。"跟随"不是两个空间位置并列紧靠在一起,纯然相邻,而是将前一个位置看成"由那里而来"(das Von-dort-her),同时将后一个位置看成"向这里而去"(das Hier-hin),通过这种方式,我们才能经验运动。换而言之,"我们必须在一个'由那里而来——向这里而去'的视域中看到被预先给予的位置关联脉络、点之杂多"①。只有被数之数表明了时间上的延展(Dehnung),它的基本结构是"从—到—"(ἐκ τινος εἰς τι)。与之相照作为计数之数,比如数的单位"一",它则具有一般性,其内部不可分割,无法呈现出任何运动变化。

延展(Dehnung)正是时间的本质特征,它的基本结构是"从—到—"。这也是运动的本质结构,只不过这一结构在运动中首先表现在物体的位移方面,即由这个位置移到那个位置。我们如果把目光仅仅投向运动者,将无法在它身上直接经验到运动本身,只有看到某个物体从这个位置移到那个位置之后,我们才能说:"这个物体(运动者)发生了运动。"因此,海德格尔认为,运动本身并不是存在于运动者之中,如亚里士多德所设想的,与此相

---

① "Wir müssen den vorgegebenen Ortszusammenhang, die Punktmannigfaltigkeit, im Horizont eines 'von dort her-hier hin' sehen", Heidegger M. Die Grundprobleme der Phänomenologie[M]. Frankfurt am Main: Vittorio Klostermann GmbH,1975: 347.

反,运动通过"从—到—"这一基本结构展现了运动者的位移变化。

综上所述,时间与运动的关系问题由此获得了全新理解,即二者共同植根于"从—到—"这一基本结构,这也是时空持续性(Stetigkeit)[①]的基本前提。这是因为,空间中的所有位置都是同时并置的,这个位置和那个位置之间其实并没有一段时间延展,因此,如果没有事先蕴含"从—到—"这个基本结构,空间之广延亦不可能实现。与此同理,如果时间也仅作为度量运动的被数之数,它就实际上仍从空间位移运动方面得到规定,简而言之,时间被空间性所规定。这一空间化的时间可被描述为类似几何点的"现在"之前后相继。由于每一个被数之数都可以在空间化的时间里面找到一个固定位置,因此,如果没有事先蕴含"从—到—"这个结构,时间之延展同样不可能实现。由此可见,"从—到—"这一基本结构乃是处于物理运动视角下的空间广延和时间延展的基本前提。在"从—到—"视域结构中蕴含着一种更为源始的时间持续性(Stetigkeit)。这种持续性之存在根据不是亚里士多德所认为的"运动事物"或者"'运动'概念的定义"[②],它植根于更为本己的存在基础。既然源始的时间持续性并不依赖于物体运动,那么它又如何展开自身呢?

如前所述,如果仅从空间位移运动方面理解时间,将时间看成现在点之杂多或者前后相继的现在序列,那么时间就不可能具有持续性。因为持续性的基本特性乃是"从—到—"结构,从这一个现在到下一个现在所发生的转变并不等同于两个毗邻的现在之点的空间并置,而是揭示了前一个现在的消逝与后一个现在的未到。所以,作为过去的终结和将来的开端,现在自身就必须具有"不再(nicht-mehr)—尚未(noch-nicht)"这一视域结构,而不是一个孤立封闭的几何点。

有鉴于此,现在就不是一个事物运动的空间边界,而是时间界限。作为

[①] 包括空间广延(Ausdehnung)和位移运动方面的时间延展(Dehnung)。

[②] 亚里士多德认为,运动的事物是位移运动持续性的根据:"运动或位移因位移的事物而成为一连续体,它是一个连续体倒不是因为它本身是一个连续体(因为也可能有停顿),而是因为根据逻各斯看来是一个连续体。"Cf. Günter Z. H. Aristoteles'Physik Bücher Ⅰ(A)-Ⅳ(Δ)(Griechisch-Deutsch)[M]. Hamburg: Felix Meiner Verlag, 1987: 214. 由此可见,尽管亚里士多德仍坚持位移运动通过运动者而显现为连续的,但他同时也承认运动的持续性根本上并不取决于那个运动者,而是由逻各斯担保。海德格尔则将它回溯到源始的此在之时间性。

界限,现在不"是"时间,所以,现在不是数①。但是,作为各个时间部分的联结,现在又是统一的时间单位,"时间是位移的数,而被比作运动物体的'现在'好比数的单位"②。作为数的单位,现在是所有被数之数的计数者,因此,它是计数之数,而不是被数之数。

  海德格尔认为,数表达了一种量的关系,它总是在量方面关于某个对象的数。时间正是在量方面关于前后运动的被数之数。现在作为计数之数则是时间单位,也是在量方面关于时间(被数之数)的计数之数。有鉴于此,数不能被理解为空间化的对象,比如将时间类比成一条线,同时将现在类比为一个点,否则就会导致那个悖论,即现在既不是数,也不是时间,正如点既不是线,也不是线的部分。作为运动的被数之数,时间本身蕴含了"从—到—"的基本结构。与此同理,作为过去与将来的联结,现在这类计数之数也具有"从尚未到不再"这一同质结构,换而言之,时间和现在共同具有"从—到—"结构。我们接下来还需要探讨这一基本结构植根于何种源始的存在论根据。

  回到亚里士多德对时间的基本定义:"时间是关于前后运动的数。"这是一个仿照"属加种差"的方式构成的定义,即从类属方面来看,时间首先是一类数,而且是被数之数;从"种差"角度来界定,时间与运动有关,不能脱离运动。然而,关于前(πρότερον)和后(ὕστερον),海德格尔认为此前并未获得真正的理解。按照亚里士多德的观点,"'前'和'后'的区别首先是在空间方面(ἐν τόπῳ)的。在空间方面它们用于表示位置"③,然后才是量度里的前后,这也是运动过程中前后之别的前提。最后,既然运动分前后,而时间又不可能脱离运动,所以时间也分前后④。亚里士多德显然将时间的前(Vorher)和后(Nachher)看作次生的,没有空间位置的前(Vor)和后

---

  ① 包括计数之数和被数之数。为了说明"限"和"数"之间的区别,海德格尔举了一个例子:譬如"十匹马","十"虽然规定了马匹的数量,但除此之外,它并没有对马匹自身的其他特性和存在样式作出任何限制,因此,"十"并非马匹之限,而只是马匹之数。Cf. Heidegger M. Die Grundprobleme der Phänomenologie[M]. Frankfurt am Main: Vittorio Klostermann GmbH,1975: 339-340.
  ② Günter Z. H. Aristoteles'Physik Bücher Ⅰ(A)-Ⅳ(Δ)(Griechisch-Deutsch)[M]. Hamburg: Felix Meiner Verlag,1987: 214.
  ③ Günter Z. H. Aristoteles'Physik Bücher Ⅰ(A)-Ⅳ(Δ)(Griechisch-Deutsch)[M]. Hamburg: Felix Meiner Verlag, 1987: 210.
  ④ Günter Z. H. Aristoteles'Physik Bücher Ⅰ(A)-Ⅳ(Δ)(Griechisch-Deutsch)[M]. Hamburg: Felix Meiner Verlag, 1987: 210.

(Nach),就不可能有时间维度的先(Früher)与后(Später)。

但是,如果把前与后首先理解为一对空间范畴,即一种位置序列,那么,就会导致现在悖论:前一个现在是在哪一个位置消逝,后一个现在又是在哪一个位置出现的呢?所以,源始的(ursprünglich)前与后并不是一对空间概念,海德格尔将它们归为一种时间视角。关于时间的定义,正确的表述应为:"时间乃是(从前与后的视角被经验到的)运动上面的被数之数。"①

"从前与后的视角"(hinsichtlich des Vor und Nach)指向了"在先与后的视域里"(im Horizont des Früher und Später),这是更源始的时间视域,也是前者得以可能的基础②。因此,"从前到后的视角"即是关于现在"从将来到过去"这一基本结构的具体表述,它指向了一种源始的时间视域,即"先与后的视域"。其实,亚里士多德关于时间的基本定义已经表明:时间是在先与后这一时间视域里照面的运动的被数之数。关于时间的定义里面竟然出现了时间视域,这不是一类循环定义吗?海德格尔着重解释了这个问题。

这前一个"时间"与后一个"时间"展现了存在论差异,即前者是在存在者层次(ontisch)上以现成的方式探求时间之本质,后者则是在存在论层次(ontologisch)上追问时间的存在方式及其意义。后者是前者得到领会的前提,因为只有事先对时间存在的意义问题有所领会,我们才可能对它予以具体而现成的规定。海德格尔曾在《存在与时间》导论第二节里讨论过所有问题的一般结构③,它对于时间问题同样有效:作为主词的时间实际上是问题的直接对象,即"问之所问"(das Gefragte);运动和被数之数则是"被问及的东西"(das Befragte),亚里士多德正是从它们身上追问时间的意义;最后,作为前后视域的时间正是"问之何所以问"(das Erfragte),它才是时间问题的目标和意义。

---

① "Die Zeit ist das Gezählte an der hinsichtlich des Vor und Nach erfahrenen Bewegung", Heidegger M. Die Grundprobleme der Phänomenologie [M]. Frankfurt am Main: Vittorio Klostermann GmbH,1975:348.

② 海德格尔提到:"然而时间自身仅在先与后的视域中才是可说和可领会的。'从前与后的视角'与'在先与后的视域'这两者并不重合;后者乃是对前者的阐释。"Günter Z. H. Aristoteles'Physik Bücher Ⅰ(A)-Ⅳ(Δ)(Griechisch-Deutsch)[M]. Hamburg:Felix Meiner Verlag, 1987:334.

③ Cf. Heidegger M. Sein und Zeit[M]. Tübingen:Max Niemeyer Verlag,2006:5.

第三节　海德格尔论亚里士多德的现在问题

　　这一源始的时间视域具象化为现在所具有的"从前到后的视角"这一基本结构,有鉴于此,从源始的时间视域理解现在概念,它就不再是一个孤立封闭的几何点,而指向以先与后为基本结构的时间视域。从这个视角出发,时间的存在问题便能避免现在悖论,即时间之延展(Dehnung)首先不是空间之广延(Ausdehnung),而呈现为视域之延展。具体而言,就是以时间维度上的"前"(Vorher)与"后"(Nachher)为基本环节的现在之延展。因此,现在其实首先不是时间之界限,而是时间之尺度(计数之数)。它的量度可随着自身内部"从不再到尚未"的视域收放发生变化,正如海德格尔所言:

　　　　由于现在在自身中就具有特殊的延伸性,我们便可或宽或窄地掌握这个延伸。现在之维度的幅度是各不相同的:这个小时是现在,这一秒也是现在。①

　　亚里士多德其实也曾有过类似的思考:在《物理学》Δ 卷第 14 章中,他探讨了现在与先后的关系问题。他将先后规定为"该事物达到预定状态的时间和'现在'之间有一段距离"②,与此同时,"'现在'在什么里面,同'现在'之间的距离也就应在什么里面"③。按照此理,既然现在作为计数之数在时间里,那么,先与后也在时间里。然而,如果把时间首先看成空间位置的并列相邻,同时把现在视为过去与将来的界限,那么,现在又将不在时间里面,而从时间中向外绽出。要想避免上述悖论,就不能把这里的时间首先理解成从属于位移运动的空间性的对象,也就是说,它已经揭示了更为源始的时间视域,即先与后不是与现在相隔的空间距离,而是时间视域延展的基本环节("从前到后")。

　　在《物理学》Δ 卷第 13 章中,亚里士多德亦曾提到第二种现在,并将它

---

①　Heidegger M. Die Grundprobleme der Phänomenologie[M]. Frankfurt am Main: Vittorio Klostermann GmbH,1975:338.

②　"κατὰ τὴν πρὸς τὸ νῦν ἀπόστασιν", Günter Z. H. Aristoteles'Physik Bücher Ⅰ(A)-Ⅳ(Δ)(Griechisch-Deutsch)[M]. Hamburg: Felix Meiner Verlag,1987:230.

③　"ἐν ᾧ γὰρ τὸ νῦν, καὶ ἡ τοῦ νῦν ἀπόστασις". Günter Z. H. Aristoteles'Physik Bücher Ⅰ(A)-Ⅳ(Δ)(Griechisch-Deutsch)[M]. Hamburg: Felix Meiner Verlag,1987:230.

视为离现在很近的时间,比如"他现在就要来了",这是指他今天就要来;"他现在已经来了",这意味着他今天已经来了。在日常语言中,我们习惯用"马上"或"刚才"[①]表示离现在很近的时间。尽管亚里士多德发现了这个现象,但他仍将马上视为将来的一个特征,同时将刚才视为过去的一个属性。海德格尔指出,马上与刚才都是关于现在的表达,它们处在一种先与后的时间视域里,换而言之,马上并不从属于将来,而是现在视域向先朝向的结果;与此同理,刚才也不从属于过去,而是现在视域向后朝向的产物。第二种现在蕴含了更为源始的时间视域,不过,亚里士多德囿于从运动位移方面理解时间,并未对之深入探讨。

综上所述,"在时间之中"就同时意味着在时间的源始视域之中,准确地说,就是在现在视域中,而不是从属于位移空间性的时间之内。比如,如果不预先就对时间有所领会,那么,我们如何能够经验到一根小杆棒在表盘上运动,然后通过计数活动度量它?如果不是预先就处于现在视域之中,如果现在没有同小杆棒的运动一同被经验到,灵魂也不会发问:"现在是几点?"

通过测量运动,灵魂将原本就有所先行领会的现在借助计数活动而呈现为一个又一个清晰而精确的被数之数。先行领会的时间视域让度量运动的物理时间得以可能。那么,再次回到亚里士多德曾粗略讨论的那个问题,即时间与努斯、理智或者灵魂到底是什么关系?海德格尔认为,这个问题实际上在追问时间与此在(das Dasein)在生存论层面上呈现何种关联。这里必须说明:第一,时间与灵魂之类的存在者的关系;第二,时间与此在的关系。这是不同层次的两个问题,二者体现了根本的存在论差异。前者在存在者层面(ontisch)上探讨时间的主观/客观性问题,后者则关注存在论层次(ontologisch)上的源始的时间性问题。倘若仅仅在主观/客观角度思考时间问题,就会陷入一种吊诡的模棱两可中:一方面,时间作为被数之数,虽然不能脱离运动,但也不可能纯然客观,因为任何一种计数活动总要指向一个计数者,即灵魂的努斯;另一方面,时间由于不能脱离客观运动,因此也不可能纯然主观,计数者总要依据运动者的位移来读出时间,毕竟时间总跟随着运动者的运动。所以,时间既非完全客观,亦非完全主观。这正好说明时间问题不限于"主观/客观"这一问题范式,而植根于更为源始的存在论根据。为了澄清这一疑难,海德格尔紧接着剖析了钟表时间与世界时间这两类所谓流俗的时间领会(das vulgäre Zeitverständnis),最终展示了此在

[①] "马上"与"刚才"在希腊文中表达为同一个词 ἤδε。

之存在建构（Seinsverfassung）就是时间性之绽出。

一、钟表时间之现在

与亚里士多德相左，海德格尔并没有将时间首先作为物理学的研究对象，而是在生存论层面上阐明时间与此在的内在关联：一方面，和灵魂相比，作为一般存在意义问题的发问者，此在是我们最切近、最本己的存在样式，因而比灵魂的努斯显得更为主观；另一方面，和物理运动者相比，由于此在是"在世界中存在"，它总要展开一个世界，因此，它又要比其他一切非此在的存在者（比如石头）显得更加客观。所以，关于时间的存在问题，"此在—世界"在存在论层面上优先于"主观—客观"这一问题范式，正如海德格尔所言："此在，就其生存而言，比每一个客体都远更外在，同时又比每一个主体亦即灵魂都更为内在（更为主观），因为作为超越性的时间性就是敞开性。"①

如何理解时间的敞开性？海德格尔认为，一切现成的存在者（包括灵魂和各种自然物）总是首先与通常在周围世界（Umwelt）之中与此在相遇和照面。因此，时间的敞开性意指"时间现象是同世界概念，因而也就同此在结构自身联系在一起的"②。海德格尔并没有止步于《物理学》时间问题的文本解析，而是进一步阐明这种物理时间观建基于哪种生存论根据，他称之为"流俗的时间领会"。这类时间领会就生存论而言，首先是钟表时间。所谓钟表时间，即此在根据表盘上指针的位移运动读取每一个现在，以"几时几分"这种被数之数表达出来的时间。因此，一方面，它仍未超出亚里士多德的物理时间范式③；但另一方面，它在生存论上又对之有所推进④。

对我们而言，钟表不是观察的对象，而是供使用的器具（das Gebrauchszeug）。因此，钟表时间亦与物理时间有所区别：物理时间的每一个

---

① Heidegger M. Die Grundprobleme der Phänomenologie[M]. Frankfurt am Main：Vittorio Klostermann GmbH，1975：359-360.
② Heidegger M. Die Grundprobleme der Phänomenologie[M]. Frankfurt am Main：Vittorio Klostermann GmbH，1975：360.
③ 我们总是先对表盘上指针的运动计数，然后读出"钟表时间"，所以，钟表时间是一种特殊的物理时间，它以指针的空间位移运动为基础，是一种关于物理时间的主题化表达。
④ 海德格尔将钟表时间称为"流俗的时间领会"："亚里士多德提出作为时间的东西，符合流俗的时间领会。……流俗的时间领会把自己表现得很明显，首先在对钟表的使用上——在这种情况下，钟表具有什么样的完善性，这是无关紧要的。"Heidegger M. Die Grundprobleme der Phänomenologie[M]. Frankfurt am Main：Vittorio Klostermann GmbH，1975：362-363.

现在在空间位移运动中皆有一个固定位置。然而,钟表时间的现在则在我们的生存关联中指向一种更为源始的时间视域,这种现在不在空间里,不在运动中,而植根于更加原初的生存境域。换而言之,此在为何要看钟看表(Auf die Uhr sehen),为何要随着一个表盘里指针的位移运动同步开始计数?

原因在于:此在总要在世界中实际生存(existieren),总要对世界内各种照面的存在者有所筹划,因此,钟表时间在生存论上表达了"直到这一刻或那一刻是多少时间"[①],以及"为了做这做那,我还有多少时间"[②]。显而易见,钟表时间里蕴含了一个整体性的生存论环节"为了……的时间"(Zeit, um zu)。它的构成环节并不是截然三分的过去、现在、将来,而是现在、现在—不再(Jetzt-nicht-mehr)、现在—尚未(Jetzt-noch-nicht)。后者构成一个整体的现在视域。

物理时间:　　　　·p ——→ ·n ——→ ·f ——→
钟表时间:　　　　　　　←—— ·n ——→

(注:物理时间呈现为从过去到将来或者从将来到过去的单向线性流逝,现在是过去和将来的界限或者连接。钟表时间则基于现在,由现在往两边绽出"现在—不再"和"现在—尚未",三者构成整体统一的时间视域)。

二、世界时间之现在

此在观看钟表,言说现在,表明"现在正是做……的时候"。它实际上是一种当前化(Gegenwärtigen),表达了做某事正当其时。此在说刚才,即"现在—前",就是"刚才正是做……的时候",这实际上是一种对现在的持留,此在在平均的日常状态里将"刚才所为"持留为现在,表达了一种"做某事正当其时"的意义。最后,此在说马上,即"现在—后",就是"马上正是做……的时候",这是一种对现在的预期,此在的在世活动将"马上欲为"预期为现在,同样表达了"做某事正当其时"的意义。因此,此在总是在当前化、持留与预期的在世活动中盘算时间(mit der Zeit rechnen),从而占用时间(das Sich-Zeit-nehmen),海德格尔将"我们所盘算以及容让的时间称为世界时间"[③],

---

[①] "Wieviel der Zeit bis da und dahin", Heidegger M. Die Grundprobleme der Phänomenologie [M]. Frankfurt am Main: Vittorio Klostermann GmbH, 1975: 364.

[②] "wieviel Zeit ich noch habe, um das und das zu tun." Heidegger M. Die Grundprobleme der Phänomenologie[M]. Frankfurt am Main: Vittorio Klostermann GmbH, 1975: 364.

[③] Heidegger M. Die Grundprobleme der Phänomenologie[M]. Frankfurt am Main: Vittorio Klostermann GmbH, 1975: 370.

亦即此在在平均的日常状态之中使用钟表筹划并开展在世活动的时间。

世界时间具有四个基本的结构环节，分别是意蕴性、可定期性、紧张性和公共性。如前所述，当前化、持留与预期活动皆表明做某事正当其时，和钟表时间一样，蕴含着"为了做……的时间"这一特征。海德格尔将"为了"（um zu）这一特性称为"意蕴性"。它具有合时宜或不合时宜的特征，表达了现在、刚才和马上正当其时或者不合时宜。这种合时宜或者不合时宜，皆表明现在视域除了意蕴性，还具有可定期性："关于每一个现在，都有一个'正当其时'属于它：现在，正当其时。现在作为'现在—正当其时'、刚才作为'刚才—在……之际'、马上作为'马上—什么时候'，我们将这些关涉结构称为可定期性。"①可定期性表明了一种定期的可能性即模糊性，但它是日历上精确日期得以可能的基础。如果没有对世界时间的先行领会，此在不可能对表盘上的指针运动展开计数活动，遑论在此基础上进一步精确化的日历定期。因此，日期自身"毋需成为狭义的日历上的东西，日历上的日期只是日常定期的一种特殊样态"②。由可定期性的模糊性可知：世界时间的现在不可能是一个精确孤立的点，它的可定期性总是包含一段绵延（die Dauer），也称为期间（das Während）或在……一段时间里（das Währen der Zeit）。由此可知世界时间的第三个特性——紧张性："那个以这样的方式在'期间''在……这段时间中''到—那时为止'这个特性中被分说的东西，我们称之为时间的紧张性。"③除了意蕴性、可定期性和紧张性外，世界时间还具有一种独特的客观性即公共性。尽管此在以不同的方式为现在定期，例如现在是上哲学课的时间，现在是撰写论文的时间，现在是散步的时间等，但不同的此在都能理解彼此所定期的诸种现在。因此，世界时间的"现在"不专属于任何一个人。相反地，在共同世界里，此在通过"现在"理解其他此在而与之共在（das Mitsein）。

意蕴性、可定期性、紧张性和公共性这四个世界时间的结构环节又是如何可能的呢？其统一的根据又植根于何处？当前化、持留与预期这三者之间的内部关联又是如何？海德格尔在世界时间的基础上，进一步阐明了最

---

① Heidegger M. Die Grundprobleme der Phänomenologie[M]. Frankfurt am Main：Vittorio Klostermann GmbH, 1975：370.

② Heidegger M. Die Grundprobleme der Phänomenologie[M]. Frankfurt am Main：Vittorio Klostermann GmbH, 1975：371.

③ Heidegger M. Die Grundprobleme der Phänomenologie[M]. Frankfurt am Main：Vittorio Klostermann GmbH, 1975：372.

为源始的时间现象——源始的时间(die ursprüngliche Zeit)即时间性(die Zeitlichkeit)。

三、"绽出—视域"之时间性

海德格尔从其构成环节和基本特征方面阐明了源始的时间性,它不仅就存在论层次而言使此在的存在建构得以可能,同时也是上述流俗时间领会的可能性根据。

1. 时间性的构成环节：走向自身、回到自身、逗留于自身之中

此在总在自己的生存状态中有所预期,预期揭示了一种从最本己的可能性出发领会自身的存在能力,这是一种"先行于自身",即"此在以预期其存在能力的方式走向了自身。在这个(以预期可能性的方式)'走—向—自身'当中,此在便在一种源始的意义上就是将来的"①。这个"走向自身"就是源始而本真的将来概念,在《存在与时间》中被表述为从沉沦的非本真的常人走向本真的此在自身。

持留活动总指向某个所曾是(selbst schon gewesen ist)的东西。从"在世"来看,本真被抛的此在总具有曾是的性质(Gewesenheit)。曾是性并非不再存在,而是作为一种现身的可能性被持留或遗忘于此在本己的能在之中,它的基本结构是"回到—去"(Zurück-zu)。就从常人状态回到曾是的本真之此在而言,走向自身同时是回到自身。因此,此在"一向所曾是的东西,它的曾是性,一同属于其将来"②。

当前化并非某种在场状态(Anwesenheit)或者现成状态(Vorhandenheit),而意指一种"逗留在某某那里(Sichaufhalten bei)",后者是前者的基础。没有对某种存在者的先行逗留,此在不可能将之对象化为一个在场的或者现成的东西。因此,当前化也植根于源始本真的将来。从生存论着眼,此在在世界时间中的展开状态就是以预期的方式将世界内照面的存在者当前化为操劳或操持的对象这个过程。

从发生的角度看,持留、当前化植根于预期,并非强调一种逻辑上或者物理时间方面的先后关系,不是强调先有了预期,然后才产生持留与当前

---

① Heidegger M. Die Grundprobleme der Phänomenologie[M]. Frankfurt am Main: Vittorio Klostermann GmbH,1975:375.

② Heidegger M. Die Grundprobleme der Phänomenologie[M]. Frankfurt am Main: Vittorio Klostermann GmbH,1975:375.

化。作为时间性的构成环节,"走向自身""回到自身""逗留在某某那里"实际上是同时发生的,三者在最本己的整体结构即源始的时间性之中得到统一。

2. 时间性的基本特征:绽出性与视域性

时间性的三个环节"走向自身""回到自身""逗留在某某那里"都具有一个共同特征——出离(entrücken):"作为将来的东西,此在向着其曾是的存在能力出离;作为曾是的东西,此在向着其曾是状态出离;作为当前化的东西,此在向着另一个存在者出离。"[①]因此,时间性的基本特征就是外现自身(außer sich),亦即绽出之特征(der ekstatische Charakter),它源于希腊文 ἐκστατικόν[②]。此外,伴随着出离与外现,时间性还总以某种特定的方式敞开时间视域,海德格尔称之为"绽出之视域"。它让将来、曾是与当前这三个环节保持统一。因此,时间性是绽出且视域化的,它是由"走向自身""回到自身""逗留在某某那里"这三者环节构成的诸种流俗时间领会(比如钟表时间、世界时间)的统一根据。

综上所述,现在环节在物理时间、钟表时间、世界时间和源始时间性之中的准确定位及其相互关联便得到基本廓清,如图 2-1 所示。

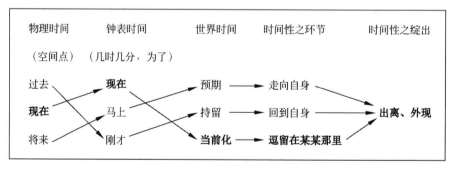

图 2-1 海德格尔四重时间结构示意图

---

① Heidegger M. Die Grundprobleme der Phänomenologie[M]. Frankfurt am Main:Vittorio Klostermann GmbH,1975:377.

② 在《物理学》222b16,亚里士多德曾使用过 ἐκστατικόν 这个概念,他强调"所有变化本性上都是脱离原来的位置(μεταβολὴ δὲ πᾶσα φύσει ἐκστατικόν)",Günter Z. H. Aristoteles'Physik Bücher Ⅰ(A)-Ⅳ(Δ)(Griechisch-Deutsch)[M]. Hamburg:Felix Meiner Verlag,1987:231. 但是,在《现象学之基本问题》中,海德格尔并未指明与"出离"相关的"绽出"(ἐκστατικόν)概念直接源自亚里士多德《物理学》222b16 的 ἐκστατικόν。笔者在此仅指出这一文本现象。

第四节 时间性之瞬间

通过对四重时间视域之现在的生存论①解析,海德格尔揭示了此在的存在建构就是时间性。他专门指出上述阐析不是某种"理论透视"(theoretische Durchsichtigkeit),而是始于此在首先与通常适用的流俗的钟表时间之现在,此乃一种生存论现象。钟表时间正是我们日常生活中最常打交道的时间方式,比如我们会问"现在几点""几点几分要做什么"等。

既然现在问题的阐析植根于此在之实际生存,一般存在之意义问题又必须通过此在这个发问者解答,海德格尔还需要进一步廓清如何可能从此在之时间性通达最源始的一般存在之意义。

为了同植根于此在之生存状态的"时间性"有所区别,海德格尔将"前存在论"或者存在论层次上构成一般存在领会之可能性条件的时间性称为"时态性"(Temporalität)②:

> 就时间性作为前存在论的以及存在论的存在领会发挥作用而言,我们将时间性称为时态性。③

---

① 海德格尔认为,"生存论"(Existenzial)、"存在论"(Ontologie)和"前存在论"(Vorontologie)三者有如下区别:首先,"存在论"就是对一般存在意义问题(der Sinn von Sein überhaupt)的追问。其次,鉴于此在的存在首先与通常是实际生存(Existenz),就此而言,追问此在的存在意义就同时意味着廓清此在之生存状态的存在论结构,这就是此在的"生存论"建构。所以,"生存论"是关于此在的"存在论",是一种特殊的存在论。在《存在与时间》中,海德格尔专门阐析过存在论与生存论之间的关系,一言以蔽之:"其他一切存在论所源出的基础存在论(Fundamentalontologie)必须在对此在的生存论分析中来寻找(Daher muß die Fundamentalontologie, aus der alle andern erst entspringen können, in der existenzialen Analytik des Daseins gesucht werden)". Heidegger M. Sein und Zeit[M]. Tübingen: Max Niemeyer Verlag, 2006: 13. 最后,所谓"前存在论",意指此在尚未展开主题式的"存在论"追问,在此之前,仅在此在自身的生存状态中就对一般存在之意义有着先行领会。

② 关于"时间性"和"时态性"这两个概念的区别,笔者基本同意王恒的观点:在《现象学之基本问题》中,似乎有存在之时态性(Temporalität des Seins)和此在之时间性(Zeitlichkeit des Daseins)的区分。"时态性主要是对所有现象都由时间决定作一形式上的说明,而其存在论的意义自《存在与时间》开始已逐渐被根源于或等同于 Dasein 的 Zeitlichkeit 所代替。"参见王恒.海德格尔时间性的缘起[J].江海学刊,2005(6):213-219.

③ Heidegger M. Die Grundprobleme der Phänomenologie[M]. Frankfurt am Main: Vittorio Klostermann GmbH, 1975: 375.

海德格尔接着剖析了时态性的三个环节，即"领会-重演-瞬间"。如前所述，时间性具有"外现自身"的绽出特征，这一特征表明此在作为"在世界之中存在"不是独立封闭的原子式主体（das Subjekt）。此在在自身的实际生存中总要展开一个可能的世界，总要与这个世界有所关联，总要对这个世界有所筹划（Entwurf）。此在对最本己的一般存在总已先行有所领会，否则，此在能够筹划什么呢？又如何筹划？换而言之，我们将无法理解筹划这一关联行为的可能性基础。有鉴于此，海德格尔认为"领会的一个本质环节乃是筹划；领会自身属于此在之基本建构"①。本真的存在之领会乃是此在最本己的存在能力，此在"从其本己的存在能力出发领会了自己"②。作为一种存在能力，领会活动"原初乃是将来的，只要此在从其自身之被把握到的可能性出发便走向了自身"③。这就是走向自身（Auf-sich-zukommen），因此，领会是对蕴含于时间性之中源始将来即走向自身的生存论表达。

"走向自身"这个环节非常特殊：一方面，"走—向"意味着此在总要"外现自身"，总要有所筹划，总要展开一个世界，而在世界之中存在；但另一方面，一旦已经在被抛的世界之中生存，作为一个非本真的存在者，常人（das Man）总要对最本己的存在有所遮蔽，有所遗忘。因此，领会活动不仅包含"筹划世界"这个根本环节，还包括向本真的自身筹划，即朝向一个本真而原初的自身，从而与非本真的自身即常人相对。

因此，走向自身同时也是回到自身，"在从本己可能性出发'走向自身'的过程之中，此在回归了它之所是，并且把自己作为之所是接受下来"④。海德格尔将生存论层面的"回到自身"称为"重演"（Wiederholung），"此在于其中按它曾在的方式那样存在，如它所曾是的那般是的时间样态，我们称为

---

① "Ein wesentliches Moment des Verstehens ist der Entwurf; das Verstehen selbst gehört zur Grundverfassung des Daseins". Heidegger M. Die Grundprobleme der Phänomenologie[M]. Frankfurt am Main: Vittorio Klostermann GmbH, 1975: 405.

② "versteht sich das Dasein aus seinem eigensten Seinkönnen." Heidegger M. Die Grundprobleme der Phänomenologie[M]. Frankfurt am Main: Vittorio Klostermann GmbH, 1975: 406.

③ "Das Verstehen ist primär zukünftig, sofern es auf sich selbst aus der ergriffenen Möglichkeit seiner selbst zukommt". Ibid.

④ Heidegger M. Die Grundprobleme der Phänomenologie[M]. Frankfurt am Main: Vittorio Klostermann GmbH, 1975: 407.

重演。重演乃是此在于其中曾在的本己样态"。①

这样一来,以走向自身为基本特征的领会活动同时也是一种"重演性先行"(das wiederholende Vorlaufen)。此在在展开世界的筹划过程中始终保持着最本己的可能性。简而言之,先行于自身同时就是重演自身。最后,一旦回到了本真的自身,就同时逗留在本真的自身之中,因此,在重演性先行中还蕴含着本真而源始的现在(Gegenwart),海德格尔将它命名为"瞬间"(Augenblick)。

在平均的日常状态之中,此在首先与通常在周围世界中同各类供上手使用的器具打交道,在共同世界里同其他此在相遇照面,总是逗留在各类物或者他人那里,在操劳(Besorge)或者操持(Fürsorge)活动中,此在盘算筹划着世界时间之现在,沉溺(Verstricken)于各类当前存在的存在者之中。这种打交道的方式总是着眼于当前的事物或常人,而逃避本真的自己,以至于重演自身沦为遗忘自身;同理,在世界之中的各类筹划活动始终朝向各种事物或常人,而不是围绕本真的自身,本真筹划从而变成非本真的预期。有鉴于此,此在想要从非本真的逗留状态返回到本真的能在自身,就需要一种决断(Entschlossenheit)②。海德格尔对此这样描述:

> 此在之本真的生存,这就是说此在之这样一种生存:此在作为什么样的才在其最本真的、为它自身所把握的可能性中,这样的本真生存,我们称之为决断。③

决断活动蕴含着时间性之整体结构,即作为"为它自身所把握的可能性(本己的能在)",决断就是一种重演性先行。与此同时,决断始终持守着一种特殊的瞬间:

> 保持在决断之中并源于决断的当下我们称之为瞬间。④

---

① Heidegger M. Die Grundprobleme der Phänomenologie[M]. Frankfurt am Main:Vittorio Klostermann GmbH,1975:407.
② 在第四章第二节中,笔者将对决断概念展开更为详细的论述。
③ Heidegger M. Die Grundprobleme der Phänomenologie[M]. Frankfurt am Main:Vittorio Klostermann GmbH,1975:407.
④ Heidegger M. Die Grundprobleme der Phänomenologie[M]. Frankfurt am Main:Vittorio Klostermann GmbH,1975:407.

在决断的瞬间中,此在便从非本真的存在者那里收回自身,同时返回到本真而源始的整体能在。因此,瞬间作为本真的当前总是与决断活动同时发生。

我们至此初步阐明了海德格尔如何通过对亚里士多德《物理学》的时间和现在问题阐析,继而剖析物理时间的生存论基础即流俗的时间领会,包括钟表时间和世界时间,最终阐明了任何流俗时间理解所植根的最源始的基础即时间性之绽出。与之相应,经由物理学进路所揭示的瞬间概念也在如下两个层面获得初步廓清:第一,着眼于时间性之绽出,瞬间不是物理时间视域下的"现在点",像亚里士多德所认为的那样。瞬间用于表达本真的当前,它是时间性之绽出整体的一个构成环节。瞬间的基本特征是逗留在本真的此在自身之中。第二,瞬间在生存论上被保持于此在的决断之中,表达源于决断的当下:此在在瞬间中作出决断,从非本真的常人状态收回到本真的整体能在自身。

第三章 瞬间问题的实践哲学进路
——亚里士多德的良机与海德格尔的瞬间

在第二章结尾,我们提到了瞬间(Augenblick)与决断(Entschlossenheit)之间的生存论关联,即瞬间保持在决断之中,源于倾听良知呼声的当下决断。实际上,这一思想在海德格尔早期对亚里士多德《尼各马可伦理学》第六卷的现象学阐释中便初见端倪。在这个文本中,他将亚里士多德的"良机"(καιρός)概念(关于行动选择的良机)①就译作"瞬间"(Augenblick),并在《现象学之基本问题》(GA24)里作出如下评价:

> 亚里士多德已经看到了瞬间,也就是καιρός这个现象,并在其《尼各马可伦理学》第六卷中对之做了限定;但仍然是以这样的方式,以致他未能将καιρός特殊的时间特性带到与那个他(以另外的方式)认知为时间(现在)的东西的关联中去。②

那么,亚里士多德在《尼各马可伦理学》中讨论的"良机"(καιρός)与他在《物理学》文本背景下阐析过的"现在"(νῦν)概念之间究竟应该如何区分?良机又如何在海德格尔关于实践智慧(φρόνησις)的现象学阐释中展露其源始而本真的时间性特征?良机作为"好"的时间与善(ἀγαθὸν)又蕴含着怎样的存在论关联?最后,良机基于何种同此在的生存论关联而被海德格尔视为"瞬间"?我们将逐一阐明上述问题。

---

① καιρός这个概念既在古希腊神话和早期哲学中出现,也在希腊文《圣经·新约》里用来表达基督降临的"圣时"含义。有鉴于此,καιρός必须在古希腊早期哲学与基督教神学双重视野下得到诠释。笔者将在第三章阐明古希腊哲学视野下尤其是亚里士多德那里的καιρός,然后在第四章第二节阐明基督教神学背景下的καιρός。

② "Schon Aristoteles hat das Phänomen des Augenblicks, den καιρός, gesehen und im VI. Buch seiner »Nikomachischen Ethik« umgrenzt, aber wiederum so, daß es ihm nicht gelang, den spezifischen Zeitcharakter des καιρός mit dem in Zusammenhang zu bringen, was er sonst als Zeit (νῦν) kennt". Heidegger M. Die Grundprobleme der Phänomenologie [M]. Frankfurt am Main: Vittorio Klostermann GmbH, 1975: 409.

第一节　良机与现在之辨

良机[①]这个概念源自一个古希腊神话中的信念,即一切都在命定的对称性(die Symmetrie)中发生。在对称性中存在一个最适中的位置,这就是καιρός。古希腊诗人赫西奥德(Hesiod)和品达(Pindar)皆将καιρός描述为由于自然或神的恩宠而产生的一个特殊位置。它首先处在空间之中,而后才在时间之内,对它的了解和运用能够确保人类行动的成功。另一位古希腊诗人希俄斯的伊翁(Ion Von Chios)关于καιρός的神话理解则与哲学家毕达哥拉斯吻合,他们都相信καιρός是一个和数字"七"同一的完满理念,亦即整个宇宙韵律的基本表达。因此,καιρός是对称性与幸运的象征,它不仅在形而上学或者数学中发挥作用,也在日常劳作、体育竞技以及诗歌吟唱等多个方面得到理解,比如高尔吉亚(Gorgias)就把καιρός视为其修辞学中的一个重要节点,一种与特殊的说服技艺相关的瞬间[②]。此外,作为自然时间尺度,καιρός又渐渐地用于表达可估量的适当尺度,它与伦理或者感性方面有关,例如柏拉图在《斐莱布篇》(Philebus)66a讨论关于善的中道(μεσότης)伦理学时,就将καίριον视为"合适的"(μέτριον)、"有能力做某事的"(ἱκανόν)和"已终结的"(τέλετον)这些表达的同义词[③]。它同时蕴含界限、完满、同一和幸运这些含义,也是让所有具体特殊的适当性得以可能的基本条件与判断标准。

亚里士多德在批判柏拉图善理念的过程中将καιρός解释为"时间"这一范畴的善,即好时间或良机。鉴于时间与运动息息相关,因此,καιρός也是关于每一类运动的合适度量。除了强调良机适时性的一面,亚里士多德还突出了它完满性和现实性的一面。所以,它既能被视为一个行动适时的**始点**,同时也是行动过程中或者目的达成时的**顶点**。良机在单个行动中所遵

---

① 关于希腊神话和希腊早期哲学中 καιρός 的诠释, cf. "Kairos", Manfred K. Historische Wörterbuch der Philosophie (vol. IV.) [M]. J. Ritteretal, ed. Darmstadt: Wissenschaftliche Buchgesellschaft, 1976: 668.

② 詹姆斯·L. 金尼维(James L. Kinneavy)曾对古希腊修辞学中的καιρός问题展开过专门论述, cf. James L. K. Kairos: A Neglected Concept in Classical Rhetoric[M]//Rhetoric and Praxis. J. D. Moss, ed. Waschington D. C.: The Catholic University of America Press, 1986.

③ Cf. Plato. Philebus [M]//Ioannes B. Platonis Opera TOMVS Ⅱ. New York: Oxford University Press, 2011: 146.

循的基本原则乃是一个整体性的结构关联（不管是自然发生的，还是由人类行动导致的），它让所有可能的行动处境在内部相互交织，最终达成相互一致。它能够被每一个行动者设身处地地学习领会。我们实际上很难构建出一个关于良机的具有因果规定特征的"处境伦理学"（Situationsethik），因为作为一个行动决断的良机，καιρός的直接对象即行动（Handlung）本身是无法预知、充满可能的，有时甚至与理性相悖。正是καιρός才能让行动变得适当，从而趋于与理性相符。因此，尽管亚里士多德曾谈及"关于良机的科学"，据说他的学生德奥弗拉斯特（Theophrast）甚至撰写过一部关于政治时机论（Kairologie der Politik）的著作，但是，良机本身并不像一般的科学那样具有普遍必然性，它只能在特定处境之下具有特殊的必然性、确定性，这一点可由《尼各马可伦理学》里探讨过的"实践智慧"展现出来。

据《现象学之基本问题》（GA24）中译者丁耘和德国学者奥托·珀格勒介绍，在《尼各马可伦理学》第六卷中，亚里士多德实际上并未对良机这个概念有过直接讨论①。纵览全书，提及良机的地方主要有三处，分别是1096a26、1104a9和1110a13，引文如下：

《尼各马可伦理学》1096a26：

> ……"善"像"存在者"一样，在许多意义上被述说，既可以述说实体范畴，例如说神善良，有理性好；也可以述说性质，例如说这是有德性的人；也可以述说量，如适当的尺度是好的；还可以述说关系，例如说有用的关系是好的；也可以述说时间，例如**良机**是好的……②

---

① 参见海德格尔. 现象学之基本问题[M]. 丁耘，译. 上海：上海译文出版社，2008：395. Pöggeler O. Destruktion und Augenblick[M]// Buchheim T, ed. Destrucktion und Übersetzung. Weinheim：VCH，Acta Humaniora，1989：9-29. 笔者曾比照《尼各马可伦理学》第六卷古希腊原文逐一查对，确实没有找到关于καιρός的任何直接论述。

② "ἔτι δ'ἐπεὶ τἀγαθὸν ἰσαχῶς λέγεται τῷ ὄντι(καὶ γὰρ ἐν τῷ τί λέγεται, οἷον ὁ θεὸς καὶ ὁ νοῦς, καὶ ἐν τῷ ποιῷ αἱ ἀρεταί, καὶ ἐν τῷ ποσῷ τὸ μέτριον, καὶ ἐν τῷ πρός τι τὸ χρήσιμον, καὶ ἐν χρόνῳ **καιρός**…)", *Aristotelis Ethica Nicomachea*, I. Bywater ed., New York：Oxford University Press, 1988, p. 6. David Ross 的英译文如下："Further, since 'good' has as many senses as 'being' (for it is predicated both in the category of substance, as of god and of reason, and in quality, i. e. of the virtues, and in quantity, i. e. of that which is moderate, and in relation, i. e. of the useful, and in time, i. e. of the right **opportunity**…)". Aristotle. The Nicomachean Ethics[M]. Ross D, trans., New York：Oxford University Press, 2009：8.

1104a9：

因为在这些领域内，既不存在一门主管的科学，也不存在一般的建议，相反，行为者每次都只能依靠自己去判断**良机**，这就像医生和舵手的技艺。①

1110a13：

因为在实施行动的时刻，人们是自愿选择做此事的，况且一个行为的目标确实是由**良机**规定的。所以，行为究竟是出于自愿还是不自愿，必须考虑到实施行为的时机。②

《尼各马可伦理学》1096a26 出现的良机位于第一卷第四章，亚里士多德对柏拉图的善理念（ἀγαθόν）展开了激烈的批评，否认有一个超越所有其他理念之上的普遍最高的善理念，而认为善是多元的，同时进入十范畴之内。善既可以用来述说实体，比如神或理性的善，也可以用来述说性质、关系、量、地点等其他范畴，比如适当的尺度、适宜的居所等。如果用善来描述时间即好的时间，就是良机。

1104a9 处出现的良机则位于第二卷第二章。亚里士多德将通常的德性（ἡ ἀρετή）分为两类，即理智德性（ἡ ἀρετή διανοητική）与伦理德性（ἡ ἀρετή ἠθική）。理智德性与理智、认识、理解、判断等能力相关，也被称为"智德"；伦理德性则与人的性情、习性、脾气和品格相关，也被称为"品德"。

---

① "οὔτε γὰρ ὑπὸ τέχνην οὔθ'ὑπὸ παραγγελίαν οὐδεμίαν πίπτει, δεῖ δ'αὐτοὺς ἀεὶ τοὺς πράττοντας τὰ πρὸς τὸν **καιρὸν** σκοπεῖν, ὥσπερ καὶ ἐπὶ τῆς ἰατρικῆς ἔχει καὶ τῆς κυβερνητικῆς", *Aristotelis Ethica Nicomachea*, p. 25. 大卫·罗斯（David Ross）的英译文如下："for they do not fall under any art or precept, but the agents themselves must in each case consider what is appropriate to the **occasion**, as happens also in the art of medicine or of navigation". Aristotle. The Nicomachean Ethics[M]. Ross D, trans., New York: Oxford University Press, 2009: 25.

② "αἱρεταὶ γὰρ εἰσι τότε ὅτε πράττονται, τὸ δὲ τέλος τῆς πράξεως κατὰ τὸν **καιρὸν** ἐστιν, καὶ τὸ ἑκούσιον δὴ καὶ τὸ ἀκούσιον ὅτε πράττει λεκτέον", *Aristotelis Ethica Nicomachea*, p. 41. 大卫·罗斯的英译文如下："for they are chosen at the time when they are done, and the end of an action is relative to the **occasion**. Both the terms, then, 'voluntary' and 'involuntary', must be used with reference to the moment of action". Aristotle. The Nicomachean Ethics[M]. Ross D, trans., New York: Oxford University Press, 2009: 38.

不过广义上的伦理德性也包含智德,而作为一般德性的代名词。当谈到伦理德性的培养时,亚里士多德强调必须"按照正确的逻各斯行动"(κατὰ τὸν ὀρθὸν λόγον),但是,由于伦理德性的主要根据在于人的后天习惯,而不是逻各斯,所以它的培养不可能如理智德性那样,仅仅按照普遍而严格的科学理论展开,而必须在特定处境下依靠自己的决断来选择良机,从而针对不同的具体形势采取最适当的行动,这一决断的瞬间就是这里提到的良机。

最后,在1110a13处提及的καιρός位于第三卷第一章。亚里士多德讨论了德行与意愿的关系问题。对于有一些行为,我们很容易判断它们是出于自愿还是违背自愿,比如保全个人财产、守卫城邦等。但是,对于某些特定行为,由于具有二者的混合特征,很难判断其动机究竟是出于意愿还是违背意愿,比如"一个僭主以某个人的父母或子女为人质,强迫他去做某种可耻之事"[①]。在一般情况下,没有人自愿去做可耻之事,但是,为了拯救自己的父母或子女,他又可能主动去做这件事。再比如"在轮船遭遇海上风暴时抛弃财物,也属于这类情形,因为通常情况下没有人自愿抛弃个人财物,相反,为了拯救自己和他人,每个有理智的人,(在迫不得已的情况下)都会这样做"[②]。因此,亚里士多德强调,诱使行为发生的动机是否出于意愿,必须考虑行为的良机(κατὰ τὸν καιρόν)。他接下来进一步说明:只在这一类行为发生的那个当下,它才是出于意愿的,因为"发动肢体行动的那个动因,在行动者本身中。做与不做都在于他自己"[③],尽管事后反思整个行为,可能会得出截然相反的结果。换而言之,对德行自愿与否的判断,需要考虑行为者在行动发生那个当下的动机,此乃良机(καιρός)。

比照上一章讨论过的"现在"(νῦν)问题,亚里士多德在《尼各马可伦理学》中提到的"良机"具有如下特征。

首先,良机并不是一个简单从属于时间的现在,而是与善(ἀγαθόν)相关的"好时间"。亚里士多德首先将它看成一个伦理学范畴展开论述,尽管它仍具有时间特性。这也解释了亚里士多德为何没有将良机视为《物理学》的

---

① Aristotle. The Nicomachean Ethics[M]. Ross D, trans., New York: Oxford University Press, 2009: 40.
② Aristotle. The Nicomachean Ethics[M]. Ross D, trans., New York: Oxford University Press, 2009: 41.
③ Aristotle. The Nicomachean Ethics[M]. Ross D, trans., New York: Oxford University Press, 2009: 41.

讨论对象，而是在《尼各马可伦理学》中予以探讨。

其次，既然良机蕴含善，而善在伦理学层面又总是用来描述针对人之行为动机的价值判断，因此，良机也同人的行动选择乃至决断密切相关，呈现为"具体情形下最适当的行动时机"。有鉴于此，良机并不是一个普遍抽象的时间概念，不是像《物理学》中的现在那样是一个均匀同质的"空间点"，换而言之，它既不是一个纯粹的物理时间概念，也不是一个简单的空间几何范畴，毋宁说，它是由三个环节构成的整体，即人的行动抉择、由人之行动展开的具体处境以及最适当的善。任何良机都是这样别具一格的统一体。

最后，良机与人的行为决断有关，它直指每个人当下的行动抉择："去做或者不去做。"鉴于发动肢体展开行动的原因在行动者自身之中，亚里士多德认为，以良机为导向的行动在那个当下的具体处境中总是自愿发生的。基于这一点，海德格尔同时强调良机在生存论上与良知的决断存在内在关联，从而将之译为"瞬间"，用来表达此在源始的时间性以本真的当前样式到时，尽管在他重点关注的《尼各马可伦理学》第六卷（关于"理智德性"的讨论）中并未出现良机这个概念①，甚至亚里士多德也只是在讨论伦理德性时提到良机。

第二节　良机、实践智慧与瞬间

在第六卷中，亚里士多德讨论了灵魂揭示真理（ἀληθεύει）的五种方式，分别是科学（ἐπιστήμη）、技艺（τέχνη）、实践智慧（φρόνησις）、努斯（νοῦς）和智慧（σοφία）。它们都属于理智德性。如果从这五种揭示真理能力的对象划分，又可细分为两类：一类关于永恒不变的对象，包括科学、智慧与努斯；另一类关于生成可变的对象，包括技艺与实践智慧。关于第一类理智德性，科学、智慧与努斯又各有其特点。科学必须通过归纳法或者演绎法揭示真理，与它相比，努斯则能够直观科学所无法论证的第一原理或者最高根据。智慧则同时是努斯和科学的结合，因此也是"最严格的科学"（ἡ ἀκριβεστάτη

---

① 值得注意的是，尽管整个第六卷没有出现καιρός这个概念，但亚里士多德在解释"实践智慧"时使用过"正当其时"（ὅτε，1142b28）这种近似表达："善于权谋的正确性是在有成效的意义上而言的，同时包含了对正确的目标、正确的方式、**适当的时机**这些考虑（καὶ οὗ δεῖ καὶ ὡς καὶ **ὅτε**）"。Aristotle. The Nicomachean Ethics[M]. Ross D, trans., New York: Oxford University Press, 2009: 124.

τῶν ἐπιστημῶν)。另一方面，关于第二类理智德性，技艺和实践智慧虽然都是人的活动方式，但是，技艺用来指导制作活动（ποιητόν），而实践智慧旨在引导人之行动（πρακτόν），二者的区别在于：制作活动之目的不在制作者自身而在被制作的对象之中，而实践智慧引导的对象及其目的都是属于人自身的行动。关于这五种理智德性的内在区别及其同灵魂能力之间的对应关系，可参照托马斯·希恩（Thomas Sheehan）所列的图表①，见图 3-1。

在灵魂揭示真理的上述五种方式中，亚里士多德用了较多的篇幅阐明实践智慧。纵观整个第六卷，实践智慧具有如下特征。

第一，实践智慧的对象是根据具体处境而不断发生变化的人自身的行动，人之行动充满可能性，而不是必然的。

第二，作为实践智慧的对象，行动的始点一直在行动者自身之内，并以善为目的。这也是实践智慧与谋虑（ἡ βουλία）的区别，即谋虑只关注人通过自身的行为是否达到了预定目的，但不管这个目的是好还是坏，而实践智慧不仅关涉达到目的的正确方式，也以善为根本目的。所以，实践智慧不是一般的谋虑，而是"好谋虑"即慎思（ἡ εὐβουλία②）。

第三，人的任何一种行为总是处于具体的情境之中，因此，实践智慧不可能只是普遍知识，而总与人在具体行为处境中的选择和决断有关，也与良机（καιρός）密切相关。

第四，选择的良机在亚里士多德看来并非偶然的"一击即中"（εὐστοχία）③，而总要经过一番逻各斯的慎思（ἡ εὐβουλία λόγου）。实践智慧作为理智德性总是好的决断，总要经过逻各斯的审视，而不是盲目偶然的行动。综上所述，实践智慧是这样一种灵魂揭示真理的方式：它以人自身的行动为对象，以善为最终目的，经过逻各斯的慎思，在行为所处的具体处境中判断良机，从而作出正确选择。

1924 年至 1925 年冬季学期，海德格尔在马堡大学开设了一门课程，详细阐析了《尼各马可伦理学》第六卷所讨论的五类理智德性。他尤其关注亚里士多德在 1140a25 处所给出的实践智慧定义：

---

① Sheehan T. Making Sense of Heidegger（A Paradigm Shift）[M]. London：Rowman & Littlefield International Ltd，2015：278.

② εὐβουλία 由 εὐ（好的）与 βουλία（谋划）组成，意指"好的谋划"，引申为深思熟虑、慎思。

③ εὐστοχία 原义为"恰好瞄准、命中"。亚里士多德在此强调实践智慧虽然关涉可变的对象，换而言之，人的行动处境虽然瞬息万变，不可一概而论，但仍要反复权衡，不可盲目凭运气行动。

τὸ ἔμψυχον ψυχή/ζωή[1] animatum anima/vita 灵魂					
τὸ ἄλογον[2] irrationale anima irrationale 无理性的部分 (ἀρεταὶ ἠθικαί)[3] (virtutes morales) （伦理德性）				τὸ λόγον ἔχον[4] rationale/intellectivum. anima rationalis 有理性的部分 (ἀρεταὶ διανοητικαί)[5] (virtutes intellectuales) （理智德性）	
τὸ θρεπτικόν[6] τὸ φυτικόν[11] vegetativum nutritivum 营养能力 滋生能力 anima vegetabilia 有营养能力的灵魂 (τὸ φυτόν) planta 植物	τὸ αἰσθητικόν[7], ὀρεκτικόν, ἐπιθυμητικόν[12] sensitivum appetitivum/ concuscibile 感觉能力、欲求能力、欲望能力 anima sensibilis 有感觉能力的灵魂 (τὸ ζῷον ἄλογον) animal irrationale 无理性的动物		τὸ λογιστικόν[8], λογισμός[9] opinativum rationativum 筹谋能力 anima rationalis 有理性能力的灵魂 (τὸ ζῷον τὸ λόγον ἔχον) animal rationale 有理性的动物	τὸ ἐπιστημονικόν[10] scientificum speculativum 科学能力、思辨能力 anima rationalis 有理性能力的灵魂 (τὸ ζῷον τὸ λόγον ἔχον) animal rationale 有理性的动物	
τὸ τρέφεσθαι[13] τὸ αὐξεσθαι[20] nutrimentum augmentum 营养活动 生长活动	αἴσθησις[14] ὄρεξις[21] sensus appetitus 感觉活动 欲求活动	Τέχνη[15] ars 技艺 (ποίησις)[22] productio 制作活动	Φρόνησις[16] prudentia 实践智慧 (πρᾶξις)[23] actio 实践活动	νοῦς[17] intellectus 努斯	ἐπιστήμη[18] scientia 科学	Σοφία[19] sapientia 智慧

图 3-1 亚里士多德灵魂功能结构图

1. 《论灵魂》Ⅱ 2,413a21. 此处亚里士多德还提到"τὸ ἄψυχον"，意指没有灵魂或生命的事物，拉丁语为"inanimatum"。
2. 《尼各马可伦理学》Ⅰ 13,1102a28；1102b29；Ⅵ 1,1139a4-5.
3. 《尼各马可伦理学》Ⅰ 13,1103a5.
4. 《尼各马可伦理学》Ⅰ 13,1102a28；Ⅵ 1,1139a5.
5. 《尼各马可伦理学》Ⅰ 13,1103a5-6.
6. 《论灵魂》Ⅱ 3,414a31 及 33.
7. 《论灵魂》Ⅱ 3,415a1-2.
8. 《尼各马可伦理学》Ⅵ 1,1139a12（13＝λογίσθαι）. 它针对可变化的事物(τὰ ἐνδεχόμενα)：Ⅵ 6,1141a1.
9. 《形而上学》Ⅰ 1,980b28.
10. 《尼各马可伦理学》Ⅵ 1,1139a12. 它针对不变的事物(τὰ μὴ ἐνδεχόμενα)：Ⅵ 6,1141a4.
11. 《尼各马可伦理学》Ⅰ 13,1102a32-33.
12. 《尼各马可伦理学》Ⅰ 13,1102b30.
13. 《尼各马可伦理学》Ⅰ 13,1102a30.
14. 《尼各马可伦理学》Ⅵ 2,1139a18.
15. 《尼各马可伦理学》Ⅵ 4,1140a7.
16. 《尼各马可伦理学》Ⅵ 4,1142a23.
17. 《尼各马可伦理学》Ⅵ 6,1141a5.
18. 《尼各马可伦理学》Ⅵ 3,1139b18. 它针对论证(ἀπόδειξις)：Ⅵ 6,1141a2-3.
19. 《尼各马可伦理学》Ⅵ 7,1141a9.
20. 《尼各马可伦理学》Ⅰ 13,1102a33.
21. 《尼各马可伦理学》Ⅵ 2,1139a18.
22. 《尼各马可伦理学》Ⅵ 4,1140a16.
23. 《尼各马可伦理学》Ⅵ 4,1140a16.

第三章 瞬间问题的实践哲学进路——亚里士多德的良机与海德格尔的瞬间

拥有实践智慧的人看起来能够慎思为其自身好和有利的事情,这不是指某些作为部分的好和有利,例如健康和体力好,而是指对好生活整体上有益。[①]

海德格尔认为,"为其自身"(αὐτῷ)这个特征能够体现实践智慧与技艺之间的两点区别:首先,实践智慧的对象仍是向外有所关联的行动,但行动的起点和目的始终在行动者自身之内,海德格尔将其表述为"与慎思者自身的关联"(Bezug auf den Überlegenden selbst)。与之相照,技艺的制作目的却是在制作者自身之外的对象即器具(ἔργον)中,比如房屋。其次,如果进一步阐析这个慎思者(der Überlegende),还可以发现:实践智慧朝向"整体上的好生活"(πρὸς τὸ εὖ ζῆν ὅλως),而技艺却只关涉整体生活关联之中的具体部分(μέρος),比如医术只关注身体方面的健康。既然实践智慧同慎思者自身有所关联,它的目的又朝向"整体上的生活",那么,这里的慎思者显然不应看成日常生活中仅仅作为"部分"功能角色存在的常人(das Man),而是本真的整体能在(Seinkönnen)。因此,在《尼各马可伦理学》的文本语境下,"整体上的好生活"虽然表面上描述了城邦中常人幸福的日常生活,然而,"整体地"(ὅλως)这个概念揭示了此在整体的生存论结构,即此在的存在建构植根于源始的时间性。所以,海德格尔提到:

实践智慧(φρόνησις)的慎思(βουλεύσαθαι)关涉此在自身的存在,即"好生活"(εὖ ζῆν),也就是此在成为一个正当的存在者。[②]

就此而言,实践智慧和技艺之间最根本的差别在于:前者揭示了人自身的整体存在,后者的对象是非人的存在者。亚里士多德明确指出,实践智慧是"根据与人自身的善有关的逻各斯来展开真实践的品质(ἕξις ἀληθὴς μετὰ λόγου πρακτικὴ περὶ τὰ ἀνθρώπῳ ἀγαθὰ,1140b5)"。所以,实践智慧的目的既不像技艺那样朝向某个物(πρός τι),也不像科学(ἐπιστήμη)那样探

---

① "δοκεῖ δὴ φρονίμου εἶναι τὸ δύνασθαι καλῶς βουλεύσαθαι περὶ τὰ **αὐτῷ** ἀγαθὰ καὶ συμφέροντα, οὐ κατὰ μέρος, οἷον ποῖα πρὸς ὑγίειαν ἢ πρὸς ἰσχύν, ἀλλὰ ποῖα πρὸς τὸ εὖ ζῆν ὅλως". Heidegger M. Platon:Sophistes(Wintersemester 1924/25)[M]. Frankfurt am Main:Vittorio Klostermann GmbH,1992:48.

② "Das βουλεύσαθαι der φρόνησις betrifft das Sein des Daseins selbst, das εὖ ζῆν, d. h. daß das Dasein ein rechtes sei". Heidegger M. Platon:Sophistes(Wintersemester 1924/25)[M]. Frankfurt am Main:Vittorio Klostermann GmbH,1992:49.

究某个物的原因(ἕνεκά τινος),它的目的就在人(ἄνθρωπος)自身,亦即人之此在的正当存在(das rechte Sein des menschlichen Daseins)。

然而,尽管实践智慧以此在自身为目的,但作为一种慎思活动,它的对象即行动(πρακτόν)却又同时要求此在超越自身,向外绽出。此在关于行动的慎思活动总表达为假言命题,即"如果这或那如此发生,如果我应该如此行动,如此存在,那么……"①。换而言之,在某个具体处境下("如果这或那如此发生"),此在应当如此行动("如果我应该如此行动"),以让自身作为正当的存在者而存在。上述整体结构还可以这样表述:"如果**我**这样或那样行动,那么这或那必须发生(wenn **ich** so und so handeln soll, dann muß das und das geschehen)。"②"必须"(muß)这一点与技艺相似,只不过技艺这类假言命题的主词不是第一人称视角(Ich)即此在自身,而是第三人称视角(Das)即器具:"如果**这**或**那**如此生成,那么这或那必然发生(wenn **das** und **das** werden soll, dann muß das und das geschehen)。"③

与技艺类似,实践智慧也从不只是逗留在此在自身之内,而总是有所寻视,有所操心。实践智慧作为理智德性之一总要探究此在的行为所从何出(von wo aus)即本质原因,这一点又与科学(ἐπιστήμη)相仿,它们都要探求对象的普遍始因。但是,实践智慧本质上是一种筹谋(λογίζεσθαι),它仅与可能的对象相关,但科学是一种论证(ἀπόδειξις),它探究必然的对象。另一方面,科学所采用的"归纳—演绎"方法乃是对经验现象"事后"展开反思,实践智慧则需要"预先"对可变的具体境遇在整体上有所谋划。这类谋划属于此在本真的领会活动,它朝向了此在源始而整体的存在畿域(der Bezirk),而不只是让科学研究得以可能的部分事质领域(das Sachgebiet)④。此在的整体谋划乃是一类"先行"活动(das Vorlaufen),即在平均的日常状态中作

---

① "wenn das und das geschehen soll, wenn ich mich so verhalten und sein soll, dann...", Heidegger M. Platon: Sophistes (Wintersemester 1924/25) [M]. Frankfurt am Main: Vittorio Klostermann GmbH, 1992: 50.

② Heidegger M. Platon: Sophistes (Wintersemester 1924/25) [M]. Frankfurt am Main: Vittorio Klostermann GmbH, 1992: 49.

③ Heidegger M. Platon: Sophistes (Wintersemester 1924/25) [M]. Frankfurt am Main: Vittorio Klostermann GmbH, 1992: 49.

④ 海德格尔将存在者的整体存在命名为"存在畿域"。"事质领域"是对存在畿域分解、界定和划分的结果,例如"历史""自然""生命"等,它们还可以进一步专题化为科学研究的对象。由此可见,存在畿域是事质领域得以展开的可能根据。因此,海德格尔提到:"借事质领域的基本结构清理出这个领域,这件事情已经先于科学工作而由对存在畿域的经验与解释完成了,因为事质领域本身就是以存在畿域来划分的。"Heidegger M. Sein und Zeit[M]. Tübingen: Max Niemeyer Verlag, 2006: 9.

出具体的行动决断之前,此在先行到这一行动所处的整体处境中,审时度势,寻找最合适的良机。

此在之行动作为实践智慧的对象,它的起点与终点都植根于此在自身。作为揭示此在生存论整体结构(灵魂揭示真理)的方式,实践智慧蕴含着源始而统一的时间性整体结构。首先,此在向外展开行动的过程同时就是以此在自身为目的即走向此在自身的过程,此在在理性的慎思和筹谋中先行到行动的具体处境中去,"先行到自身"正是源始而本真的将来。与此同时,鉴于此在行动的起点与终点都是此在自身,因此走向此在自身的过程同时也是回到自身(Zurück-zum-Selbst)的过程,这是源始而本真的过去。最后,通过朝向行动者自身的理性筹谋,此在必须在具体处境中看准良机(καιρός),果断行动,从而让自己成为一个正当的存在者,从而逗留在本真而正当的此在自身。因此,良机同时还揭示了本真的当前,也就是瞬间(Augenblick)。就此而言,可以理解海德格尔为何要将καιρός译为"瞬间"。

综上所述,通过海德格尔关于实践智慧的现象学阐释,即以人的自身行动为目的,经过"逻各斯"的审视和权谋,在行为所处的具体情境中找准良机(καιρός),从而作出正确决断。这种灵魂揭示真理的方式最终得到重新理解:实践智慧关涉此在的整体存在,弗朗柯·伏尔皮甚至直接指出,海德格尔曾经将亚里士多德的实践智慧转化为生存论建构下的"良知"(Gewissen),"诚如在亚里士多德那里,实践智慧要求认识良机(καιρός),海德格尔的良知也始终关于瞬间(Augenblick)"[1]。由此可见,实践智慧以回到本真的此在自身为圭臬,先行到此在行动所处的整体处境之中,透过逻各斯的审视和权谋,在本真的瞬间(Augenblick)中果断行动,从而走向(同时也是回到和逗留于)最本己的整体能在,也就是正当的存在。

良机在实践智慧的存在论整体结构中处于极其重要的位置。海德格尔在1922年分别提交给马堡大学和哥廷根大学用来竞选青年教席的《那托普手稿》中,对良机这个概念给予了特别关注,其中讨论的核心问题是:良机如何在此在的实践智慧之中构建自身(wie sich in der φρόνησις dieses Seiende konstituiert, der καιρός)?

此在首先与通常在平均的日常状态中展开自身的行动,行动[2]的对象通常是此在在世界内照面的其他此在(他人)。因此,此在的行动总要有所

---

[1] Volpi F. Being and Time: A "Translation" the Nicomachean Ethics. in Kisiel T, Buren v. J., ed. Reading Heidegger from the Start[M]. Albany: State University of New York Press, 1994.

[2] 按照实践智慧和技艺的区别,海德格尔将实践智慧的对象称为"行动"(Handlung),行动处理此在与他人的关系;将技艺的对象称为"器具"(Zeug),器具处理此在与非此在之存在者的关系。

"操持"(fürsorglich)①，而与共同世界(Mitwelt)之内的其他此在(他人)发生关联，尽管行动的目的仍在于此在自身。此在在以"考虑到……"(οὗ ἕνεκα, das Worumwillen)为基本生存论特征的操持活动中，已经事先对开始行动的"现在"(das Jetzt)以及行动的方式(Wie)有所领会，对自身的行动已经有所筹谋。在这个过程中，此在作为本真的时间性存在，它的视域由自身之中绽出，逐渐延展，最终到达可以预见的峰值(zuspitzen)，亦即"最外展的"边界(ἔσχατον, das Äußerste)，海德格尔这样描述以上过程：

> 在"考虑到"(οὗ ἕνεκα)这一结构的保持活动中，在已有所定调的"朝向"(wozu)的准备中，在关于"现在"的领会中，以及对于(行动)方式(Wie)的勾勒中，实践智慧让行动者所居的境遇成为可通达的。它逐渐走向最外展的(ἔσχατον)②边界，从而使某种特定可见的实际处境

---

① 此在本真的生存论基本建构是"操心"(Sorge)。操心有两种样态，即操劳(Besorgen)和操持(Fürsorge)。操劳是此在在周围世界里与非此在的存在者(器具)打交道的方式，操持表达此在在共同世界里与他人共处的方式。

② 约翰·凡·布鲁恩将海德格尔关于亚里士多德良机(καιρός)概念的生存论阐释与保罗"末世论"中提到的"到时"(καιρός)联系起来，坚持认为海德格尔的解释植根于基督教神学背景。不过，他将这里的良机和瞬间仅仅看作一个朝向"极点"(ἔσχατον)的运动，一个特殊的时刻(a particular time)："海德格尔将这种集中于'καιρός'极点(ἔσχατον)之上的运动看成其在保罗'末世论'思想里发现的'凯罗斯'意义上的时间"(Cf. Buren v. J. The Young Heidegger: Rumor of the Hidden King[M]. Bloomington: Indiana University Press, 1994, p. 231)。布鲁恩将 ἔσχατον(海德格尔译为 Äußerste，"最外展的")这个希腊词理解为"极点"(the extreme point)，从而将亚里士多德这里的 καιρός 和海德格尔的译名 Augenblick 理解为"朝向一个极点的运动"，而不是一个生存论上的整体时间视域，这一点值得商榷。布鲁恩在稍后阐述保罗、马丁·路德和克尔凯郭尔的 καιρός 概念的过程中，又强调"凯罗斯"意义上的时间(the kairological time)不是一个类似点状的时刻(the kairos, "the time", "its time", is not a punctual instant)，而是包括过去和将来在内的"整体视域"这一环形运动意义上的"瞬间"(this moment in the sense of the circular movement of the "context" of the "whole situation" that includes past and future)，而且引用了海德格尔在 1923 年提到的一段话加以论证："此在有其自身的时态性(temporality)。它在这里关涉'尚未''仅向……''已经''将近''直到现在''当前'和'最终'。这些都被表述为此在在'凯罗斯'意义上的瞬间特征"(Cf. Buren v. J. The Young Heidegger: Rumor of the Hidden King[M]. Bloomington: Indiana University Press, 1994: 280)。由此可见，他似乎区分了两个层面的 καιρός：一个是源自古希腊哲学传统尤其是亚里士多德的 καιρός 概念，海德格尔将它理解为"朝向极点的运动"；另一个是植根于基督教神学背景并以保罗、马丁·路德和克尔凯郭尔的"时机论"(kairology)思想为代表(张祥龙将 kairology 译为"时机化时间"。参见张祥龙、陈家瑛. 解释学理性与信仰的相遇：海德格尔早期宗教现象学的方法论[J]. 哲学研究, 1997(6): 61-68.)，它并不是点状的时刻，而是包括过去和将来在内的整体时间视域，它是瞬间。经过上述解析，我们很难将 ἔσχατον 仅仅理解成"极点"，尽管海德格尔后面使用了"zuspitzt"(使尖锐化、达到峰值)这类表述。按照这种理解，我们很难解释为何海德格尔强调瞬间里面同时蕴含着"尚未"(Noch nicht)和"已经"(Schon)。因此，笔者依海德格尔的德文译名"Äußerste"，将 ἔσχατον 译为"最外展的"。此外，关于基督教神学背景下的 καιρός，笔者将在第四章第二节予以详细探讨。

在每个当下都逐渐到达峰值。①

在这一视域所能到达的最大范围之内,此在行动所处的具体处境能够在共同世界之中得到最清晰的整体呈现,从而一目了然,让此在能够在行动所发生的整体关联之中作出最合适的选择或者决断。如果此在有所操持的关联视域达到这一峰值,从而让行动所处的具体处境能够被最完整而清晰地鸟瞰,海德格尔便将这个"现在"称为良机,也就是瞬间。这也是"一种最终质朴的鸟瞰"(ein letztlich schlichtes Übersehen)②。在良机所意蕴的最大视域范围之内,实践智慧所筹划的对象就是纯粹可能性的行动,也是本真的整体能在。换而言之,实践智慧同时在向最本己的整体能在自身筹划,这也是在整体上"先行于自身"。

处于整体良机视域中的人之行动彼时尚未处于任何一种具体关联中,始终呈现为"不是这样那样的存在"(noch nicht das und das Sein)。但与此同时,鉴于实践智慧已经先行对行动发生的整体处境有所寻视和领会,因此,此在的行动也总已经处于某种特定的被抛可能性即最适当的可能性之中。这样一来,它也是"回到本真的此在自身"的行动。就此而言,这一行动又向来"已经是这是那"(schon das und das)。

基于上述分析,可以得出如下结论:良机/瞬间所展开的最大视域范围既蕴含着将来方向的"尚未"(Noch nicht),又同时蕴含了过去方向的"已经"(Schon)。它其实是一个同时包含本真的将来、过去和现在这三个维度

---

① "Die φρόνησις macht die Lage des Handelnden zugänglich im Festhalten des οὗ ἕνεκα, Weswegen, im Beistellen des gerade bestimmten Wozu, im Erfassen des "Jetzt" und in der Vorzeichnung des Wie. Sie geht auf das ἔσχατον, Äußerste, in dem sich die bestimmt gesehene konkrete Situation jeweils zuspitzt". Martin H. Phänomenologische Interpretationen zu Aristoteles (Anzeige der hermeneutischen Situation) [M]//Dilthey-Jahrbuch (Bd. 6). Göttingen: Vandenköck&Ruperecht,1989:259. 这里将迈克尔·鲍尔(Michael Baur)的英译文也一并列出: "φρόνησις makes the location of the one who performs the action accessible: in securing the οὗ ἕνεκα (the Why), in making available the particular Towards-what-end (Wozu), in apprehending the "Now", and in sketching out the How. φρόνησις looks to the ἔσχατον, the outermost, the extreme, in which the determinately viewed concrete situation comes to a head". Heidegger M. Phenomenological Interpretations with Respect to Aristotle: Indication of the Hermeneutical Situation[M]//Man and World. Netherlands: Kluwer Academic Publishers,1992:381.

② Martin H. Phänomenologische Interpretationen zu Aristoteles (Anzeige der hermeneutischen Situation)[M]//Dilthey-Jahrbuch(Bd. 6). Göttingen: Vandenköck&Ruperecht,1989:259.

的整体时间视域,也就是"尚未—已经—瞬间"这一基本结构。这也展示了良机/瞬间在存在论层面上源始的时间性特征。

从此在与他人共处的视角("操持性")阐明良机/瞬间的时间性特征之后,海德格尔又从此在与非此在的器具打交道的方式即操劳(Besorgen)入手,进一步阐明了良机/瞬间与源始时间性的生存论关联。

如前所述,此在之行动既是走向自身,又是回到自身,换而言之,这一行动的始点和终点一直都是同一个,这正是古希腊语词"始基"(ἀρχή)[①]的原初含义。因此,此在行动的始基与良机/瞬间的基本结构"尚未—已经"完全一致。实践的揭蔽方式(die ἀλήθεια πρακτική)植根于此在作为整体能在显现的瞬间。它通过某种筹划方式(im Wie)与此在自身打交道。

然而,另一方面,作为实践的揭蔽方式,实践智慧亦与逻各斯[②]有关。它将良机/瞬间所展示的整体视域"聚集"起来,形成类似于科学知识的特定筹谋,以便此在作出具体的抉择。这个过程将此在在世界内照面的事物视为某个达成行动目的的手段或者器具,海德格尔将实践智慧与世界内事物打交道的筹谋特性称为"操劳"(Besorgen)。实践智慧正是在操劳活动中持守良机/瞬间的各类特性,比如个别当下的方式(das jeweilige Wie)、目的(Wozu)、程度(Inwieweit)以及原因(Warum)等。因此,亚里士多德认为,实践智慧是一种通过聚集视域的方式朝向终点的洞见[ein Hinsehen κατὰ τὸ συμφέρον πρὸς τὸ τέλος(1142b32)[③]]。实践智慧既是一种灵魂揭示真理(揭蔽)的方式,同时也是此在在良机/瞬间中持守真理(保真)的活动(Verwahrungsweise)。由此可知,行动的始基总是处于朝向本真瞬间的具体关联之中(in der konkreten Bezogenheit auf den Augenblick),同时蕴含着此在行动的始点和终点。

经由上述阐析,良机、实践智慧与瞬间之间的生存论关联便得到了充分展示。良机作为此在行动所处的整体视域根本上蕴含着"尚未—已经—瞬

---

① 在古希腊早期哲学中,ἀρχή 主要有两个方面的含义:一是开端、始点;二是主宰、归宿。由于良机(καιρός)里面既蕴含着此在行动的开端即"走向自身",也暗含了行动的目的和归宿即"回到自身",因此,海德格尔在此将它视为行动的"始因"(ἀρχή)。

② 逻各斯(λόγος)源于动词 λέγειν。它的原义就是"采集、收集、拾起、拣起来",海德格尔特别强调"逻各斯"的原初含义。

③ Martin H. Phänomenologische Interpretationen zu Aristoteles (Anzeige der hermeneutischen Situation)[M]//Dilthey-Jahrbuch(Bd. 6). Göttingen: Vandenköck & Ruperecht,1989:259.

间"这一时间性整体结构。海德格尔把瞬间视为良机的同义词,侧重表达此在在当前处境中通过与其他此在的操持活动,同时回到本真的此在自身。操持活动揭示了实践智慧总与此在自身打交道。另一方面,实践智慧作为理智德性,它的对象是此在在世界内所展开的各种行动。此在只要开始行动,就总要与周围世界内照面的事物打交道,海德格尔将实践智慧在世界之内操劳的生存论结构称为"寻视"(Umsicht)。此外,实践智慧还有一个重要的功能即慎思(εὐβουλία),它让本真的瞬间(Augenblick)与非本真的寻视(Umsicht)这两种不同的"看"之间构成生存论关联:

慎思(εὐβουλία)将出自瞬间自身的、适时的且朝向行动本真目的的"如何"(das Wie)引入寻视的目光之中。①

综上所述,海德格尔认为,实践智慧是一种极其特殊的揭示真理的方式。尽管它的对象是此在可能的在世行动,但实践智慧毕竟也是灵魂揭示真理的理智德性,它总与逻各斯相关,总是一种慎思,因此,它以整体上的好生活为目的,以理性的态度反复筹谋,从而在复杂多变的具体处境中选择最适当的行动良机。一方面,良机/瞬间总是朝向本真的此在自身;另一方面,它又要与其他此在以及非此在的器具打交道,以便实现整体上的良好生活。

第三节 良机、瞬间和善

回到亚里士多德关于良机的原初定义"时间方面的善"(ἀγαθόν ἐν χρόνῳ),我们还需要阐明一个问题,即如何理解良机与善(ἀγαθόν)之间的关系?亚里士多德曾在《尼各马可伦理学》第一卷第六章批判了柏拉图的善理念,并提到良机。海德格尔1924年在马堡大学举办的关于亚里士多德的讲

---

① "Sie bringt das Wie des angemessenen und eigentlich zielerreichenden Zuwerkegehens aus dem Augenblick selbst in den umsichtigen Blick". Martin H. Phänomenologische Interpretationen zu Aristoteles(Anzeige der hermeneutischen Situation)[M]//Dilthey-Jahrbuch(Bd. 6). Göttingen: Vandenköck & Ruperecht, 1989: 260.

座①中亦对此有所探讨。

亚里士多德认为,柏拉图把善视为唯一而普遍的最高理念是错误的,理由如下。

第一,善不仅被用来述说实体,还用于描述关系和属性。然而,由于关系和属性并不具有类似于实体的实在性,所以它们不可能存在一个共同理念。

第二,善不但可以表述实体,还可以描述质、量、时间、地点等其他范畴。如果善只有一个,它就不可能同时述说这么多个范畴。

第三,如果存在一个普遍最高的善理念,与此同时,"对于那些被把握在一个唯一理念之下的事物,只存在一门唯一的科学"②。根据这个原则,应该只存在一门关于善理念的科学,但是,实际上却存在诸门这样的科学,比如"关于时机的知识,战术学在战争中描述它,医术在疾病中描述它;或者,关于正当尺度的知识,医学在饮食上描述它,体育学在运动上描述它"③。

第四,善理念与时间中的善之间并没有本质区别,善理念"并不因其永远是善的就是更高程度的善,就像长期存在的白并不因此就比只存在一天的白更白些一样"④。

第五,有人认为柏拉图并未否认具体的善有多个,而只是强调这些多个的善(有用的或好的东西)都是鉴于善本身而才是善的,因为它们都分有或摹仿了那唯一的善理念。这样一来,善理念将仅仅沦为"一种空无内容的形式",这样的理念还能算作一个理念吗?

鉴于上述批评,亚里士多德认为,某些东西能被称为善,不是因为它们指向共同唯一的善理念,而只是在类比的意义上(κατ' ἀναλογίαν)才是善,例如"眼睛对身体是善,努斯对灵魂是善"⑤。对人而言,我们在实践(πρᾶξις)中

---

① 这一讲座内容结合海德格尔学生的课堂记录由克洛斯特曼(Vittorio Klostermann)出版社作为《海德格尔全集》第18卷出版发行,书名为《亚里士多德哲学的基本概念》(*Grundbegriffe Der Aristotelischen Philosophie*)。

② Aristotle. The Nicomachean Ethics[M]. Ross D, trans., New York: Oxford University Press, 2009: 4.

③ Aristotle. The Nicomachean Ethics[M]. Ross D, trans., New York: Oxford University Press, 2009: 4.

④ Aristotle. The Nicomachean Ethics[M]. Ross D, trans., New York: Oxford University Press, 2009: 4.

⑤ Aristotle. The Nicomachean Ethics[M]. Ross D, trans., New York: Oxford University Press, 2009: 5.

通达善。综上所述，即使存在一个如柏拉图所言的善理念，它也只能是空无内容的形式，"既不能通过人的行动来实现，也不能被达到"①。这样的善理念对于我们来说没有任何意义，就好比一个医生并不追求健康本身，因为他关注的对象永远是病人的健康，所以，人的行动也不是指向一个空洞的善本身，而是具体处境之中的行为之善。

海德格尔指出，既然并不存在一个普遍共同的善理念，而总是在此在的实践活动中通达具体之善，我们就不能称这样的善为"这一个"（τόδε τι），而只能描述为"如此这般的"（τοιόνδε），前者用来指称实体，后者则用于描述属性特征。换而言之，在人类实践方面并不存在某个"一般的善"（ἀγαθὸν καθόλου），而只有作为此在行动界限（πέρας）的"好"（ἀγαθόν）：

> 因为，照此说来，ἀγαθόν（好）本身作为 πρᾶξις（实践）的 πέρας（界限），将世界的存在刻画为总是如此这般的存在者，所以，关于某个 ἀγαθὸν καθόλου、关于某个"一般而言的好"的相关论说，都是毫无意义的。②

那么，我们应该如何在此在的行动中实践"善"，这一行动的界限又在哪里？对此，海德格尔这样回答：

> 它意指下述存在者的一种特殊的此在方式：我们在 πρᾶξις（实践）中就与这种存在者打交道，并以 καιρός（良机）为定向。③

由此可知，良机/瞬间便是此在通过行动实现善的关键、方向和界限。如前所述，此在自身与善有关的行动（好的行动）都是把握良机，在行动所处

---

① Aristotle. The Nicomachean Ethics[M]. Ross D, trans., New York: Oxford University Press, 2009: 5.

② "Weil demnach das ἀγαθὸν selbst als πέρας der das πρᾶξις Sein der Welt charakterisiert als jeweils so und so daseiendes, hat die Rede von einem ἀγαθὸν καθόλου, von einem »Guten überhaupt«, keinen Sinn." Heidegger M. Grundbegriffe der Aristotelischen Philosophie (Sommersemester 1924)[M]. Frankfurt am Main: Vittorio Klostermann GmbH, 2002: 305.

③ "sondern eine besondere Weise des Daseins desjenigen Seienden, mit dem wir es selbst in der πρᾶξις zu tun haben, orientiert auf den καιρός." Heidegger M. Grundbegriffe der Aristotelischen Philosophie (Sommersemester 1924)[M]. Frankfurt am Main: Vittorio Klostermann GmbH, 2002: 305.

的整体境遇之中作出最适当抉择的实践。具体行动的善与一般的善都属于整体上最外绽的存在方式(εσχατον)。不过,二者仍存在本质区别:具体行动的善与良机有关,它具有源始的时间特征,即良机这一整体时间视域不断延展,从而让行动所居的具体处境得到最完整而清晰的呈现。如果良机展开的整体时间视域达到了最外绽的边界,它也就实现了自身的"善"。因此,良机便是此在通过行动实现自身之善的关键、方向和界限。

然而,另一方面,像亚里士多德所批评的那样,柏拉图将善视为唯一普遍的最高理念,也就是一般的善(ἀγαθὸν καθόλου),它其实按照种属关系规定善,从而将善仅视为普遍永恒的"空无内容的形式"。就此而言,这类通达最外绽边界的存在方式恰恰排除了时间,遮蔽了源始而整体的时间性。此在自身就是在世界中存在,它总要与世界之内照面的存在者打交道,总要有所先行筹划,总要有所操心。但是,一般的善却缺乏生存论内容,只朝向了抽象的"空洞之物",这显然与此在本己的善相去甚远。所以,海德格尔接着亚里士多德的上述批评继续展开追问:

> 如果这真的就是 ἀγαθὰ καθαυτά(就其自身而言的好),那么,它所包含的无非就是一种理念(Idee)吗? καθ'αὐτά(就其自身而言)确实意指 καθόλου(一般而言)吗?①

海德格尔显然认为,"就其自身而言"(καθ'αὐτά)并不等同于"一般而言"(καθόλου)。行动自身之善与一般之善虽然都具有某种最外绽的存在特征,但只有前者才是真正本己的善。因此,此在不能把善"置入某个普遍的属(γένος)之中"②,而要符合类比(κατ' ἀναλογίαν),即"以良机(καιρός)为定向,由良机的位置所决定"③。

---

① "Wenn das in der Tat ἀγαθὰ καθαυτά sind, besagt das schon, daß darin nichts enthalten ist als eine Idee, besagt καθ'αὐτά schon καθόλου." Heidegger M. Grundbegriffe der Aristotelischen Philosophie(Sommersemester 1924)[M]. Frankfurt am Main: Vittorio Klostermann GmbH, 2002: 306.

② "daß diese sich nicht in ein allgemeines γένος setzen lassen." Heidegger M. Grundbegriffe der Aristotelischen Philosophie (Sommersemester 1924) [M]. Frankfurt am Main: Vittorio Klostermann GmbH, 2002: 307.

③ "Der Seinscharakter des ἀγαθόν ist am καιρός orientiert, bestimmt durch seine Stelle." Heidegger M. Grundbegriffe der Aristotelischen Philosophie(Sommersemester 1924)[M]. Frankfurt am Main: Vittorio Klostermann GmbH, 2002: 306.

综上所述,在最外绽者(εσχατον)这一极限的存在方式中良机作为好的时间与善在生存论层次上的内在关联得到如下展现:如果此在的"目光"(Blick)将行动所处的具体处境置入一个最完整且清晰的整体视域中,让此在能够在瞬间做出最合适的行动选择("切中目标"),那么,良机也就实现了自身的善,同时也达到了自身的整体界限即最外绽者。

基于上述解析,可以发现,良机/瞬间既不是一个物理时间视域下的几何点,也不只是布鲁恩所描述的"朝向一个'极点'的运动"或者某一个特殊时刻,而是由"尚未—已经—瞬间"(Noch-nicht-Schon-Augenblick)所构建的整体时间视域。另一方面,实践智慧在此在的行动之中,在操持与操劳活动中,呈现本真与非本真两种状态,表现为两类完全不同的"看":本真的"看"是瞬间(Augenblick),它朝向本真的此在自身;非本真的"看"是寻视(Umsicht),它围绕具体现成的行动真知。这两类"看"都在良机之中同时发生。换而言之,瞬间是一种朝向此在自身的"看",但同时也是对朝向世内存在者的"看"即寻视活动的遮蔽。

既然良机/瞬间蕴含着源始而本己的时间性整体结构,它的善就不能植根于排除了时间性的一般善理念。简而言之,良机/瞬间的善是最为向外绽出的,即任何人之行动所处的最完整且清晰的整体视域。如果此在处于这样一种本真状态,他就能在瞬间(καιρός、Augenblick)之中展开决断,通过具体行动回到本真的此在自身,同时就实现了自身的善。

第四章　瞬间问题的生命哲学进路
——克尔凯郭尔的瞬间与海德格尔的瞬间

在这一章中，我们将论述克尔凯郭尔的瞬间（Øieblik）同海德格尔《存在与时间》时期瞬间（Augenblick）思想的内在关联，从而展现海德格尔前期通达瞬间阐释的一条生命哲学进路。鉴于海德格尔本人对克尔凯郭尔的相关思想着墨不多，可供查阅的原文及二手文献资料极其有限①，这一阐释工作可视为笔者的一次思想探索。笔者尝试结合基督教神学背景下最为重要的三个瞬间，阐明克尔凯郭尔如何从个体的生命哲学进路出发，按照海德格尔的说法②，在生存状态层次上（existenziell）将罪、救赎以及审判问题转化为个体当下的信仰决断问题。然后，笔者将进一步揭示海德格尔又如何承袭了克尔凯郭尔的生命哲学试验，彻底悬置了基督教神学背景下的"罪—救赎—审判"设定，植根并超越于个体所处的具体当下的生存处境，运用现象学方法，在生存论—存在论层次上（existenzial-ontologisch）阐明了个体性的此在如何倾听良知的呼声而生发决断，同时成为本真的此在，这就是生存论视野下的瞬间。

第一节将探讨与罪和死相关的人类历史的第一个瞬间。这个瞬间也是

---

① 参见导论部分的相关论述。

② 如前所述，海德格尔认为，克尔凯郭尔尽管"把生存问题作为一个实际生存活动的问题明确加以掌握并予以透彻地思考。但他对生存论问题的提法却十分生疏，乃至从存在论角度看来，他还完全处在黑格尔的以及黑格尔眼中的古代哲学的影响之下"②，Heidegger M. Sein und Zeit[M]. Tübingen：Max Niemeyer Verlag，2006：235. 也就是说，克尔凯郭尔尽管触及了基督徒最为真实的现实处境，在实际的生存状态层面上（existenziell）对于个体的生存问题有过透彻的思考，但是，在海德格尔看来，他未能转变古代存在论的理解范式，未能在生存论—存在论上（existenzial-ontologisch）切入个体的信仰决断问题。因此，上述存在论差异也构成了笔者对海德格尔和克尔凯郭尔的瞬间概念进行思想比较的基本方法和视角。有意思的是，马尔库塞却恰恰认为，克尔凯郭尔切入到了同时代的人之此在的具体历史处境，这才是哲学活动（Philosophieren）的真正对象，与之相照，海德格尔的生存论—存在论仍停留在对一般结构的阐析上，未能成为马尔库塞本人所倡导的"具体哲学"（Konkrete Philosophie）。马尔库塞甚至将克尔凯郭尔与苏格拉底并举，作为具体哲学的鲜活样例。Cf. Marcuse H. Heideggerian Marxism[M]. Lincoln and London：University of Nebraska Press，2005：47-49.

人从存在者（永恒之神）向非存在者（现实之罪人）的转变；在生存论视野下，它则是此在由本真的状态（最本己的整体能在）向非本真的状态（常人）的过渡。我们将阐明精神在《恐惧的概念》中如何通过对"无"的恐惧而走向罪之现实性的设定。然后解析海德格尔如何通过现象学描述来展现，此在在畏这一基本现身情态中被带到本真的整体在世面前，感到茫然有所失，为逃避这一无家可归的可怖状态，继而沉沦于非本真的常人之中。此外，我们还将对两位思想巨擘几组相近的哲学概念，诸如恐惧（Angest）和畏（Angst）、乌有（Intet）和无（Nichts）、死（DØden）和死亡（Tod）等予以辨析和廓清。

第二节将讨论基督降临的瞬间同海德格尔决断思想的内在关联。对克尔凯郭尔而言，这个瞬间是存在者（永恒之神）同非存在者（现实之罪人）相遇照面的瞬间，也是神给予学生即罪人理解真理的条件和真理本身的瞬间。通过海德格尔的生存论阐释，这个瞬间被转化为此在（人）从非本真的常人状态中收回，被带到本真的整体能在的瞬间。我们首先将简述克尔凯郭尔对柏拉图"回忆说"的批判，然后通过辨析海德格尔的罪责（Schuld）与基督教神学背景下的原罪（Sünde）以及克尔凯郭尔的罪（Synd）之间的理解殊异，进而展现海德格尔如何在《存在与时间》中阐明与决断有关的瞬间。

第三节将关注末日审判的瞬间与海德格尔"到时"概念的思想关联。对克尔凯郭尔而言，在神（Gud）给予学生理解真理的条件之后，这一瞬间也是个体在信仰中不断趋向真理（神）、趋向永恒，最终完成"质的一跃"的永恒到时。在生存论上，这个瞬间象征着经由"决断的一跃"，源始而本真的此在同时在自身的实际生存中到时显现。我们将首先阐明克尔凯郭尔在《致死的疾病》中关于绝望概念的心理学描述。然后进一步阐析"操心"的生存论建构，廓清它整体统一的存在论根基即时间性之绽出。

第四节将对克尔凯郭尔与海德格尔的瞬间问题展开全面比照，揭示究竟哪一个瞬间才是作为原型的瞬间，然后全面评述海德格尔关于克尔凯郭尔瞬间思想的存在论阐释。

瞬间是一个美丽的词汇。
——克尔凯郭尔

第一节　瞬间与死

一、克尔凯郭尔关于罪与死的心理学诠释

关于人类始祖亚当所犯下的"原罪",相较于奥古斯丁提出的"自由意志说",克尔凯郭尔给出了一个迥然不同的解释,他称之为"一场心理学试验"。克尔凯郭尔认为,人是两重综合的产物:一是灵魂与身体的综合,这一综合由"精神"(Aand)承担;二是永恒与现实性的综合。参照《圣经·旧约》,神是这样造人的:"耶和华神用地上的尘土造人,将生气吹在他鼻孔里,他就成了有灵的活人,名叫亚当。"①对于亚当而言,尘土作为身体,生气作为灵魂,二者的结合就是"有灵的活人"即精神。然而,这样的精神尚且沉睡着,因为亚当犯罪之前,他的灵魂处于伊甸园(无辜状态)中,因此仍是永恒的;与此同时,他的身体则处于有死与不朽两种状态之间。亚当可以吃生命之树上的果子而成为永恒的存在,只是不得吃分辨善恶树上的果子,因为吃它的日子必会死。不难发现,相较于生命之树,分辨善恶的那棵树实际上就是"致死之树"。在犯罪之前,亚当的身体处于永恒与有死之间的可能状态,也就是说,亚当尚不必然会死。死之缺席意味着亚当尚未进入现实的尘世,仍与耶和华在伊甸园里共在。既然精神觉醒不但是灵魂和身体的综合,而且是永恒的灵魂与现实的身体之间的综合,那么,精神彼时尚处于"梦着的"状态之中,或者说,在犯罪之前,处于无辜性之中的人"还没有被定性为'精神',而是在'与它的自然性的直接统一'中在灵魂的意义上被定性。精神'梦着地'在人之中"②。由于处于无辜状态之中的亚当尚未偷吃分辨善恶之树上的果子,不具有辨别善恶的能力,所以,那时的亚当不仅是无辜的,还是无知的,就此而言,无辜性就是无知性。同理,梦着的精神不仅是无辜的,也是无知的。总之,处于无辜状态之中的精神只是灵魂与身体的综合,但还不是永恒和现实的综合,所以是"梦着的"。

另一方面,既然精神是永恒与现实潜在的综合,那么梦着的精神总要倾向于投射现实的某物。但在无辜性即无知性之中,"有和平与宁静;而同时也有着某种他物,这他物不是'不和平'与'争执',因为没有什么可去争执

---

① 《圣经·旧约·创世记》2:7。
② 克尔凯郭尔.恐惧的概念[M]//克尔凯郭尔.畏惧与颤栗,恐惧的概念,致死的疾病.京不特,译.北京:中国社会科学出版社,2013:198.

的。那么,这他物是什么呢?它是无"①。从心理学层面来描述,无(Intet)会让人产生恐惧(Angest)。克尔凯郭尔细腻地描述了这一心理状态:

> 精神的现实性不断地作为一种形态而显现,这形态诱惑它的可能性,而在它想要去抓取这种可能性的那一刻又马上消失,它是一种只会让人感到恐惧的无。②

梦着的精神总想要抓取什么,但在抓取的那一刻又什么也抓不到,在这样一种无之状态中总让精神感到恐惧,这种恐惧并不是关于特定对象的怕(Frygt),因为怕以精神的觉醒为前提,它必须针对现实的某物,而梦着的精神只能投射无。只有精神性的存在才会感到恐惧,动物身上没有恐惧,它们"在其自然性之中没有被定性为'精神'"③。恐惧只能是梦着的精神在心理学范畴描述之下的一种定性,它与无辜状态须臾不离。精神越少,恐惧也就越少,正如在某些小孩子和动物那里出现的情形。

克尔凯郭尔指出,精神一方面无法忍受自己一直处于恐惧之中,它想要逃离这巨大的恐惧;但另一方面,它又不可能真正消除和摆脱恐惧,因为恐惧不是精神基于外在的具体对象而生发的心理感受,如怕那样,而是源于精神自身之内的无辜性即无知。这类对于恐惧既想逃避又无计可施的复杂心理在无之中被逼到了极限,如果没有精神之外的超越力量的帮助,精神不可能单靠自身逃避恐惧。就在这一瞬间,精神突然得到了一道禁令:"园中各样树上的果子,你可以随意吃,只是分辨善恶树上的果子,你不可吃,因为你吃的日子必定死。"④梦着的精神尚处于无辜状态,也没有吃智慧树上的果子,因此,可以断定:亚当(梦着的精神)其实并不明白这句话的含义。但是,这句话却在无之中唤醒了梦着的精神,虽然是以禁令的形式,即"不可吃分辨善恶树上的果子,吃的日子必定死"。神的禁令让亚当感到恐惧,这种恐惧虽然仍不是怕(怕以精神的有知为前提,这里的精神仍处于无知状态),

---

① 克尔凯郭尔.恐惧的概念[M]//克尔凯郭尔.畏惧与颤栗,恐惧的概念,致死的疾病.京不特,译.北京:中国社会科学出版社,2013:199.
② 克尔凯郭尔.恐惧的概念[M]//克尔凯郭尔.畏惧与颤栗,恐惧的概念,致死的疾病.京不特,译.北京:中国社会科学出版社,2013:198.
③ 克尔凯郭尔.恐惧的概念[M]//克尔凯郭尔.畏惧与颤栗,恐惧的概念,致死的疾病.京不特,译.北京:中国社会科学出版社,2013:198.
④ 《圣经·旧约·创世记》2:16-17。

但也与之前投射着无的恐惧有所不同,因为精神在这个瞬间可以抓取某种特定的现实性,尽管形式上是禁令。精神的恐惧在这里呈现为一种模棱两可:一方面,投射着无的恐惧终于可以被某种特定的现实性所取代,精神终于可以逃避这种恐惧;另一方面,神的禁令却又让精神陷入关于更深刻无知的另一种恐惧中。精神的恐惧在这一瞬间被逼到了极限,梦着的精神再也无法忍受"无"同某种潜在的现实性相互综合而产生的恐惧,它急需一个出口。①

有趣的是,克尔凯郭尔对这个过程的心理学描述到此戛然而止:

> 心理学无法达到更远的地方,但却能够达到这一点,并且,最重要的是:它能够通过它对人的生命的观察一再地显示这一点。②

由此可见,克尔凯郭尔并不止步于对《圣经·旧约》里耳熟能详的"创世记"故事展开一种神学解释,而是结合这一叙事背景从心理学出发来探寻精神之恐惧最初的根源。这一根源可由双重视角来理解:第一,从《圣经·旧约》的语境解析,这一"出口"最终导向了亚当的罪③;第二,依据心理学视野,从精神的极限恐惧到罪的发生,这是一个质的跳跃。关于这一跳跃,心理学无能为力,而只能依托以信仰为根基的神学阐释,因此,克尔凯郭尔强调"心理学无法达到更远的地方"④,但罪却可以通过对人的生命的观察得到一再显示。那么,它究竟如何得到显示?亚当的罪对于后人又意味着什么?

回到《圣经·旧约》的语境,亚当(梦着的精神)由于无法忍受模棱两可的极限恐惧,因而只需要轻微的诱惑,便会把它当作逃避的"出口"而将神的禁令抛诸脑后,于是,亚当在蛇和夏娃的诱惑之下吃了分辨善恶树上的果子。在这一瞬间,罪被设定了,作为惩罚,亚当被逐出伊甸园,在现实的世界

---

① 这个出口是由极端的恐惧进而产生绝望,最终通过"质的一跃"而走向罪,罪乃是绝望的强化。罪的对立面不是美德,而是信仰。这些内容涉及耶稣基督救赎"传承之罪"后,个体在信仰的体验中不断趋向永恒的福祉,最终通过"信仰的一跃"而在末日审判的瞬间彻底得救。这与后面两个标志性的瞬间有关,因此,笔者将会在后两节中予以详述。
② 克尔凯郭尔.恐惧的概念[M]//克尔凯郭尔.畏惧与颤栗,恐惧的概念,致死的疾病.京不特,译.北京:中国社会科学出版社,2013:202.
③ 参见《旧约·创世记》。
④ 克尔凯郭尔.恐惧的概念[M]//克尔凯郭尔.畏惧与颤栗,恐惧的概念,致死的疾病.京不特,译.北京:中国社会科学出版社,2013:202.

中沉沦。更为重要的是,亚当不再是不死之身,死作为罪的胎记一并进入世界:"你本是尘土,仍要归于尘土。"① 对于亚当而言,罪的发生意味着他的生命开始有终结,由此"代"的观念才得以形成:亚当的后人不再由神亲自创造,而是通过代的传承产生,死便是一代与另一代划分的边界;对于精神来说,罪之发生恰恰意味着它的觉醒,因为正是罪使人的身体成为现实,即身体本由尘土构成,现在经由死而又重新归入尘土,从而实现它自身。这一过程正是现实性的展开。因此,精神一方面得到永恒的灵魂与现实的身体之间的综合而得以觉醒,另一方面,由于吃了分辨善恶树上的果子,精神亦从无知变得有知。显然,精神的有知伴随着罪一同产生,从这个视角出发,有知性就是有罪性,知与罪密不可分。

综上所述,作为亚当的后人,每一个现实的人都承担着双重意义上的罪②:一种是由于代的传承而遗传的罪,它的标记就是我们每一个人的死,正如《圣经·新约》所言:"这就如罪是从一人入了世界,死又是从罪来的;于是死就临到众人,因为众人都犯了罪。"③ 所以,通过观察个人生命中出现的死亡和恐惧现象,罪便可以得到显示。虽然对于罪发生的瞬间这一质的跳跃,我们无法从心理学层面直接描述,但是,对于个体现实生存中的恐惧和死亡现象的观察却可以促使我们反思这一"传承之罪"。

第二种意义上的罪则是相对于精神而言的,它是可能的罪,虽然每一个人自出生起就带有"传承之罪",但并不意味着这种遗传是一种均质化的复制,仿佛这种代的传承只是一种类的"重复",正如在动物④那里发生的情形,它们仅被作为抽象的"类"中的一员对待,而不是真正的个体(individ),它们之间可以相互取代,只呈现为量的差别。从质的角度来看,多一个或者

---

① 《旧约·创世记》3:19。
② 神学家哈泽在《复活的胡特尔或路德教会神学教理》第 87 节即"对罪的不同分类"章节区分了两类罪:一类是"传承之罪"(peccatum habituale),意指"人的天性中的一般而本原的同样大的罪";另一类是"作为之罪"(peccatum actuale),意指"每一个人的人格中的特殊而不同的罪"。后者按照不同的客体又可具体分为三类,即对上帝的罪(peccatum in Deum)、对邻人的罪(peccatum in proximum)和对自己的罪(peccatum in nosmetipsos)。转引自克尔凯郭尔.恐惧的概念[M]//克尔凯郭尔.畏惧与颤栗,恐惧的概念,致死的疾病.京不特,译.北京:中国社会科学出版社,2013:522.
③ 《新约·罗马书》5:12。
④ 《圣经·旧约》这样描述人和动物的关系,即所有的动物都是由亚当命名的:"耶和华神用土所造成的野地各样走兽和空中各样飞鸟都带到那人面前,看他叫什么。那人怎样叫各样的活物,那就是它的名字。那人便给一切牲畜和空中飞鸟、野地走兽都起了名。"见《旧约·创世记》2:19-20。克尔凯郭尔认为,动物是缺乏精神的,与此相反,人有精神,哪怕是梦着的。

少一个对这个类而言并无本质影响,正如少了一只鸡并不会从根本上改变抽象的鸡这个类。然而,觉醒的精神却是一种综合,同时也是一个真正的个体,不管是身体,还是灵魂,都是不可取代、独一无二的。该隐、亚伯虽是亚当和夏娃所生,但他们并非其父母的复制,而是作为个体的精神性存在,所以,才会呈现"这一代"与"上一代"之间质的差别,比如该隐现实的历史轨迹和亚当完全不同。精神是"个体"观念产生的前提,没有精神,就没有个体。每一个精神个体都无法归属于任何一个普遍抽象的类概念,因为它是永恒与现实之间的一种综合,不仅具有普遍永恒的形式,还具有历史维度的现实性。这一现实性表明精神个体自身"就是一种历史性的运动"①,它无法仅仅抽象为"人"这个类概念中的一员。对于每一个精神个体而言,人这个族类不是外在更高的属,而是本己而内在的自身。就此而言,"'个体'是其自身和那族类"②,它呈现为代际谱系,代际意味着每个精神个体之间存在着质的断裂。作为个体的精神不仅是灵魂和身体之综合的承担者,同时也是时间性(永恒和现实的综合)即瞬间的存在者,因此,"个体有着历史;而如果个体有历史,那么族类也有"③。由此可见,个体和族类的历史呈现为一种交织重叠的状态:正因为每一个个体都既是其自身,又是其族类,所以,个体的历史不可能脱离族类的历史,与此同时,族类的历史也不可能超越个体的历史之外,而完全不受其影响。如前所述,梦着的精神在罪发生的瞬间觉醒,对于个体而言,这个瞬间却意味着死之悬临;而对于族类来说,正是这一瞬间开启了人类历史。

在亚当犯罪之前,神创造的时间以天体的运动作为计时标记④。天体的基本运动乃是周期循环运动,以此标记昼、夜、日、月和年。循环运动没有固定的起点和终点,因此,创世之初以天体运动标记的时间也无固定的起点和终点。这样的时间与尚居住在伊甸园中的亚当并无直接关联,时间与梦

---

① 克尔凯郭尔.恐惧的概念[M]//克尔凯郭尔.畏惧与颤栗,恐惧的概念,致死的疾病.京不特,译.北京:中国社会科学出版社,2013:188.

② 克尔凯郭尔.恐惧的概念[M]//克尔凯郭尔.畏惧与颤栗,恐惧的概念,致死的疾病.京不特,译.北京:中国社会科学出版社,2013:188.

③ 克尔凯郭尔.恐惧的概念[M]//克尔凯郭尔.畏惧与颤栗,恐惧的概念,致死的疾病.京不特,译.北京:中国社会科学出版社,2013:188.

④ 参见《旧约·创世记》1:14-19."神说:'天上要有光体,可以分昼夜,作记号,定节令、日子、年岁,并要发光在天空,普照在地上。'事就这样成了。于是,神造了两个大光,大的管昼,小的管夜,又造众星,就把这些光摆列在天空,普照在地上,管理昼夜,分别明暗。神看着是好的。有晚上,有早晨,是第四日。"

着的精神相互分离，因而也就没有历史的发生。后来，由于罪之设定，更确切地说，由于梦着的精神无法再忍受模棱两可的极限恐惧而违背了禁令，偷吃禁果，从此，亚当便从永恒的伊甸园堕入有终结的尘世，这也象征着时间开始与永恒分离，却与精神相互综合，从而在作为个体的人身上有了确定的开端与终结。对于除亚当、夏娃之外的个体而言，开端便是代之谱系层面的出生，终结便是死；对于族类而言，开端便是罪发生的瞬间，终结便是"末日审判"的瞬间。罪被设定的瞬间让以天体循环运动作为标记的时间开始有了前后相继的发生维度，尤其让它开始与现实感性的个体相关，由此个体和族类的历史便开始发生。由于"传承之罪"，族类的历史总体上呈现为代与代之间的"质之跳跃"，然而，对于与克尔凯郭尔同时代的个体[①]而言，每一个精神个体在由生到死的现实历程中通过恐惧、绝望乃至罪之体验都可"重演"族类历史从罪到末日审判的历史演进，经由这种方式，"在族类的历史向前迈进的时候，个体不断地从头开始，因为这个体是其自身和族类，并且由此而推及族类的历史"[②]。

这便是依托于《圣经·旧约》的故事，由克尔凯郭尔阐明的第一个"瞬间"，即亚当违背神之禁令，从而犯罪的瞬间，也是精神在模棱两可的恐惧之中找到逃避的出口，得到真正的综合而觉醒（永恒和现实相互综合，从无知到有知）的瞬间。

如果完全脱离《圣经·旧约》的文本语境，并且避免从心理学层面展开经验性的阐释，关于恐惧、精神、个体、瞬间和死这些问题，是否可能通过存在论层面上的阐明便获得与克尔凯郭尔一致的理解？换而言之，假如不从罪之设定出发，如何理解人类历史上由永恒的存在转到现实的非存在这样一个瞬间？海德格尔在《存在与时间》中关于畏（Angst）、死（Tod）和操心（Sorge）这些概念的现象学解析，某种程度上可被视为在生存论层面上关于罪之瞬间的重新阐释。

---

① 值得注意的是，克尔凯郭尔所处的时代已经是耶稣基督替人类赎罪之后，换而言之，那时的人作为精神个体，已经获得了理解真理的条件乃至真理，从而不必然在罪之状态中堕落、沉沦。每一个体都可能在自己的实际生存中重演族类历史上所经历的那三个标志性的瞬间，因此，在族类历史向前迈进的同时，个体也不断地从头开始。

② 克尔凯郭尔.恐惧的概念[M]//克尔凯郭尔.畏惧与颤栗,恐惧的概念,致死的疾病.京不特,译.北京：中国社会科学出版社,2013：188.

二、海德格尔关于畏与死的生存论阐释

《存在与时间》时期的海德格尔关于存在论(Ontologie)的理解毋宁说是"生存论—存在论"(Existenzial-Ontologie),它的关注对象不是传统存在论视野下的主导问题(Leitfrage)即"存在是什么",而是"生存论—存在论"视野下的基础问题(Grundfrage)即人与存在的互属关联,亦即一般存在的意义问题,因此,海德格尔也称之为"基础存在论"(die fundamentale Ontologie)。基础存在论从此在首先与通常(zunächst und zumeist)所处的日常平均状态出发展开现象学阐析,由此回答一般存在的意义问题。

1. 无之畏

在《存在与时间》第一部第一篇里,海德格尔首先开展了准备性的此在存在论分析工作,剖析了此在生存论上的基础结构——"在世界中存在"(das In-der-Welt-sein)。这里的世界(Welt)并不是世界内一切现成存在者,例如树、人、房屋等的总和,而是此在与其他一切存在者相遇照面的生存境遇,它与此在之生存处于同一关联之中。与器具打交道的世界被海德格尔称为"周围世界"(Umwelt),与其他此在打交道的世界则被称为"共同世界"(Mitwelt)。在传统存在论的视野下,世界被当成与主体对立的客体(Objekt)或者对象(Gegenstand)。然而,客体或者对象其实植根于周围世界,前者是对后者的现成抽象。

由此观之,对于此在而言,周围世界比客观的现成世界更为源始。不过,刚才所有探讨都是关于此在平均的日常状态中生存现象的描述,落实到基础存在论层面,我们是否能够进一步解析"在世界中存在"的基本建构?既然此在自身就是在世界中存在,那么此在究竟如何实现这一基本结构即展开自身呢?"在世界中存在"不但是此在之现实性,而且也是其本己的"能在"(Seinkönnen),我们必须在此在之存在更为源始的整体关联中阐明这种能力。这里亟待解决的问题便是:蕴含在此在之本真存在中的"世界性"(Weltlichkeit)作为整体能在同在日常平均状态中的周围世界如何发生关联?这个问题又可以具体划分为两个层面。

第一,如何从周围世界出发通达作为整体能在的源始的世界性,也就是说,源始的世界性之整体关联如何显现自身?海德格尔认为,这必须经由畏(Angst)这一基本现身情态(Befindlichkeit)。

第二,如何由作为整体能在的世界性转而通达周围世界中与此在照面

的存在者？海德格尔指出，这需要通过操心（Sorge）这一生存论整体建构。

首先，关于这个问题的第一个层面，既然此在通过畏这一基本现身情态得以通达本真的世界性。那么，我们应如何理解畏？它与怕（Furcht）[①]又如何区别？

在平均的日常状态中，此在作为常人（das Man）生存，在周围世界中处于沉沦（Verfallen）状态，从而逃避本真的自己。这一"逃避"（Flucht）恰恰以此在曾被带到本真的自身面前为前提，否则逃避将没有对象，正如海德格尔所说："从存在论上说，唯由于此在在本质上已经被属于此在的那种展开状态带到此在本身面前，此在才可能在它面前逃避。"[②]此在究竟缘何逃避本真的自身呢？似乎很难理解，此在宁愿在日常平均状态之中作为常人沉沦，让自己消散在周围世界之中，也不愿面对本真的自身。

从畏这一现象入手，就能对这种逃避给予更为源始的解释。因为在日常的生存现象中，畏、怕与逃避活动往往如影随形[③]，所以，海德格尔将畏看作此在逃避本真的自身，而在"世界性"这一维度中现身的基本情态。这里的畏不是怕（Furcht），因为怕总是围绕一个现成的世内存在者，比如怕蛇、怕火等："怕之所怕总是一个世内的、从一定场所来的、在近处临近的、有害的存在者。"[④]然而，仅由怕这一生存现象无法理解此在为何要逃避本真的自身，因为对世内具体存在者的怕恰恰导向相反的结果，即对某一现成的世内存在者的逃避只能相反地推出此在对其所沉沦的周围世界的背离。显然，怕并不是此在作为常人沉沦于世的现身情态，它指向更为源始的基本情调（Grundstimmung）即畏。

畏并不关涉任何一个具体的世内存在者，畏之中同时蕴含两类基本结构，即畏之所畏者（das Wovor der Angst）与畏所为而畏者（Worum die Angst sich abängstet）。前者意指畏这一现身情态所朝向的对象，后者则表达畏所处的境遇和始因。在怕这类情绪中，它的对象和原因可以分离，比如

---

① 克尔凯郭尔曾区分了恐惧（Angest）和怕（Frygt），与之类似，海德格尔强调畏（Angst）这一基本现身情态是本真的，它不关涉任何现成的具体对象。与此同时，怕（Furcht）作为一种非本真的生存现象，总是关于某个具体的现成存在者，比如怕蛇。
② Heidegger M. Sein und Zeit[M]. Tübingen：Max Niemeyer Verlag，2006：184-185.
③ 关于怕与逃避在生存论上的密切关联，海德格尔曾这样解释："并非凡在某种东西面前退缩而背离这种东西都必然是逃避。基于怕而在怕所开展的东西面前退缩，在有威胁性的东西面前退缩，才有逃避的性质。"Cf. Heidegger M. Sein und Zeit[M]. Tübingen：Max Niemeyer Verlag，2006：184-185.其实，畏是此在在世之怕的源始基础。
④ Heidegger M. Sein und Zeit[M]. Tübingen：Max Niemeyer Verlag，2006：185.

"一遭被蛇咬,十年怕井绳"。井绳作为此在怕之对象,却不是怕这一现象产生的原因,蛇才是根源。然而,畏之所畏者与畏所为而畏者却是同一个,即一般的在世界中存在(das In-der-Welt-sein als solches)。这样的世界作为意蕴关联整体却"有全无意蕴的性质"(die Welt hat den Charakter völliger Unbedeutsamkeit)①,是"无与无何有之乡"(das Nichts und Nirgends)②。因此,此在在畏这样的现身情态中才会感到"茫然失其所在"(unheimlich),宛如处于无家可归的状态之中。

面对"在世"这一无具体关联的关联整体,亦即此在本己能在的"世界性",此在便逃避到常人状态中,"操劳消失于常人,以便可以在安定的熟悉状态中滞留于世内存在者;此在就以这种方式逃避到世内存在者那儿去"③。常人将此在带到平均化的日常生活中去,以让此在处于一种"在家"状态之中,从而沉沦于世。因此,"沉沦之背离倒是起因于畏,而畏又才使怕成为可能"④。与此同时,也正是畏让此在从日常平均状态之中"抽身"出来,从而让自己在本真的整体"在世"亦即本真的自己面前现身。换而言之,在周围世界之中,对畏这一基本现身情态的领会让此在开始面对本真的自己,尽管是以逃避的方式。就这一层面而言,"畏使此在个别化(vereinzeln)为其本己的在世的存在"⑤。这种"个别化"的此在就是一种本真的在世界之中的能在,即"从本质上向各种可能性筹划自身"⑥。与此同时,畏也让此在成为真正的个体(das Individuum)⑦,因为个体的本质是自由,而"畏在此在中公开出向本己的能在的存在,也就是说,公开出为了选择与掌握自己本身的自由而需的自由之存在"⑧。

---

① Heidegger M. Sein und Zeit[M]. Tübingen:Max Niemeyer Verlag,2006:186.
② Heidegger M. Sein und Zeit[M]. Tübingen:Max Niemeyer Verlag,2006:188.
③ Heidegger M. Sein und Zeit[M]. Tübingen:Max Niemeyer Verlag,2006:189.
④ Heidegger M. Sein und Zeit[M]. Tübingen:Max Niemeyer Verlag,2006:189.
⑤ Heidegger M. Sein und Zeit[M]. Tübingen:Max Niemeyer Verlag,2006:187.
⑥ Heidegger M. Sein und Zeit[M]. Tübingen:Max Niemeyer Verlag,2006:187.
⑦ 尽管海德格尔这里并未直接使用"个体"(Individuum)这个概念,而采用"个别化"(Vereinzelung)这个术语。然而,如果此在回到本真的自己,即作为"能在"从本质上向各种可能性筹划自身,就此而言,此在亦是一个"自由"的个体,因为"自由"即能在。本己而自由的存在正是"个体"这个概念最初的含义,正如在克尔凯郭尔那里,觉醒的精神就是一个个体,因为作为永恒灵魂与现实身体的综合,精神在罪被设定的瞬间显现了自身的自由,尽管是以"能犯罪"这一方式。
⑧ Heidegger M. Sein und Zeit[M]. Tübingen:Max Niemeyer Verlag,2006:188.

2. 操心与死

阐明了畏这一现身情态之后，我们需要进一步解释"世界性与周围世界之存在关联"问题的第二个层面，即如何由作为整体能在的此在通达周围世界中的存在者。畏将日常平均状态中的常人带到本真的此在面前，常人是此在对本真自身的逃避。在日常的周围世界中，常人总沉沦在世内的存在者之中，将本真的自身抛在后面，不过，常人亦是此在能在的一种非本真的显现，它也与畏一样，具有"为一"的结构，但它关涉的对象总是在周围世界中与之打交道的上手之物或者在共同世界中与之共处的其他此在，而不是作为无具体关联的关联整体的"在世"本身。海德格尔将"这个本质性的'为一'的存在结构把握为此在之先行于自身的存在"。

常人的存在植根于此在本真的能在，但是，这并不是说，常人仅仅囿于自身之内，而封闭成为一个现成的"主体"。常人不是和完全外在于自身的客观事物打交道，正如主体之于客体的相处模式。作为最本己能在的一种展开状态，此在总已经被抛入世界之中，在其中与世内的存在者打交道。因此，此在作为常人亦有"超出自身"的一面，只是"并非在于对另外一个它所不是的存在者有所作为，而是作为向它自己本身所是的能在的存在"①。所以，周围世界不能被理解为客体，正如作为常人的此在也不是主体。

此在在日常平均状态中"超出自身"，但同时也在这一展开状态中"走向本真的自身"，因为周围世界植根于此在本真的整体"在世"。如前所述，此在作为常人向来已经被抛入一个世界，那么，先行于自身的存在"说得更充分一些，就是：在已经在世的存在中先行于自身"②。而在周围世界中，此在作为常人又总要与世内照面的存在者打交道，所以，"在世之在"同时也就意味着"寓于（世内照面的存在者）的存在之中"[Sein-bei (innerweltlich begegnendem Seienden)]。

我们至此解析出"在世界之中存在"的整体结构关联，简而言之，即"先行于自身已经在（世）的存在就是寓于（世内照面的存在者）的存在"。海德格尔将这一本真的生存论整体结构称为"操心"（Sorge）。操心包含以下三个生存论环节，即先行于自身（Sich-vorweg）、已经在世界之中[schon-in-(der-Welt)]以及寓于（世内照面的存在者）[Sein-bei (innerweltlich begegnendem Seienden)]。

---

① Heidegger M. Sein und Zeit[M]. Tübingen：Max Niemeyer Verlag，2006：192.
② Heidegger M. Sein und Zeit[M]. Tübingen：Max Niemeyer Verlag，2006：192.

在"操心"这一生存论基本建构中,此在作为整体能在得以在其现实的展开过程之中通达在周围世界中照面的存在者。海德格尔将此在与世界内非此在的存在者即上手之物打交道的方式称为"操劳"(Besorgen),而把在世内与他人共在的方式称为"操持"(Fürsorge)。由于操心从根本上是此在本真能在的一种表达,"能在"就意味着此在的生存始终处于尚未完成的可能性中,因此,"只要此在生存,此在就必定以能在的方式向来尚不是某种东西"①。换而言之,只要此在实际生存着(existieren),我们就无法从整体上规定此在。

关于畏和操心在生存论上的双向运动只是将我们引向此在源始而本真的整体关联,但是,它仍尚未是最本己的存在状态。那么,如何才能通达此在最本己的存在呢?换而言之,怎样才能由此在作为整体能在的"世界"进而通达此在最本己的能在"自身"呢?既然无法从此在的"生"处着眼,而获得对其存在最源始的整体领会,那么,海德格尔开始对此在在世的"终结"(Ende)即死(Tod)这一现象展开阐析,以期对这个问题有所解答。海德格尔认为:

> 这一属于能在亦即属于生存的终结界定着、规定着此在的向来就可能的整体性。只有获得了一种在存在论上足够充分的死亡概念,也就是说,生存论的死亡概念,才可能把此在在死亡中的"向终结存在"从而也就是这一存在者的整体存在引入对可能的整体存在的讨论。②

那么,我们应该如何理解生存论上的死这个概念?生存论上的死既不是一个生物学范畴,也不是日常生活中作为客观事件(die Begebenheit)的他人之死。死具有向来我属的性质(Jemeinigkeit),是此在最本己的生存现象。因为此在虽然能够通过他人之死而获得关于死亡的某种经验,但是,死在根本上却不具有任何"代理"的可能性(Vertretungsmöglichkeit),因为任何人都无法真正地代替他人之死。"为他人赴死"这种现象只是暂时为了保全他人的生命而牺牲了自己,然而,他人根本上还是必须独自面对死亡本身。从这个层面来看,"每一此在向来都必须自己接受自己的死。只要死亡'存在',它依其本质就向来是我自己的死亡"③。所以,生存论上的死亡概念由两个环节构成:一是向来我属性(Jemeinigkeit),二是实际生存

---

① Heidegger M. Sein und Zeit[M]. Tübingen:Max Niemeyer Verlag,2006:233.
② Heidegger M. Sein und Zeit[M]. Tübingen:Max Niemeyer Verlag,2006:234.
③ Heidegger M. Sein und Zeit[M]. Tübingen:Max Niemeyer Verlag,2006:240.

(Existenz)。由此可见,此在作为在世界中存在,根本上也是"向死存在"(das Sein zum Tode)。

如上所述,此在的生存作为能在,总意味着某种"尚未"(Noch-nicht),它看起来似乎随着死亡的到来而宣告终结。但如果这样理解,就把死亡看作某种尚未出场而始终"亏欠"(Ausstand)的东西。这里的亏欠可从两个不同的层面解释:其一,作为此在自身之外的部分"亏欠"着,比如,"在结算债务时还有待收取的余额就还亏欠着"①,亏欠的东西是无法使用的,因此,死亡被看作某种未能使用的上手之物甚至现成之物来对待;其二,从目的论视角出发,如果将死亡当作此在生存的目的,那么,在朝向这一目的的过程之中,死亡始终尚未完成(Vollendung),因而始终亏欠着,就好比果子从不成熟状态趋向成熟状态,"在这种成熟过程中,果实尚未是的那种东西绝不是作为尚未现成的片段积拢到果实上来的。它自己把自己带向成熟,这一点标画出它作为果实的存在"②。也就是说,在此在生存的展开状态之中,死亡作为内在目的始终亏欠着,直到此在最终完成它的生命历程,才最终消除了这种亏欠状态。

死亡是"向终结存在",这里的终结不是某种上手之物或者现成之物的到头,也不是某种尚未实现的目的,毋宁说"悬临"(Bevorstand)。悬临意味着死总在此在当下的生存境遇之内,但又不是现成的存在者。悬临还意味着"死亡是此在本身向来不得不承担下来的存在可能性"③,换而言之,此在虽能暂时逃避死亡,但是,本真的死亡是此在不可逾越的可能性。死之悬临不同于一般的悬临,比如一次暴风雪的侵袭、门把手的损坏或者一位友人的突然到访,它不是某种现成存在者、上手存在者抑或共同在此的存在者的迫近,它的特殊性在于:作为悬临,死取消了此在在世的一切具体关联,而将它带回到最本己的无任何关联的整体可能性之中。与之相照,无论是现成之物、上手之物或者他人,它们的悬临均处于某一具体的在世关联之中。

至此,死亡现象在生存论上得到初步廓清。在平均的日常状态中,此在的基本结构是在世界中存在。在世界中存在同时是向死存在(das Sein zum Tode),而向死存在又是向终结存在(das Sein zum Ende)。这里的终结是一种悬临,死之悬临是此在最本真的无所关联的可能性,也是最极端的可能性,即死是此在不可逾越的可能性。

---

① Heidegger M. Sein und Zeit[M]. Tübingen: Max Niemeyer Verlag, 2006: 242.
② Heidegger M. Sein und Zeit[M]. Tübingen: Max Niemeyer Verlag, 2006: 242.
③ Heidegger M. Sein und Zeit[M]. Tübingen: Max Niemeyer Verlag, 2006: 250.

综上所述，海德格尔所阐析的死具有三个别具一格的特征：最本己（eigenst）、无所关联性（unbezüglich）和不可逾越性（unüberholbar）。畏、操心和死这三者在生存论上的整体关联亦得到了初步廓清。

三、克尔凯郭尔与海德格尔的死之瞬间比照

再次回到那个问题：如果脱离《圣经·旧约》的文本语境，并且避免从心理学视角展开个体性的经验描述，是否可能对克尔凯郭尔所阐明的罪之瞬间展开存在论层面的阐析？海德格尔在《存在与时间》中关于畏、操心和死这些现象的上述阐释是否可视为这样一种尝试？

克尔凯郭尔依托于《圣经·旧约》的叙事背景而对精神、恐惧这些现象展开心理学描述，这无法脱离一个基本前提——罪之设定。正是罪这一设定，使精神处于截然不同的前后两种状态之中，即"前综合"的状态（梦着的精神）与综合的状态（觉醒的精神）。每个精神个体在心理学上的现实之恐惧就植根于罪之设定。如果没有这一设定，精神仍然处于梦着的状态即对无的恐惧中，无法通过肯定现实性而得到真正的综合，因而也就没有真正的个体出现，又何谈精神个体的现实恐惧呢？甚至连死也只是作为罪之标记而一同出现。换而言之，正是罪之设定才让恐惧及死与个体精神发生内在关联。

所以，上面那个问题可以具体表述为：如果脱离罪这一依托于《圣经·旧约》叙事背景而得到的设定，仅从存在论出发能否直接阐明恐惧与死之间的现实关联？

海德格尔关于畏与死的现象学阐析其实已经做出了相关尝试，其中最困难、最关键的地方在于：对精神从前综合状态到综合状态，由对无的恐惧转到现实中的心理恐惧这些"质的跳跃"，克尔凯郭尔无法从心理学层面展开直接的经验描述，因为心理学描述依赖对现实心理经验的观察，但这一质的跳跃却是精神现实性产生的前提，它处于现实的经验观察之外，我们不仅对恐惧产生的根源无从理知，我们对死同样一无所知。因此，克尔凯郭尔不得不依托于《圣经·旧约》的神学背景来弥合这一质的断裂，这就是罪之设定。

然而，与克尔凯郭尔不同，海德格尔并未将畏视为一个心理学范畴，而是一个生存论概念。基础存在论着眼于此在（人）首先与通常生存其中的日常状态。此在（人）在自身的生存中对一般的存在意义有着先行领会，因此，此在的"前生存"状态与生存之展开状态之间没有理知或者信仰的"质之跳跃"，换而言之，一般存在与此在之生存的关联不是一种从无知到有知或者

从非信仰到信仰的转变,此在之生存事先就蕴含着对于一般存在之意义的领会,因此,生存论上的本真状态与日常的非本真状态之间没有完全超越此在自身之外的"质的跳跃",这一过程并不需要罪之设定。

综上所述,关于同恐惧和死亡有关的人类历史的第一个瞬间即罪之设定的瞬间,我们在基督教神学、克尔凯郭尔的心理学以及海德格尔的生存论三个层面上展开了诠释互鉴。

从基督教神学视角出发,这个瞬间意指这样一个犯罪过程:伊甸园里的亚当间接受到蛇的诱惑(蛇先是诱惑夏娃偷吃分辨善恶树上的果子,然后夏娃又说服亚当也吃了禁果)违背了神的禁令,从而犯罪,被逐出了伊甸园,开始现实的尘世生活,死亡作为惩罚也一并入世。

从克尔凯郭尔的心理学层面描述,这个瞬间产生于梦着的精神由于无法再忍受对无同某种可能的现实性相互综合的极限恐惧,迫切需要一个逃避的出口。然而,关于这个出口却无法再展开任何直接的心理学描述,而只能通过对个体生命中恐惧、死亡现象的观察间接理知[①]。

最后,对海德格尔而言,这个瞬间象征着这样一种双向的生存论运动:一方面,此在通过畏这一基本的现身情态回到本真的整体能在自身;另一方面,它在这个过程中却感到"茫然有所失",处于一种无家可归的状态之中。因此,此在开始转向现实的世界,在奠基于"操心"这一基本建构的生存活动中感到"在家"状态,从而让自身消散并沉沦于平均的日常状态之中。但是,这样的沉沦并不是同本真的此在毫无关联的现成的"非存在者",而是一种"向死存在",也就是"向终结存在"。死作为此在在世的畏之对象和始因,是一种最本己的、无所关联的、不可逾越的可能性。死既不是植根于罪这一设定的惩罚,也不是心理学观察到的外在经验,而有其别具一格的生存论整体结构。就此而言,无须罪之设定,畏与死在生存论上原本就处于整体统一的关联之中。

---

① 关于死,克尔凯郭尔在《致死的疾病》中通过对"绝望"的心理学描述有所阐明。在基督教神学背景下,死有两类维度:一类是与罪之设定有关的死,它作为现实性的肯定,意指身体的消亡、终结;另一类是与"审判"相关的死,它作为现实性的否定,朝向"永恒",即在末日审判的瞬间,死亡得到最终克服。对于个体而言,与罪有关的死是精神通向现实性的"出口",表现为身体的死;而与"审判"有关的死则是朝向永恒的"出口",表现为身体的复活。当然,在第一个瞬间中,精神主要与前一类死即身体之死有关。对于人的身体而言,死意味着终结。但是,从末世论的角度出发,死与永恒相比,它并不是一切生命的最终点,神才是。身体的死以罪即现实的生存为前提,所以,死之中恰恰孕育生之希望。死作为身体的朽坏,是一种生理层面最终的疾病,却不是"致死的疾病"。对于个体而言,源于"罪"的绝望才是真正的"致死的疾病"。笔者将在论述人类历史的第三个瞬间即末日审判的过程中,具体阐明绝望以及与审判有关的第二类死。

第二节 瞬间(καιρός)与决断

如果说第一个瞬间来自罪之设定，与之相应，便会同时出现救赎的瞬间。克尔凯郭尔认为，每个精神个体自出生之日起就不得不承担着双重意义上的罪，即族类层面上的"传承之罪"与个体层面上的"作为之罪"。因此，罪之救赎(Forløsningen)亦应在两个层面得到理解：第一，族类层面的救赎，也就是救赎源自亚当的"传承之罪"；第二，个体层面的救赎，也就是在信仰中确立真理，实现永恒与现实的真正综合，从而经由信仰不断趋近永恒福祉，并最终完成"信仰的一跃"(the leap of faith)。

结合《圣经·新约》的文本语境，族类层面的救赎意指基督降临的瞬间，个体层面的救赎则呼应末日审判的瞬间。我们首先阐明克尔凯郭尔如何理解耶稣基督道成肉身的瞬间。这一瞬间在基督教神学背景下也表达为希腊文 καιρός[①]，克尔凯郭尔曾称之为"时候满足"(Tidens Fylde)：

[①] 关于 καιρός 在基督教神学背景下的诠释，参见由曼弗雷德·克霍夫(Manfred Kerkhoff)主编的《哲学历史辞典》的相关条目：20世纪20年代，柏林的宗教社会学家首次将 καιρός 这个概念引入神学讨论。καιρός 与 Χρόνος 这一"形式化的"时间相对，意指公正的、被充实的时间(die rechte, die gefüllte Zeit)。保罗·蒂利希(Paul Tillich)阐述了这个概念在《圣经·新约》中的用法，尤其是《马可福音》1:15："**日期满了，神的国近了！你们当悔改，信福音。**"希腊原文如下："καὶ λέγων ὅτι Πεπλήρωται ὁ **καιρὸς** καὶ ἤγγικεν ἡ βασιλεία τοῦ θεοῦ. μετανοεῖτε καὶ πιστεύετε ἐν τῷ εὐαγγελίῳ"；对应的德、英译文："und sprach: **Die Zeit ist erfüllt**, und das Reich Gottes ist herbeigekommen. Tut Buße und glaubt an das Evangelium!"; "and saying, **The time is fulfilled**, and the kingdom of God is at hand; repent ye, and believe the gospel."由此可见，中、德、英译文都将这里的 καιρός 解释为"时候满足、充实或者实现"。καιρός 作为"被充实的时间"，象征着绝对者(神)在历史的某一个瞬间切入时间之中，赋予时间绝对的内容和意义，从而让它得以充实。这个概念蕴含了永恒切入时间这一带有无限决断和命运特征的历史瞬间。但是，这并不意味着永恒在时间中有一个固定的位置，它不可能在时间中确定下来。只有先知(Propheten)才可能通过自身深层的生存体验预知 καιρός，二者之间呈现出一种辩证的关系，即一方面，καιρός 发生在先知关于它的生存体验之前；但另一方面，只有通过先知的传达、告知，καιρός 才能成为现实并为人所知。因此，正是先知让历史朝着一个新方向前进。καιρός 标志着人类的历史文化由无目的、自发的旧纪元(Autonomen)向有神圣目的(Theonomen)的新纪元过渡。καιρός 预示了一种先知式的崭新的历史观，即把时间和历史作为一个整体，在整体关联中俯瞰历史的脉络，从而赢获最本真的历史意义(Cf. "Kairos", Manfred K. Historische Wörterbuch der Philosophie (vol. IV) [M]. J. Ritteretal, ed. Darmstadt: Wissenschaftliche Buchgesellschaft, 1976: 668-669)。这一点与海德格尔关于 καιρός 作为"良机"的解释如出一辙，都强调一种整体的时间视域关联。综上所述，关于 καιρός 这个神学概念，我们可以从如下三个方面来理解：首先，从基督教神学的视角出发，καιρός 特指神的儿子耶稣基督降临人世的瞬间；其次，就历史哲学而言，καιρός 又具有一般普遍性，它意指历史上发生过的每一个具有决定性意义的转折点，通常与永恒有关；最后，καιρός 还具有"重演"的特征，即耶稣基督降临人世这一"大写"的瞬间同时让诸多个体现实的生存中出现的"小写"瞬间成为可能。永恒切入时间的瞬间让瞬间不再只是时间的原子，而且是永恒的原子。由此可见，καιρός 这个概念在广义上既是公正的、被充实的时间，同时也被视为"圣时"(Gottes Zeit)或者"救世史"(Heilsgeschichte)的同义词使用。

现在来看看这个瞬间。这样的一个瞬间有其独特性。如同所有的瞬间,它是短暂、片刻、稍纵即逝的;如同所有的瞬间,在下一个瞬间来临之际,它已经逝去了。可是,这个瞬间又是决定性的,而且它被永恒所充满。这样的一个瞬间应当有个独特的名称,让我们称之为时候满足。①

一、克尔凯郭尔对"回忆说"的批判

罪被设定以后,精神在两个层面上实现了质的跳跃:首先,精神实现了永恒灵魂同现实身体的综合,从而成为真正的个体;其次,由于偷吃了分辨善恶树上的果子,精神又让自身完成了从无知到有知的转变。由此可见,知识的获得恰以罪之设定为前提。然而,这样的知识却蕴含着一个悖论,即如果知识意味着分辨善恶的能力,罪却象征着精神对全善者即神的背离,那么,与全善者相背离的精神又如何能够分辨真正的善恶呢?换而言之,以罪之设定为前提的知识不可能是真理。克尔凯郭尔认为,没有永恒之神的救赎,仅凭精神自身不可能获得真理。为了阐明这一点,他在《哲学片断》中展开了一次大胆的思想实验,批判了以苏格拉底和柏拉图为典型的希腊真理观,尤其是柏拉图的"回忆说"。

在《斐多篇》中,柏拉图笔下的苏格拉底认为,人的灵魂原本居住在理念世界,拥有关于理念世界的全部知识。后来,灵魂由于与肉体结合,带着"肉体给它造成的污垢"②,因而忘记了灵魂原本所拥有的全部智慧。仅当灵魂开始由教师引导而能够自我反省并开始学习时,它才"穿越多样性而进入纯粹、永久、不朽、不变的领域,这些事物与灵魂的本性是相近的,灵魂一旦获得了独立,摆脱了障碍,它就不再迷路,而是通过接触那些具有相同性质的事物,在绝对、永久、单一的王国里停留"③。因此,一个人学习哲学,既是灵魂的自我反省,也是回忆前世。这一过程也是灵魂逐渐摆脱肉体所带来的污垢,与肉体保持分离的过程,它与死亡的情形类似,就此而言,学习哲学也就是"实践死亡"④。

精神如何明晰地知道自己原本就拥有关于理念世界的全部知识呢?这

---

① 克尔凯郭尔.哲学片断[M].王齐,译.北京:中国社会科学出版社,2013:16.
② 柏拉图.斐多篇[M]//柏拉图全集(第一卷).王晓朝,译.北京:人民出版社,2002:85.
③ 柏拉图.斐多篇[M]//柏拉图全集(第一卷).王晓朝,译.北京:人民出版社,2002:83.
④ 柏拉图.斐多篇[M]//柏拉图全集(第一卷).王晓朝,译.北京:人民出版社,2002:85.

是一个关键问题。苏格拉底给出的答案是回忆即学习,确切地说,就是学习辩证法。简而言之,辩证法意指通过否定一个又一个具体的感性事物,逐渐由可变的感性世界上升到理念世界,最终得到一个实在的普遍理念,关于这个理念的定义即是正确的知识。然而,通过对感性世界内可变事物的不断否定,最终如何能够直接获得对理念的"肯定"呢?如果可感世界的变动不居与理念世界的完满不动,换而言之,时间与永恒的关系只是一对简单的逻辑矛盾,又如何能够证明永恒的理念超越于处在时间中的可感事物呢?毕竟矛盾对立的双方总是被同时设定,唇齿相依。

有鉴于此,从无知状态到有知状态之间存在一个质的跳跃。这个跳跃不是仅凭辩证法式的否定和抽象活动就能实现的。克尔凯郭尔认为,在苏格拉底和柏拉图的思想中缺少真正的瞬间,只有作为偶因的"突然":"那被我们称作'瞬间'的,柏拉图称之为'突然'(ἐξαίφνης)……"正如第一章所述,在《恐惧的概念》的一个脚注里①,他详细讨论了《巴门尼德篇》156d3出现的突然概念。

克尔凯郭尔指出,柏拉图的疑难在于:他把瞬间仅仅视为原子式的抽象物,没有从历史和现世性的角度理解瞬间问题,因此只能在存在者与非存在者的抽象关联中诠释它。结果便是:"无"不是梦着的精神所曾居住的无辜状态,反而被思辨地抽象为超越时间之外的永恒之甬道。换而言之,突然作为瞬间只是永恒的,而不是现实的,这不是真正的瞬间,因为瞬间应该是永恒与现实的触碰。这一点在"最新的哲学(黑格尔的思辨哲学)"之中达到顶峰,即最高的"一"被抽象为纯粹的存在,它"是对于永恒的最抽象的表达,与此同时,作为'无'它又恰恰是瞬间"②。在"纯粹的存在"中,永恒与瞬间都被理解为纯粹抽象的"无",这也"使得永恒和瞬间意味着同一样东西"③。传统的思辨哲学无法在存在论层面上给予"无"一个位置,"无"通常只能展示为逻辑否定。这个悖论表明仅凭抽象的辩证法学习无法获得存在之真理,"只有在基督教之中,感官性、现世性和瞬间才变得能够被理解,恰恰因

---

① 参见克尔凯郭尔.恐惧的概念[M]//克尔凯郭尔.畏惧与颤栗,恐惧的概念,致死的疾病.京不特,译.北京:中国社会科学出版社,2013:276-277.
② 参见克尔凯郭尔.恐惧的概念[M]//克尔凯郭尔.畏惧与颤栗,恐惧的概念,致死的疾病.京不特,译.北京:中国社会科学出版社,2013:276-277.
③ 参见克尔凯郭尔.恐惧的概念[M]//克尔凯郭尔.畏惧与颤栗,恐惧的概念,致死的疾病.京不特,译.北京:中国社会科学出版社,2013:276-277.

为只有在基督教之中,永恒才变成是本质的"①。

灵魂自身不可能拥有真理,通过辩证法对感性事物的抽象否定最终只能通向"无",它植根于灵魂获得知识之前的无辜状态,这并不是真理。如前所述,"无"导致了罪之设定,而"一旦罪被设定了,那么再徒劳地想要从现世性之中抽象出来,那是无济于事的,正如想要从感官性之中抽象出来,也一样是徒劳的"②。

在罪被设定之后,没有神的救赎(Forløsningen),人是无法自行通过学习或者回忆获得真理的。苏格拉底的"回忆说"也认识到了这样一个重要的时刻,即教师作为助产士让学生发现了存在于自身之内的东西,因此,一个教师"应该具有苏格拉底的精神从而认识到,他无法给予学生本质性的东西"③。克尔凯郭尔认为,这本质性的东西不是真理,而恰恰是谬误:

> 假如教师要成为提醒学生的偶因,那么他并不是帮助学生回忆起他原本知道真理这一事实,因为那学生实际上是谬误。教师能够成为学生去回忆的偶因就在于,学生是谬误。可是,通过回忆,学生恰恰被排除在真理之外,甚至超过了他对自己是谬误的无知。④

有鉴于此,教师的作用不是引导学生发现存在于自身之中的真理,而是作为偶因"提醒学生,他是谬误,而且是因自身的罪过。可是,我们该如何称呼这种身为谬误且因自身罪过所致的状态呢?让我们称之为罪"⑤。克尔凯郭尔巧妙地转换了教师的角色和作用,由帮助学生"接生"真理的助产士(苏格拉底)转换为"给予"学生"真理而且还给予了他理解真理之条件"⑥的神。这样一来,教师与学生之间的接生关系也转换为神与罪人之间的救赎关系,或者说,神在历史中开始以教师的角色(仆人的身份)登场。

---

① 参见克尔凯郭尔.恐惧的概念[M]//克尔凯郭尔.畏惧与颤栗,恐惧的概念,致死的疾病.京不特,译.北京:中国社会科学出版社,2013:276-277.
② 参见克尔凯郭尔.恐惧的概念[M]//克尔凯郭尔.畏惧与颤栗,恐惧的概念,致死的疾病.京不特,译.北京:中国社会科学出版社,2013:285-286.
③ 克尔凯郭尔.哲学片断[M].王齐,译.北京:中国社会科学出版社,2013:16.
④ 克尔凯郭尔.哲学片断[M].王齐,译.北京:中国社会科学出版社,2013:12-13.
⑤ 克尔凯郭尔.哲学片断[M].王齐,译.北京:中国社会科学出版社,2013:14.
⑥ 克尔凯郭尔.哲学片断[M].王齐,译.北京:中国社会科学出版社,2013:13.

二、道成肉身的瞬间（καιρός）

结合《圣经·新约》的神学背景，神是如何让罪人"理解真理的条件"[①]乃至真理的呢？这就是人类历史上发生的第二个瞬间，即基督耶稣道成肉身的瞬间。耶稣通过十字架上的死替罪人赎清了源自亚当的"传承之罪"[②]，至此，每一个精神个体重新获得了理解真理的条件，即瞥见永恒的可能性。这一瞬间还具有特殊的象征意义，即神乃是永恒者，与此同时，罪人是现世者，因此，耶稣降临人世象征着永恒切入现实的时间，从而进入历史。由此反观罪被设定的瞬间，它则象征着处于无辜状态的时间切入永恒（同时也是背离永恒），从而具有了现实性，历史由此开始发生。

但是，如前所述，通过辩证法的学习，学生最终所回忆的内容只能是悖谬而不是真理。所以，克尔凯郭尔认为，永恒的理念世界其实不是存在，它也属于非存在者。这个"非存在者"一直都停驻在学生的身体内，等待通过辩证的认识过程被学生自己发现。助产士只是把学生身体里昏暗[③]的"非存在者"通过回忆明晰起来，接生到光明的"非存在者"世界，这个过程只是

[①] 王齐认为，神给予学生的"理解真理的条件"意指神显现自身的方式。在《哲学片断》第二章中，克尔凯郭尔借用"从前有位国王爱上了一个平民女子"这个童话故事表明了神显现自身的两类方式：一类是"上升"的方式，即神将学生（罪人）提升到与自己同等的地位；另一类是"下降"的方式，即神甘愿乘自身降格，以仆人的姿态出现在罪人面前。实际上，后一种方式才能突显神对罪人真正的爱，因为学生处于罪的状态之中，无法获得"真知"，不可能"直面"神，就像脆草般易折，如果硬要将其提升到神（全善者）的地位，那么，根据"你不能看见我的面，因为人见我的面不能存活"（《旧约·出埃及记》33：20）这一记载，罪人只会死。因此，神不得不以仆人的姿态出场即凭借"下降"的显现方式给予学生"理解真理的条件"。关于这些观点的具体论述，参见王齐.《哲学片断》中"苏格拉底式的问题"及其意义[J].浙江学刊,2006(6)：20-26. 笔者赞同王齐的观点，除此之外，如果从罪人的角度出发，结合基督降临这一瞬间的特殊历史意义，"理解真理的条件"还包括重新给予学生信仰抉择的自由。在《圣经·旧约》中，罪人必然地背离神这个全善者，没有神之救赎，罪人仅靠自身的力量无法重拾对神的信仰，更无法在自由的信仰中"看见"神。但是，神在历史中的出场替罪人赎清了必然的"传承之罪"，个体由此重获信仰抉择的自由，可能通过"信仰的一跃"而获得真理，重回神的身边。因此，神基于爱而在人类历史中显现自身，这对罪人来说也是一种"新生"。

[②] 在《圣经·新约》中，同亚当的遭遇类似，耶稣在传道之前，也曾直接受魔鬼的试探和诱惑。但是，耶稣最终抗拒了诱惑，信奉神在经上所说的一切，遵守了自己和神的约定，参见《新约·马太福音》4：1-11. 由此可见，作为神的儿子，耶稣没有犯罪，这一点与亚当不同，正如《希伯来书》4：15 所言："因我们的大祭司并非不能体恤我们的软弱，他也曾凡事受过试探，与我们一样，只是他没有犯罪。"就神性方面而言，耶稣是神的儿子；从人性方面来看，耶稣的特殊之处在于他的无罪性。正因为神人双重特性，耶稣才可能通过自己的死替亚当及其后人赎清人类历史的"传承之罪"。

[③] 正如维尔纳·拜尔瓦尔特斯提到，"突然"这个概念在词源上与"昏暗的""隐藏的"有关，它的原初含义就是"从隐藏处出来"（aus dem Verborgenen）. Cf. Beierwaltes W. Ἐξαίφνης oder: Die Paradoxie des Augenblicks[J]. Philosophisches Jahrbuch,1967,74(2)：271-283.

从模糊的"非存在者"到清晰的"非存在者"。有鉴于此,这个过程本质上仍是由"非存在者"到"非存在者"。克尔凯郭尔指出,既然学生本来就拥有真理以及理解真理的条件,而教师作为助产士,既不是真理的创造者,也不是真理的发现者,学生就不欠教师任何东西。学生获得真理之后,教师就可能被遗忘。换而言之,对于学生而言,教师只是一个获得真理的"偶因",所以,"从苏格拉底的角度出发,任何一个在时间当中的出发点,正因为如此,都是一个偶然的、消失着的点,一种偶因"[①]。

结合整部《圣经》的神学语境,神才是真正的存在者与永恒者。由于亚当所犯的罪,他及其后人堕入到现实的时间之中,即历史的"非存在者"那里。在这一过程中,由于神(永恒者、存在者)一直不在场,亚当的后人缺乏理解真理的条件,因而一直沉沦于悖谬即"非存在者"之中,只能被动等待神的救赎。如果没有存在者即神的出现,"要求人靠自己的力量去发现他是'非存在者'这一点是荒谬的,而那个转换却恰恰是重生中的从'非存在者'到'存在者'的转换"[②]。基督的降临标志着永恒与时间相遇,象征着永恒切割开时间(现实性),给予罪人重获自由得以重生的可能性,这是一种神的爱,它"不仅仅是一种帮助,而且是一种出生的力量,以此方式他使学生出世;或者如前述的是一种'重生',我们用这个词来描述那种从'非存在者'到'存在者'的转变"[③]。在这一质的转变中,神作为教师以仆人的姿态显现自身,同时让学生获得理解真理的条件,从而瞥见真理。这一理解真理的条件不是一种认识论层面的公理或者前提。它既是神显现自身的方式,也是罪人再次获得自由的信仰抉择的可能性。只有在这一瞬间,罪人才可能得救,被重新给予获得真理乃至重回永恒者的可能性。所以,这个瞬间具有质的决定性意义。

在苏格拉底和柏拉图那里,"突然"作为与时间有关的概念虽然看似不在时间之中,但在克尔凯郭尔看来,由于永恒的真理其实是悖谬,它与现实的感性事物其实都是"非存在者",也就是说,永恒和时间并无质的差别。因此,"突然"作为从处于时间之中的感性事物向永恒理念之间的过渡,实际上也只是一个偶然消失着的点,它仍是时间的原子。但是,在基督降临的那一瞬间,这是真正的永恒和现实触碰的结果,具有质的决定性意义,因此,它才是真正的永恒之原子。所以,克尔凯郭尔得出如下结论:

[①] 克尔凯郭尔.哲学片断[M].王齐,译.北京:中国社会科学出版社,2013:9.
[②] 克尔凯郭尔.哲学片断[M].王齐,译.北京:中国社会科学出版社,2013:20.
[③] 克尔凯郭尔.哲学片断[M].王齐,译.北京:中国社会科学出版社,2013:33.

瞬间其实不是时间的原子,而是永恒的原子。这是永恒在时间中的第一个反照,它的第一次尝试,简直要去停止时间的尝试。[①]

结合《圣经·新约》,克尔凯郭尔阐明了基督降临即道成肉身的瞬间,也是作为原型的瞬间[②]。综上所述,关于永恒与时间、存在者与非存在者这两个层面的问题,克尔凯郭尔的理解与以苏格拉底、柏拉图为代表的古希腊哲学之思大相径庭。

克尔凯郭尔相信,永恒者就是《圣经》里的神(Gud),他是时间的创造者,在过去、现在和未来中始终同一。他是其所是、无始无终,他不在时间的流变之中,也不是物理时间无尽流逝的永远。因此,永恒与时间之间有着绝对的分界,有着质的差别。

《圣经》所揭示的时间至少体现为两种维度:一种是与运动相关的时间,特别是以天体的周期循环运动作为标记的时间,这种时间的流逝与人(精神)并无直接关联;另一种则是由于罪之设定而开启的有开端与终结的时间,也可被称为现实展开的历史,这种时间与人(精神)的实际生存休戚相关。克尔凯郭尔主要讨论后一种时间。只有神(Gud)才是真正的永恒存在者,时间则与现实性息息相关。通过精神对"无"的极限恐惧而开始逃避,现实性的肯定才得以实现。由于罪之设定,这类时间始终指向"非存在者"。

与克尔凯郭尔相左,简而言之,古希腊式存在论视野下的永恒,就是完满、不动、普遍、无变化的存在者,比如最高的善理念。我们可以从古希腊时间观出发反思古希腊哲学对永恒的理解。

如前所述,古希腊的时间观与作为空间位移变化的物理运动须臾不离,甚至可以说,古希腊人将时间空间化。不管作为天体的周期循环运动,还是前后相继的运动之数,时间都在物理运动与计数活动的相互关联中得到理解、规定。永恒与静止的区别仅在于:静止虽然也是不动的,甚至缺少变化,但它仍在时间之中;但是,永恒却完全超越于时间之外,时间反而植根并产生于永恒,它是永恒的影像。由此可见,以苏格拉底和柏拉图为代表的古希腊哲学关于永恒和时间的理解与克尔凯郭尔在这一点上一致,即永恒对于时间具有超越性。

[①] 克尔凯郭尔.恐惧的概念[M]//克尔凯郭尔.畏惧与颤栗,恐惧的概念,致死的疾病.京不特,译.北京:中国社会科学出版社,2013:281.

[②] 参见第四章第四节关于"作为原型的瞬间"的具体阐述。

另一方面，二者的区别在于：苏格拉底的"回忆说"表明永恒的存在随着学生自己认识阶段的逐步上升而可能在自身内部逐渐清晰，并最终不证自明地孕育出来，永恒虽然超越于时间之上，但并未中断与时间的内在关联，只是以遗忘（隐藏）的方式一直驻守在时间之中。当然，这并不是说灵魂跳过辩证法式抽象上升的认识阶段就可以直观永恒的存在，永恒的显现必须是一个螺旋式的认识过程，它是逐步清晰起来的。所以，永恒对时间的超越并不是取消一切具体关联的质之跳跃，毋宁说是灵魂自身内在的超越。

然而，克尔凯郭尔认为，罪被设定之后，永恒者即神（Gud）不可能依附罪人的认识活动，而在时间中现实存在，不管以直接在场的方式，还是隐匿的方式，除非他基于爱而自愿到时而让自己现身。换而言之，永恒者只能凭自身到时，而不能被罪人认识。这是质的一跃，是纯粹外在的超越。神所超越的时间不再特指物理时间，而是与现实性相关的时间即历史的展开。与之相应，存在者与非存在者也不能被一组对立的知识命题所表达，二者之间毫无任何认识论关联，除非永恒者即神（Gud）自愿显现，存在者才可能在瞬间中与非存在者相遇照面。

不难发现，在第二个瞬间出现之前，永恒与时间、存在者与非存在者之间有着质的断裂。对于"罪"被设定之后而处于非存在者状态之中的精神个体而言，永恒即神（Gud）的降临是一次纯然外在的超越。这是永恒的到时，没有它，精神将一直处于罪的现实性之中，不可能瞥见永恒。所以，这一瞬间也是现实和永恒的第二次综合。如果说第一次综合基于罪之设定而导致了现实性的肯定，那么，第二次综合则基于救赎的设定，神在现实性中显现自身，从而导致对永恒者的肯定。罪之设定围绕精神个体从存在者到非存在者这一质的跳跃，救赎的设定则给予精神从非存在者向存在者转变的可能性条件。

三、死与良知的呼声

在第一个瞬间里，罪设定了现实性。这植根于作为惩罚的死一并出现，即死象征着永恒的存在者开始转变为有终结的生存（Existenz），从而开始在历史性中展开一个世界，精神从此沉沦于现实的尘世中。就神即永恒的存在而言，人之生存是堕落的结果，是非存在者。没有神的降临和救赎，即永恒切入历史之中，非存在者始终仍是非存在者，不可能获得任何关于存在者的永恒真理以及理解真理的条件，这一救赎过程最终以神的独子耶稣在十字架上的死得以实现。可见,"罪—救赎"的设定关键都在于死①。不过,死本身作为一种生存现象,却无需任何预先的神学设定,因为任何一个精神个体都可以在自己的实际生存之中直接领会这一现象。

由此可见,如果脱离基于《圣经》神学背景的"罪—救赎"设定来理解永恒与时间以及存在与非存在者之间的源始关联,对死这一生存现象的源头展开阐析就是一个重要的"突破口"。既然死是一种源始的生存现象,那么,从生存论视角来阐析它就顺理成章。在第一节中,我们结合海德格尔在《存在与时间》里关于畏、操心和死的生存论解析,阐明了如何脱离罪之设定,从生存论视角阐释克尔凯郭尔视野下梦着的精神如何完成从无知到有知、从对无的恐惧到现实性的肯定以及从存在者到非存在者这一质的跳跃。简而言之,此在在畏这一基本现身情态之中回到本真的自身,也就是作为无具体关联的意蕴关联整体,而感到"茫然有所失",处于一种无家可归的状态之中,从而逃避本真的能在自身,在操心这一生存论基本建构之中让自己作为常人消散在平均的日常状态里。其实,关于本真整体能在的畏也就是畏死,整体能在与死具有相同的生存论结构。

从死这一基本生存现象出发,此在之生存就是"向死存在",亦即"向终结存在"。脱离罪之设定,从生存论视角出发,精神个体从存在者到非存在者质的一跃就是此在通过畏和操心从本真的能在自身逃避,作为非本真的常人在现实的世界中生存。操心植根于畏之中,在畏中现身。

---

① 如前所述,每一个体都具有双重意义上的"罪":一类是"传承之罪",它源于人类的始祖亚当,也是个体必然承担的族类"天命";另一类则是可能的"作为之罪",它在个体的现实生存中具有实现的可能性,是个体可能选择的"命运"。与之相应,在基督教神学背景下,死作为罪之惩罚,也在个体的现实生存中具有双重含义:其一,身体方面的必然死亡,它源自传承之罪;其二,在个体的生存中不可替代的、最本己的"死亡",它作为无所关联且不可逾越的可能性,通向个体本真的整体能在。耶稣通过十字架上的死替人类赎清了传承之罪,从此,身体之"死"由必然转变为可能,它以信仰为前提,换而言之,如果信仰神,通过"信仰的一跃",个体就可以从根本上克服身体的死亡,即在末日审判的瞬间,所有死人都将复活,接受审判,"义人"将由"血气的身体"复活成为不朽的"灵性的身体"。"死人复活也是这样:所种的是必朽坏的,复活的是不朽坏的;所种的是羞辱的,复活的是荣耀;所种的是软弱的,复活的是强壮的;所种的是血气的身体,复活的是灵性的身体。若有血气的身体,也必有灵性的身体。"(《哥林多前书》15:42-44)然而,另一方面,对于个体最本己的"死",即"向终结存在",它植根于能在的自由。神以耶稣这一仆人姿态显现自身,替人类偿还"传承之罪",将亚当及其后人从现实的必然性中拯救出来,恰是为了重新给予人类理解真理的条件,那就是信仰抉择的自由。由此,个体重新被赋予了自由抉择的可能性,即信神或是不信神。有鉴于此,个体在生存论上最本己的死正是耶稣竭力维护的自由,耶稣之死并没有替代个体最本己的"命运之死",即最本己的无所关联的不可逾越的可能性。

在生存论上,死不是作为罪的胎记而暗示身体的有终性,正如生存也不是意指生育方面的出生。死是此在最本己的、无所关联的、不可逾越的可能性,此在向来就对死有着先行领会。在平均的日常状态之中,常人(das Man)一般这样"闲谈"(Gerede)死亡:"人总有一天会死,但暂时尚未。"①对于常人而言,死亡是某种"确知"(Gewissheit)的东西:没有谁怀疑"人会死"。那么,在日常生存活动之中,此在对死亡的这种确知有何根据?

首先,这种确知显然不是植根于传统形而上学之思。因为常人虽然确知死亡,但对它无法形成任何具有普遍必然性的客观知识,常人对死一无所知。

其次,这种确知也不是源于他人平日里以"闲谈"的方式而达成的相互说服。他人以旁观的视角描述死亡,无法让常人通达最本己的死亡自身。其实,这种确知主要源于常人对他人之死的日常经验:"人们却日日经验到他人的'死'。死是无可否认的'经验事实'。"②通过对他人之死的经验,常人确知人皆有死。

因此,这种确知实际上只具有日常经验层面的确知性,它无法像某些理论认识领域那样到达确定无疑的真理。换而言之,这种确知实际上并非绝对确定可知的,它只具有最高程度的或然性,表现在:人会死,但无法确知何时会死;也就是说,人随时随刻都可能会死。然而,如前所述,日常状态中对他人之死的经验只是将死看作现成的"事件",是对本真的向来我属之死的遮蔽。因此,在平均的日常状态之中,常人的向死存在一方面对死亡具有某种经验层面的确知,但另一方面又对本真的死亡无法确定可知,常人在经验中确知"人都会死"的同时,遮蔽了本真死亡的不确定性:"死随时随刻都是可能的。何时死亡的不确定性与死亡的确定可知结伴同行。"③因此,除了最本己、无所关联和不可逾越这三个特征,死还在生存论上同时具有确知性和不确定性。我们由此可以获得更充分的死亡概念:"死作为此在的终结乃是此在最本己的、无所关联的、确知的,而作为其本身则是不确定的、不可逾越的可能性。"④

但是,常人首先与通常沉沦于平均的日常状态之中,以遗忘死亡的方式逃避着本真的死亡,那么,常人如何才能直面本真的死亡,从而通达对它的

---

① Heidegger M. Sein und Zeit[M]. Tübingen: Max Niemeyer Verlag, 2006: 255.
② Heidegger M. Sein und Zeit[M]. Tübingen: Max Niemeyer Verlag, 2006: 257.
③ Heidegger M. Sein und Zeit[M]. Tübingen: Max Niemeyer Verlag, 2006: 258.
④ Heidegger M. Sein und Zeit[M]. Tübingen: Max Niemeyer Verlag, 2006: 259.

生存论整体建构的领会呢?这一本真的死如何能够显现自身,并被此在所见证呢?海德格尔将这一问题表述为:

> 此在究竟在何种程度上并以何种方式从它的最本己的能在方面来为其生存的一种可能的本真状态作证,而且是这样作证:此在不仅表明这种本真状态在生存上是可能的,而且是由它自己要求的。①

这种见证显然不可能通过某个绝对的超越者譬如神"显现"自身的方式完成,既然本真的死就是此在最本己的可能性,那么,此在不得不以本己的方式领会本真的死,而不是转向绝对异己的超越者那里。海德格尔认为,这种本真能在的此在式的自身见证(Bezeugung)就是由良知(Gewissen)的呼唤而生发的决断(Entschlossenheit)。

这里的良知不是心理学层面上的经验描述,它既不是生物学的研究对象,也不是神学解释中证明上帝存在的直接意识。在生存论上,"良知"概念不是某种现成的东西。作为对本真之整体能在的见证,它是呼唤,具有呼声(Ruf)的性质:

> 我们所称的良知,即呼唤,是在其自身中召唤常人自身;作为这样一种召唤,它就是唤起这个自身到它的能自身存在上去,因而也就是把此在唤上前来,唤到它的诸种可能性上去。②

呼唤是话语的一种样式,常人正是听从良知的呼声而从沉沦的在世状态之中摆脱,而回到本真的此在自身。既然良知具有呼声的特征,那么,谁是良知的呼唤者呢?与克尔凯郭尔相左,海德格尔并未将这一呼唤者(召唤者)视为神(Gud),因为非本真的常人也是本真能在展开的特定生存样式,从非本真的常人收回到本真的此在自身并不需要一个超越于此在生存之外的呼唤者,所以,"此在在良知中呼唤自己本身"③。这一呼唤者其实就是"在其无家可归的渊基处现身的此在"④,正是它由于畏死而逃避本真的此在自身,消散在平均的日常状态之中。但也是它作为呼唤者,迫使常人正确

---

① Heidegger M. Sein und Zeit[M]. Tübingen: Max Niemeyer Verlag, 2006: 267.
② Heidegger M. Sein und Zeit[M]. Tübingen: Max Niemeyer Verlag, 2006: 274.
③ Heidegger M. Sein und Zeit[M]. Tübingen: Max Niemeyer Verlag, 2006: 275.
④ Heidegger M. Sein und Zeit[M]. Tübingen: Max Niemeyer Verlag, 2006: 276.

地倾听良心的呼唤,而可能回到本真的此在自身。因此,良知的呼唤者与被呼唤者都是此在自身,前者以本真的方式显现自身,后者则以非本真(掩蔽)的方式消散在常人之中。

既然呼唤者是此在自身,与此同时,此在又在无家可归的状态之中直接面向本真的整体能在自身,所以,这一呼唤者是"在被抛境况(已经在……之中)为其能在而畏的此在"①。另一方面,被呼唤者是同一个此在,但它在平均的日常状态中总是掩蔽自身,良知让它向最本己的能在(先行于自身)被唤起。最后,这个此在还总是"从沉沦于常人(已经寓于所操劳的世界)的状态被召唤出来"②。通过对良知的呼唤者和被呼唤者所展开的生存论分析,可以发现:良知与操心具有相同的生存论结构,即"已经—先行于自身—寓于(世内的存在者)之中"。因此,"良知的呼声,即良知本身,在存在论上之所以可能,就在于此在在其存在的根基处是操心"③。良知的呼声就是操心的呼声。

四、关于罪的生存论阐析

良知的呼唤被把捉为某种话语的样式。既然是话语,良知总要以某种方式言说。这一言说方式在存在论上就是"呼唤自我"(es ruft mich),它是此在自身的一种别具一格的话语。另一方面,这一话语在存在者层次上首先与通常就呈现为良知的责斥(rügen)和警告(warnen),因为此在在常人状态下操劳或操持于世内照面的各种存在者,经常会漏听(Überhören)、误听(Sich-Verhören)来自操心的呼声。这种责斥和警告在日常经验中经常以罪责(Schuld)的方式表现。

在日常经验中,罪责首先与通常体现在两个层面:第一,它意指某种阙失,例如负债、赊欠某人,这种"负有债责"的存在方式不仅以交纳、归还的肯定样态呈现在常人与他人共处的操持活动中,还以拖欠、拒付、巧取豪夺等否定样态出现。这种阙失层面的罪责具有一种"不之特性"(Nicht-Charakter),植根于一种"无性"(Nichigkeit)之中。第二,罪责还意味着某种责任,譬如常人是某种"负债"之事的肇因,对之负有不可推卸的责任。任何一种责任在生存论上都具有"是……的根据"这一基本结构,正如某人作

---

① Heidegger M. Sein und Zeit[M]. Tübingen: Max Niemeyer Verlag, 2006: 277.
② Heidegger M. Sein und Zeit[M]. Tübingen: Max Niemeyer Verlag, 2006: 277.
③ Heidegger M. Sein und Zeit[M]. Tübingen: Max Niemeyer Verlag, 2006: 277-278.

为负债之事的肇事者,必须对债务负责,也就是负债之事的根据。

但是,罪责不是作为日常阙失诸如欠债的结果出现的,因为只有通过良知的介入,债务亏欠才有生存经验上的可能性,否则,常人将只会看到某一现成之物(钱财)从此一存在者转到彼一存在者这个日常现象,并无任何"亏欠"存在。所以,欠债反而必须以良知为根据,以"有罪责存在"(Schuldigsein)为前提,正是良知的呼声将此在从常人状态带回到本真的能在自身。

经由上述分析,可以发现,生存论上的"罪责"(Schuld)概念既不是关于恶(malum)的道德价值判断,也不是犹太基督教神学视野下的"遗传之罪传承"(Erbsünde)。

首先,道德层面上的善恶判断其实是关于此在之生存现象的价值抽象,它是现成的价值评断。这类善恶判断植根于生存论上的"罪责",即是说,倘若没有先行领会生存论层面的"有罪责存在",此在不可能对某种生存现象展开反思,从而作出价值判断。此在首先与通常在平均的日常状态中生存,任何现成状态都有其更源始的生存论基础。有鉴于此,海德格尔提到:

> 这种本质性的有罪责存在也同样源始地是"道德上的"善恶之所以可能的生存论条件,这就是说,是一般道德及其实际上可能形成的诸形式之所以可能的生存论条件。源始的有罪责存在不可能由道德来规定,因为道德已经为自身把它设为前提。[①]

其次,《圣经·旧约》中提及的"传承之罪"(Erbsünde)植根于此在与绝对的超越者即神以禁令的方式所订立的契约关系。然而,神作为绝对的超越者在道成肉身降临现世之前,完全超脱于此在现实的生存之外,不可能首先与通常在平均的日常状态之中现身,换而言之,除非将这类殊异的绝对者抽象成某个现成之物,或者依托于纯粹的信仰,此在不可能再有其他方式在自身的生存中直接体验神之存在。因此,如果脱离《圣经·旧约》的神学背景,此在无法在生存论上对罪之设定展开任何描绘。虽然此在能够经由良知的呼唤领会到自己的"有罪责存在",但这一罪责与基督教神学背景下的罪之设定存在根本差异。

因此,此在在常人状态之中对本真的"有罪责存在"的先行领会与源自亚当的"传承之罪"并无任何存在论关联。当克尔凯郭尔关于精神个体的现

---

① Heidegger M. Sein und Zeit[M]. Tübingen: Max Niemeyer Verlag, 2006: 286.

实恐惧感展开心理学描述时,他不得不面对恐惧产生的根源即"无"之状态这个难题。与海德格尔面临的境况相似,他必须为这一"无"之状态寻求源始的根据。然而,心理学的基本对象只能来自个体的心理经验,而对"无"之状态无法展开任何确定的直接描述。因此,面对这一质的跳跃,他不得不依托《圣经·旧约》的叙事背景,将罪之设定作为"无"之状态的神学根据。

海德格尔则立足于此在首先与通常生存其中的日常状态,经由对此在生存境况的现象学阐析,他阐明了"无"既不是一个心理学的描述对象,也不是植根于基督教神学背景的范畴。在生存论上,"无"指向作为无具体关联的意蕴关联整体,亦即此在最本己的整体能在本身。所以,"无"之状态的根据既不在神(Gud)那里,也不在亚当那里,而就在本真的此在自身之中。"无"之状态源于此在对本真自身的逃避,在畏这一基本现身情态之中,此在被带回到最本己的整体能在。为了逃避无家可归的状态,在以操心作为生存论基本建构的各类在世活动之中,此在让自身消散,最终沦为常人。另一方面,有鉴于对本真能在的先行领会,此在总在良知的呼声中朝向本真的此在自身筹划,迫使自己对常人状态说"不"。由此可见,"不"之特性正源自"无"的呼唤。海德格尔于是将这种不之状态的生存论根据称为"有罪责"(schuldig)。

综上所述,良知是"操心的呼声,它来自此在在世界中的无家可归状态;这一呼声让此在向最本己的能有罪责的存在唤起"[①]。既然良知植根于此在最本己的整体能在,那么它就不是此在可供选择的对象,而是其不得不承担的源始可能性。

五、愿有良知与决断

此在可以选择究竟是正确地倾听这一呼声而成为"有良知"(das Gewissen-haben),或者对之充耳不闻、漏听或错听,从而"淹没良知"。海德格尔将领会良知的召唤称为"愿有良知"(Gewissen-hahen-wollen)。此在组建自身展开状态(Erschlossenheit)的基本方式主要有三种:领会(Verstehen)、现身情态(Befindlichkeit)和话语(Rede)。作为对良知召唤的领会,愿有良知是此在的一种展开。与此同时,作为此在向最本己能在自身的筹划,这一领会在无家可归的状态之中展开本己的存在,而此在又通过

[①] Heidegger M. Sein und Zeit[M]. Tübingen:Max Niemeyer Verlag,2006:289.

畏这一基本现身情态而被带到无家可归的状态之中。所以，愿有良知也是畏之准备(die Bereitschaft zur Angst)。除此之外，良知的呼声还是一种别具一格的话语样态，即它来自无家可归的状态，因此，良知的呼声不是平均日常状态中的"闲谈"，它不付诸任何音声，而总保持为缄默(Verschwiegenheit)。良知总是默默呼唤，迫使此在在常人状态之中正确地领会这一呼声，从而作为畏之准备，把此在带向由畏这一现身情态展开的无家可归状态，即最本己的有罪责存在之中。

总而言之，愿有良知同时包括此在组建自身展开状态的三个基本样态：对有罪责存在的领会、畏之准备（现身情态）以及缄默这种话语样态。而这种"与众不同的、在此在本身之中由其良知加以见证的本真的展开状态，这种缄默的、时刻准备畏的、向着最本己的罪责存在的自身筹划，我们称之为决断"。①

决断(Entschlossenheit)是此在展开自身的一种特殊样式，通过关于决断的生存论解析，此在得以在存在论层次上获得由非本真的状态最终通达本真自身的可能性条件。作为一种筹划，决断总具有某种方向性，那么，作为自身决断和筹划的方向和目的，整体的本真能在究竟如何才能通达？

显然，这种通达方式不是脱离于此在首先与通常生存于其中的共同世界与周围世界之外，仿佛自此投身于一个现成而漂浮无据的主体"我"之中。通达毋宁说转向，即从此在沉沦于世界的常人"身份"转向，回到本真的能在自身，在源始的整体关联之中操心同一个"世界"。就内容而言，世内的存在者(他人和他物)并没有发生变化，但是，此在与之打交道的方式和"眼光"均发生了根本转变，正如海德格尔所言：

> 朝向手边的"世界"就内容而言并不变成另一个世界，他人的圈子并未被更换，然而，领会着同时操劳着上手之物的存在和操持着他人的共在当下都从最本己的自身能在方面得到规定了。②

在生存论上，此在从非本真状态到本真状态的一跃并不是一个孤立的主体由这个世界纵身一跃，彻底从中脱离而投身于另一个世界，世界还是同

---

① Heidegger M. Sein und Zeit[M]. Tübingen：Max Niemeyer Verlag,2006：296-297.
② Heidegger M. Sein und Zeit[M]. Tübingen：Max Niemeyer Verlag,2006：298.

一个世界,它不在此在之外客观存在,仍然随着此在的实际生存活动而不断展开。在这个过程中,质的一跃呈现为此在展开自身的生存方式发生了根本转变:沉沦于世界之中的常人操劳于周围世界中照面的上手之物,操持于共同世界里的各种人际活动,从而遮蔽了本真的此在自身,遗忘了操劳和操持活动均植根于本真的操心之中。操心之为操心的本真状态就是决断。在本真的决断中,不但此在从非本真的常人状态中被唤回,世界之内的各种存在者也由此回到本真的自在,譬如门把手不再仅仅作为打开教室前门的器具,教师也不再拘泥于"教师"这一常人角色,它们都处于可能而本真的自在和自由状态。就此而言,如果此在返身于自由而本真的整体能在,世界也就同时赢获了本真的存在,即作为无具体关联的意蕴关联整体存在。

既然此在的本真决断不是从世界之中"跳脱"出来,这也就意味着此在向来就在日常的生存之中下定决心。换而言之,此在总在"此"下定决心,"此"总指向某一实际被抛的生存境遇,海德格尔称之为"处境"(Situation):"处境是那向来已在决断展开了的此,生存着的存在者就作为这个此而在此。"① 这一处境具有本真的空间性,但不是传统物理学视野下的"空间"。处境既不是一个被纯质料所填充的"接受器",也不是某种形式。作为本真决断展开的"场所(此)",处境不曾现成地被摆到此在眼前,此在向来已经先行投身于这一处境之中,从而在最本真的整体关联视域中审时度势,作出决断,并最终展开行动。

有鉴于此,这里的处境与第三章讨论的"良机"($\kappa\alpha\iota\rho\acute{o}\varsigma$)存在类似的生存论关联,即两者都与行动或者决断密切相关,不过处境侧重于从空间性描述行动抉择的适当性,而良机侧重于从时间性描述行动抉择的"善"。当然,这并不意味着处境就是一个空间概念,而良机是一个时间范畴,二者均蕴含了统一的"时—空"结构(Zeit-Raum),都是关于"此"(Da)的生存论表述。

六、克尔凯郭尔与海德格尔的决断之瞬间比照

综上所述,克尔凯郭尔结合《圣经·新约》的神学背景所阐明的第二个瞬间与海德格尔在《存在与时间》中廓清的决断之瞬间可以在如下三个层面展开比照。

---

① Heidegger M. Sein und Zeit[M]. Tübingen: Max Niemeyer Verlag, 2006: 299.

首先,这个瞬间在《圣经·新约》中就是耶稣基督道成肉身,以仆人的姿态降临人世,最终通过十字架上的死替人类赎清了源自亚当的"传承之罪"这一神学事件(Ereignis)。

其次,克尔凯郭尔认为,如果说第一个瞬间经由罪而设定了时间的现实性即历史,亦即"非存在者",从而阐明了如何由存在者向非存在者转变,那么,第二个瞬间就象征着永恒者即神切入历史,也就是说,由存在者切入非存在者。这是族类历史上存在者与非存在者真正的首次相遇。这个瞬间为个体从非存在者再次通过信仰的一跃回到存在者准备了可能性条件。按照克尔凯郭尔的说法,神作为教师的角色给予学生理解真理的条件。另一方面,如果从以苏格拉底和柏拉图为代表的希腊哲学视角出发,这个瞬间标志着如何经由对感性事物的辩证式否定,通过抽象上升,最终直观到关于一般存在者的永恒真理。但是,既然存在者与非存在者之间有着根本的断裂,二者之间毫无任何(经验的或逻辑的)可能关联,那么,辩证法就无法真正地完成从非存在者到存在者这一质的跳跃。辩证法所遭遇的认识论困境揭示了一点:关于存在,个体尚有更为源始而本真的领会方式,这就是实际生存(Existenz)。

正是基于这一点,海德格尔展开了关于一般存在意义问题的生存论阐释。任何关于存在的现成知识都植根于此在对于一般存在意义的先行领会。关于本真的存在,此在虽然无法获得确定性的"知识"(Wissen),但可以在实际的生存活动中先行领会一般存在的"意义"(Sinn)。对于此在之生存而言,存在者与非存在者并非抽离于此在自身的生存基础之外,它们不是漂浮无据的现成之物;与之相反,它们均植根于此在最本真的整体能在,展现为本真状态与非本真状态之间的相互褫夺(Privation)。基督降临的瞬间即存在者与非存在者相遇的瞬间在生存论上便转化为决断的瞬间,即此在如何可能从非本真的常人状态之中收回,在本真的整体能在面前现身。这一可能性的条件就是由良知向"有罪责存在"呼唤而生发的决断。

第三节 瞬间(ριπή ὀφθαλμοῦ)与到时

回到《圣经·新约》的神学叙事背景,第二个瞬间除了宣示耶稣基督道成肉身,降临人世,最终以十字架上的死替罪人偿还了"传承之罪"之外,还通过耶稣受难后第三日的复活①昭示了人类历史的第三个瞬间,即基督再临、末日审判的瞬间,同时也是历史终结、回归永恒或者堕入地狱的瞬间。这个瞬间在《哥林多前书》15:52处得到具体描述:

ἐν ἀτόμῳ, ἐν **ῥιπῇ ὀφθαλμοῦ**, ἐν τῇ ἐσχάτῃ σάλπιγγι· σαλπίσει γὰρ καὶ οἱ νεκροὶ ἐγερθήσονται ἄφθαρτοι καὶ ἡμεῖς ἀλλαγησόμεθα.

就在一霎时,**眨眼之间**,号筒末次吹响的时候;因号筒要响,死人要复活,成为不朽坏的,我们也要改变。②

末日审判与死人复活都是在眨眼之间发生的。ῥιπή ὀφθαλμοῦ(一眨眼)同德文词 Augenblick(一眨眼、瞬间)具有完全相同的字面含义。人类历史上的第三个瞬间(ῥιπή ὀφθαλμοῦ)同第二个瞬间(καιρός)之间呈现一种特殊的辩证关系:一方面,鉴于《圣经·新约》的历史叙事,就族类历史而言,基督再临即末日审判的瞬间发生在基督第一次降临人世即第二个瞬间之后;但另一方面,对于每一个耶稣的同时代人乃至后人而言,这两个瞬间却是同时到时的。如前所述,永恒切入时间,从而进入历史,在历史中到时,这一"时间的充实"就是上一节提到的神学维度的"凯若斯"(καιρός),它也

---

① 在《圣经·新约》里,耶稣曾三次预言自己的受难和复活。分别参见《马太福音》16:21,17:22-23,20:18-19;《马可福音》8:31,9:31,10:33-34;《路加福音》9:22,9:44,18:31-33;《约翰福音》16:24-28,17:22-23,20:18-19。在被钉在十字架上受难并最终死亡之后,耶稣于第三日复活(见《马太福音》28:1-10;《马可福音》16:1-8;《路加福音》24:36-12;《约翰福音》20:19-23;《使徒行传》1:6-8),并向门徒显现自身(参见《马太福音》28:16-20;《马可福音》16:14-18;《路加福音》24:36-43;《约翰福音》20:1-10),最终重回天国(参见《马可福音》16:19-20;《路加福音》24:50-52;《使徒行传》1:9-11)。耶稣的复活具有标志性的意义,即在耶稣替人类赎清"传承之罪"以后,每一个体都重新获得理解真理的条件,也就是说,每个人都可能恪守耶稣所传的道而重获真理,也就是在末日审判与历史终结的瞬间,身体和灵魂重新复活,接受审判,最终重返天国。就此而言,正如亚当是罪人的祖先,耶稣则是"新人"的祖先。耶稣在人类历史中的出现意味着每个罪人重获新生,而成为一个可能与耶稣一样的"新人"(Neumann)。耶稣基督经由自己的受难和复活像教师一样教导学生(后来的人)如何才能获得真理,每个"新人"都可能像耶稣一样"因信称义",于末日审判的瞬间重回神的身边。

② 《新约·哥林多前书》15:52,此处对应的英、德译文分别为:"In a moment, in **the twinkling of an eye**, at the last trump; for the trumpet shall sound, and the dead shall be raised incorruptible, and we shall be changed"; "Und das plötzlich, in einem **Augenblick**, zur **Zeit der** letzten Posaune. Denn es wird die Posaune erschallen, und die Toten werden auferstehen unverweslich, und wir werden verwandelt werden"。

被克尔凯郭尔称为"时候满足"。这个瞬间并不是已完成的时间开端,正如第一个瞬间那样,罪被一次设定之后,亚当的后人都必然地遗传了"传承之罪",这也是在个体身上对于"原罪"的不断重演,尽管亚当的后人并未现实地偷吃分辨善恶树上的果子。在第二个瞬间中,神以耶稣的身份在历史中出场,教导并给予亚当的后人理解真理的条件,让每一个亚当的后人都能从源于罪的必然之死中解脱出来,最终重获新生。为此,克尔凯郭尔提到:

> 当神想成为一位教师的时候,神之爱就不仅仅是一种帮助,而且是一种出生的力量,以此方式他让学生出世;或者如前述的是一种"重生",我们用这个词来描述那种从非存在者到存在者的转变。①

对基督而言,他通过道成肉身而降临人世的瞬间象征着由存在者切入非存在者。但对每一个"新人"来说,"新生"表明他们重获了与神(Gud)相遇的可能性。这也是由非存在者通达存在者的可能性条件。因此,第二个瞬间是尚未完成的时间性。新人(Neumann)与基督的相遇不是已经完成的历史事件,它在新人的实际生存中随时都可能重演,也就是说,新人被重新给予理解真理的条件之后,在其现实生存的每一刻都可能不断亲历这一瞬间,都有信仰神的自由可能。对于新人来说,不必非得等到族类历史终结的末日审判发生的那一刻,而是在其生存的每个当下都可能通过信仰亲证神之降临,再次与神相遇,从而让每一刻都可能成为基督再临的瞬间②。所以,这两个瞬间在个体层面(而不是在族类历史层面)上始终可能同时发生,呈现为无数个"小写"的瞬间。

一、绝望与信仰的一跃

克尔凯郭尔认为,梦着的精神面对源自无的极限恐惧,最终经由质的一跃,通过罪之设定肯定了现实性,从而让精神不仅是灵魂与肉体的综合,同时也是永恒与现实的综合,最终成为真正的个体。精神也从沉睡中苏醒,由

---

① 克尔凯郭尔.哲学片断[M].王齐,译.北京:中国社会科学出版社,2013:33.
② 这一思想在海德格尔关于"死"的现象学阐析中得到重演:对于此在而言,最本己的死不是尚未到来的"事件"。作为无所关联的、不可逾越的可能性,死在此在实际生存的每一个瞬间都随时可能悬临(Bevorstand),换而言之,在此在生存的每一个"当下",都可能经由"畏死"而回到本真的能在自身,从而通达对一般存在意义的澄明。不过,在生存论层面上,本真的此在与非本真的常人之间的转变无需"罪—救赎—末日审判"这个基督教神学设定。

无知变为有知。由于有知性与有罪性一并出现,所以,精神个体处于罪之状态中,不可能获得真理,只可能如苏格拉底和柏拉图那样错把谬误当作真理,只有当神以教师(仆人)的身份出现在族类历史中,罪人才被重新给予理解真理的条件。既然个体获得了理解真理的条件,重新面临"信仰的一跃",他到底如何才能真正地完成这一跳跃,从而获得真理即永恒的福祉呢?换而言之,个体如何才能从生存的现实性中以"单个的人"的方式独自与永恒者相遇?在阐明了与罪有关的恐惧之后,克尔凯郭尔在《致死的疾病》中进一步解释了真正的"致死之疾病"即绝望。

克尔凯郭尔这样理解死:作为罪之惩罚的身体之死在生理学层面可被视为一种最终的疾病;然而,对于精神个体而言,身体之死却不是最终的疾病,因为精神是灵魂与肉体综合的承担者,也是永恒与现实的综合,它最终通向永恒。让精神致死的疾病必须与永恒存在某种内在关联。相照于永恒,身体之死"只是一个小小的事件"①,而且作为罪之惩罚,它象征着人背离永恒。所以,身体的死亡并不是致死之疾病。那么,真正致死的疾病究竟是什么呢?又是什么让精神个体在现实的生存中领会并通达永恒?克尔凯郭尔认为,通过心理学描述能显示绝望与永恒之间源始的内在关联。

我们可以在现实的生存中观察到这样一类现象:一个绝望着的个体表面上通常为某物而绝望,但是,他其实是"为自己而绝望"。这具体表现为两种形式:第一,他绝望地想要是自己;第二,他绝望地不想要是自己,从而摆脱自己。克尔凯郭尔分别举了两个例子②:一个人迫切想要成为皇帝却没有成功,于是他感到绝望。表面上,他绝望的对象是"没有成为皇帝"这件事情,但实际上,他绝望的真正对象却是那个"没有成为皇帝的自己",他不能忍受这个自己,而想要是那个成为皇帝的自己。另一方面,即使成为皇帝,他也只是暂时摆脱了那个没有成为皇帝的自己,而不是成为真正的自己。所以,"本质地看,他是同样地绝望,因为他不拥有他的自我,他不是他自己"③。

另一个例子则是关于一个年轻貌美的女孩,她为失去自己的爱人而绝

---

① 克尔凯郭尔. 致死的疾病[M]//克尔凯郭尔. 畏惧与颤栗,恐惧的概念,致死的疾病. 京不特,译. 北京:中国社会科学出版社,2013:415.
② 克尔凯郭尔. 致死的疾病[M]//克尔凯郭尔. 畏惧与颤栗,恐惧的概念,致死的疾病. 京不特,译. 北京:中国社会科学出版社,2013:424-425.
③ 克尔凯郭尔. 致死的疾病[M]//克尔凯郭尔. 畏惧与颤栗,恐惧的概念,致死的疾病. 京不特,译. 北京:中国社会科学出版社,2013:424.

望。她表面上是为爱人的丧失而绝望,但实际上真正感到绝望的对象是她自己,是那个"失去了爱人的自己"。她绝望地想要逃避和摆脱那个自己。即使这个女孩当时没有失去她的爱人并与他幸福地生活在一起,这也只是说明了她"曾以最幸福的方式摆脱了或者失去了这个'她的自己'"①。因此,不管这个女孩有没有失去她的爱人,她其实都不是为她的爱人感到绝望,而是为自己而绝望。

上述两个例子表明,不管精神以肯定的形式"想要是自己(成为皇帝)",或者以否定的形式"想要不是自己(失去爱人)",绝望的真正对象都不是外在的某物,而是"想要是或者不是自己"。"想要"总是与真正现实的"是"相对,所以,绝望表明精神现实上尚不是真正的自己。作为永恒与现实的综合,精神总不仅是现实的(成为皇帝或拥有爱人),还是永恒的。但由于罪之设定,精神与永恒者切断了现实的关联,总尚不是那个永恒的自己。

综上所述,不管精神"想要是自己"或者"想要不是自己",绝望的对象根本上都彰显了现实的自己与永恒的自己之间的矛盾张力。这一心理现象可追溯到精神对无的恐惧而设定了罪:罪之设定其实就是精神让梦着而又无知的自己与醒着同时有知的自己发生关系,也就是让自己与自己发生关系。在这个基础上,精神设定了罪,肯定了现实性,从而完成了永恒与现实的综合。绝望这个心理学特征正植根于精神个体"让自己与自己发生关系"的内在本性。绝望的两种形式"想要是自己"和"想要不是自己"都指向了个体尚"不是"的那个自己。这也表明,精神个体正被某种比他更强大的力量所设定,强迫他现实地不是那个真正的自己。因此,克尔凯郭尔认为,绝望表达出个体"想要把他的'自我'从那设定了它的力量中解脱出来。但是虽然他具备所有绝望,他无法做到这个;虽然他尽了所有'绝望'的努力搏斗,'那设定的力量'比他更强大并且强迫他去'是'那个他所不想要'是'的自我"②。就此而言,绝望还表达出精神个体的烦恼:由于那被设定的强大力量,他无法摆脱他所不想要是的那个自己,简而言之,他无法摆脱自己。

那个比精神更强大的力量显然就是永恒者。由于罪之设定,精神在有终结的现实生存中无法忍受与永恒者相关联(哪怕是以切断现实关联的方式)的那个自己。另一方面,即使身体的死亡也无法让个体彻底摆脱那个自

---

① 克尔凯郭尔.致死的疾病[M]//克尔凯郭尔.畏惧与颤栗,恐惧的概念,致死的疾病.京不特,译.北京:中国社会科学出版社,2013:425.

② 克尔凯郭尔.致死的疾病[M]//克尔凯郭尔.畏惧与颤栗,恐惧的概念,致死的疾病.京不特,译.北京:中国社会科学出版社,2013:425.

己,因为精神在罪之状态中原本就是永恒和现实的综合。所以,精神不得不处于绝望之中,绝望揭示了精神在现实之中与永恒者的内在关联:

> 从"绝望无法消蚀一个人的自我——这恰恰是绝望中的矛盾之苦楚"出发,我们也能够这样地证明人身上的"永恒"。如果在一个人身上没有"永恒",那么他就根本无法绝望;而如果绝望能够消蚀他的自我,那么就也还是不会有任何绝望存在。①

鉴于克尔凯郭尔关于绝望的心理学描述,我们可以窥见精神根本上就带有永恒的烙印,否则不可能产生绝望;与此同时,精神凭自身无法摆脱那个永恒的自我,否则绝望也不会存在。绝望与罪有关,它也是永恒与现实综合的某种表达。因此,只有作为个体的精神才会感到绝望,精神在绝望中无法摆脱的那个自己却是"对'人'的最伟大的、最无限的认可,并且,这同时也是永恒对'人'的要求"②。

综上所述,与永恒相关联的绝望在精神的现实生存中不是一种偶然出现的心理感觉,它具有一般性,即只要尚处于罪的状态之中,在"信仰的一跃"之前,每一个人都是绝望的。绝望是源于精神的、具有一般性的致死疾病,它"是精神的一种定性,它使得自己去和'永恒'发生关系,所以它在自己的辩证法中具备了某种来自'永恒'的东西"③。

关于精神由极限恐惧而导向罪的一跃,克尔凯郭尔未曾在心理学层面作进一步的解释,不过,现在关于绝望的心理学描述让这个问题获得了一个新的视野,即梦着的精神在源于无的不确定状态之中走向极限恐惧,直至绝望。梦着的精神绝望地想要摆脱处于"那永恒的无"之中的自己,但是,仅凭自身却又无法逃脱,这时精神听到了神(Gud)的禁令,它是精神当下唯一可以抓住的可能性,经由质的一跃,罪被设定了。

虽然关于这最终的质的一跃,精神无法形成任何确定性的知识,也无法从心理学层面对它展开更为具体的描述,但是,关于被设定的罪,它却可以

---

① 克尔凯郭尔.致死的疾病[M]//克尔凯郭尔.畏惧与颤栗,恐惧的概念,致死的疾病.京不特,译.北京:中国社会科学出版社,2013:426.
② 克尔凯郭尔.致死的疾病[M]//克尔凯郭尔.畏惧与颤栗,恐惧的概念,致死的疾病.京不特,译.北京:中国社会科学出版社,2013:426.
③ 克尔凯郭尔.致死的疾病[M]//克尔凯郭尔.畏惧与颤栗,恐惧的概念,致死的疾病.京不特,译.北京:中国社会科学出版社,2013:436.

通过观察个体现实生存中的恐惧、绝望这些心理现象而有所阐明：

> 罪是：在神面前，或者带着关于神的观念绝望地不想要是自己，或者绝望地想要是自己。这样，罪是强化的软弱性或者强化的对抗；罪是绝望的强化。①

神是永恒者，处于无辜状态的精神对神一无所知，因此，对梦着的精神而言，神亦是永恒的无。罪正是精神在对无的极限恐惧中走向绝望，最终想要摆脱那个永恒自己的结果。

由此可见，如果现实中的绝望不是偶然中断的心理现象，而具有肯定连续的一般特征，那么，现实中的罪也并不是偶然中断的行为现象，而是一般罪之状态的继续。换而言之，仍处于罪（现实）的状态之中就是罪之继续，就是新的罪。

耶稣替人赎清"传承之罪"以后，新生的个体如果没有自由地选择"信仰的一跃"而信神，仍然选择不信神，那么，他就仍在罪的状态之中沉沦堕落。这本身就是罪的继续，就是新的罪。罪之"新"不是等到具体现实的犯罪行为（比如邪术、仇恨等）出现的瞬间才被定性，只要仍处于罪的状态即不信神，就是罪的继续。

克尔凯郭尔认为，罪的对立面不是美德，而是信仰。精神个体只有通过"信仰的一跃"，才能彻底摆脱罪的状态，从而也才能彻底摆脱绝望。既然绝望不是身体或心理的疾病，而是源于精神的致死之疾病，那么，绝望的消除就不可能通过罪之设定，经由身体的死这一方式来摆脱那个与永恒者有关的自己，而必须通过"信仰的一跃"，重回那个永恒的自己，在对神的信仰之中得到永恒的真理。结合《圣经·新约》的叙事背景，这正是族类历史将要发生的第三个瞬间。然而，克尔凯郭尔更强调个体自由抉择的重要性，而不是被动等待神（Gud）的再临。精神必须以个体的方式独自面对神，不断趋向对神的信仰，最终完成"信仰的一跃"。永恒的真理不像美德那样能以知识的方式传授，与之相应，永恒的福祉也不可能在现实的生存中以普遍抽象

---

① 克尔凯郭尔.致死的疾病[M]//克尔凯郭尔.畏惧与颤栗,恐惧的概念,致死的疾病.京不特,译.北京：中国社会科学出版社,2013：497.

的族类方式实现①,也就是说,个体必须以"单个的人"的方式孤独地完成这"信仰的一跃"。

如果脱离基督教神学背景,悬置"救赎—末日审判"这一神学设定,仅就生存论而言,如何理解由非存在者到存在者以及由现实生存到永恒福祉这质的一跃呢？如果说第二个瞬间让罪人重获理解真理的条件,使神人和解成为可能；第三个瞬间则是"新人"经由个体的信仰而让这一可能成为现实,从而重获真理,最终在历史终结的那一刻重返永恒的存在者。在某种程度上海德格尔在《存在与时间》中所阐析的"到时"(Zeitigung)概念即可视为关于末日审判这个瞬间的生存论重构。

二、操心与时间性之绽出

如前所述,通过对非本真的常人这一生存现象展开剖析,"操心"这一本真能在的整体生存论建构显露出来,本真的操心就是由良知向"有罪责存在"呼唤而生发的决断,非本真的操心则是常人在周围世界中的操劳以及共同世界里的操持活动。操心的基本生存论建构由三个环节构成,即先行于自身、已经在世界之中、寓于世界内照面的存在者之中,海德格尔分别命名为"生存""实际性"和"沉沦"。基于操心的生存论阐明,此在从非本真的日常平均状态被带到本真的作为无具体关联的意蕴关联整体面前。作为在世界中存在的存在者,此在本身就拥有理解本真的整体在世这一存在论基本建构的可能性条件,那么,如何最终由本真整体的"在世"转向本真的此在自身,从而通达对一般存在意义的澄明呢？换而言之,如何在最本己的能在中

---

① 这里援引王齐的观点。在《哲学片断》中,克尔凯郭尔假借克利马克斯之口提出了一个和苏格拉底在《美诺》中类似的问题："真理是否可教？"(《美诺》中提出的问题是"美德是否可教")。这个问题植根于当时特殊的时代背景：19世纪,黑格尔的思辨体系对丹麦的主流思想冲击很大,表现之一就是基督教信仰的"知识体系化"。信仰不再是个体独自面对神并不断趋向永恒福祉的不确定的"动态过程",而被瓦解为一个又一个必然确定的真理命题。通过普遍而抽象的知识命题,永恒真理成为可教的。因此,做一名基督徒变成一件简单易行的事情,只要他出生在一个基督教的家庭里,接受一定的基督教神学方面的知识教育,按照一定的教会制度参与活动,就是一名"合格"的基督徒。面对这种"个体"瓦解的危机,克尔凯郭尔通过假名的方式像苏格拉底那样针砭时弊,猛烈抨击当时流行的教会制度。由此可见,一方面,他对苏格拉底的"回忆说"展开批判,但另一方面,他又同时继承了苏格拉底的时代使命,这也是对苏格拉底的一种"复活"(参见王齐.《哲学片断》中"苏格拉底式的问题"及其意义[J].浙江学刊,2006(6)：20-26)。有鉴于此,克尔凯郭尔在阐述精神如何由现实的罪之状态转向永恒的福祉时,突出强调了"个体"的作用。真理不是通过知识传授的方式便能一蹴而就而被直接把握到的,而必须经由虔诚的信仰独自面对神(Gud),在不确定的体验中不断趋近,最终实现"信仰的一跃"。

找到蕴含操心的统一根据？究竟是"什么使此在的这一本真整体存在能够把分成环节的结构整体统一起来"①？海德格尔给出的答案是时间性之绽出。

我们已知操心由三个生存论环节组建，即生存、实际性和沉沦。首先，此在的生存向来是"向死存在"，然而，在平均的日常状态中，此在首先与通常以逃避本真死亡的方式遮蔽本真的此在自身，通过决断的瞬间，此在在生存论上可能向最本己的能在筹划，所以，决断总是"先行决断"（die vorlaufende Entschlossenheit）。即使在日常的沉沦状态中，"此在根本就能够在其最本己的可能性中来到自身，并在这样让自身来到自身之际把可能性作为可能性保持住，也就是说，此在根本就生存着"②。此在持守着最本己的可能性，并在这种可能性中走向自身，海德格尔称之为"将来的源始现象"。因此，源始的将来不是物理时间视域下尚未到来的现成存在者，否则，将来其实不存在。将来其实是对最本己的可能性的持守。

其次，此在在"有罪责存在"之中被良知呼唤而领会先行的决断。作为不之状态的被抛根据，"有罪责"指明了此在在生存中所处的被抛境况，它从"在世"方面表明了此在生存展开方面的"先行"，即此在总已经被抛入作为无具体关联之关联整体的世界之中，被抛入的世界就是此在自身的"曾是"（Gewesen）。换而言之，此在不是某个漂浮无据的现成"主体"，它向来已经处于无具体关联的关联整体之中。因此，此在通过先行决断回到作为无具体关联之关联整体的在世面前，也就是回到此在自身的"曾是"。就此而言，走向自身同时就是回到自身。这就是过去的源始现象。因此，源始的过去并不是某个不再存在的现成存在者，而是"有所领会地回到最本己的曾是来"③。

最后，先行的决断总发生在处境（Situation）中，此在由此展开自身的行动。一般而言，此在总是有所行动地操劳于周围世界内照面的各类上手之物，操持于共同世界内的各种人际活动。因此，先行的决断同时也是"下决心寓于处境中的上手事物的存在，亦即有所行动地让周围世界在场的东西来照面"④。这必须以世内存在者的当前（Gegenwart）为前提。在平均的日常状态之中，先行的决断总是操劳或操持于世内存在者，有所行动地使之当

---

① Heidegger M. Sein und Zeit[M]. Tübingen：Max Niemeyer Verlag，2006：325.
② Heidegger M. Sein und Zeit[M]. Tübingen：Max Niemeyer Verlag，2006：325.
③ Heidegger M. Sein und Zeit[M]. Tübingen：Max Niemeyer Verlag，2006：326.
④ Heidegger M. Sein und Zeit[M]. Tübingen：Max Niemeyer Verlag，2006：326.

前化(Gegenwärtigung)，从而让它们首先与通常同非本真的此在相遇照面，有鉴于此，当前化(Gegenwärtigung)就是非本真的当前。

综上所述，先行的决断表明，组建操心的三个生存论环节植根于源始的将来、过去和非本真的当前之中，或者说"曾在的将来从自身放出当前"①，曾在和当前化都源自先行决断即源始的将来。所以，海德格尔"把如此这般作为曾是的、有所当前化的将来而统一起来的现象称作时间性"②。操心的生存论整体结构因此呈现为时间性绽出的一种到时，它的存在论意义植根于时间性之中。

三、到时与有终性

先行于自身显示出向自身的到时，而已经在世界之中源自源始过去的到时，即让此在在被抛的境况中现身出来，因此，它也是一种"现身情态"。与此同时，寓于世内照面的存在者之中就是沉沦于世内存在者之中，这是当前的到时。另一方面，下定决心的此在恰恰要让自身从沉沦状态之中退回，同时将此在带到本真的自己面前，即寓于本真的能在自身之中。这一本真的当前就是瞬间(Augenblick)，瞬间正是此在由非本真的状态向本真状态的到时。

由此可见，时间性不是某种现成的时间内状态，而是"在诸种绽出的统一中到时"③。到时(Zeitigung)就是让时间性本真或者非本真地公开自身，显露自身。因此，时间性的基本特征不是流逝(Vergehen)，而是到时，并且首先是从本真源始的将来到时：

> 源始的时间性曾在将来而最先唤醒当前。源始而本真的时间性的首要现象是将来。④

到时是时间性的第一个特征。非本真的时间譬如物理时间是源始时间性的一种特殊的到时样态，即从空间位移运动方面现成地让时间性显露出来。

除了到时外，时间性还有另一个特征，即有终性(Endlichkeit)。如前所

---

① Heidegger M. Sein und Zeit[M]. Tübingen：Max Niemeyer Verlag，2006：326.
② Heidegger M. Sein und Zeit[M]. Tübingen：Max Niemeyer Verlag，2006：326.
③ Heidegger M. Sein und Zeit[M]. Tübingen：Max Niemeyer Verlag，2006：329.
④ Heidegger M. Sein und Zeit[M]. Tübingen：Max Niemeyer Verlag，2006：329.

述,操心同时是向死存在,先行决断在生存论上也是向死决断。向死存在表明此在一向是有终地生存着。所以,先行决断所源出的本真将来同时也是"有终的将来"。这里的有终性不是尚未到来的现成终点,毋宁说,源始的时间性之绽出根本上就存在整体"边界"。到时根本上也是到达边界,即是说,时间视域在时间性之绽出中不断延展,但始终蕴含着一个"视界"。视界的有限同延展的无限并不发生矛盾,时间视域始终呈现为"有界无限"的延展,正如死在生存论上是既确知又不确定的最本己的可能性。有鉴于此,

> 时间源始地作为时间性的到时存在;作为这种到时,时间使操心的结构之建制成为可能。时间性在本质上是绽出的。时间性源始地从将来到时。源始的时间是有终的。①

基于时间性的存在论阐析,组建操心的三个生存论环节同时展露了最源始的存在论根据,即"时间性绽露为本真的操心的意义"②。操心植根于时间性之绽出,所以,此在最本己的能在根本上就是时间性的存在。时间性之绽出蕴含着此在对于一般存在之意义(der Sinn von Sein überhaupt)的源始领会即有终结的到时。

四、克尔凯郭尔与海德格尔的到时之瞬间比照

克尔凯郭尔巧妙地将《哥林多前书》中揭示的末日审判转化为一场心理学试验,通过关于绝望这一心理体验的哲学阐释,展现了个体生存的每一个瞬间都是一次现实的信仰"审判"。恐惧与绝望,发生在个体身上的这两类心理现象完整地显现了人在基督教神学视野下如何由罪之设定堕入没有希望的尘世,而后又如何通过信仰的一跃而在末日审判的瞬间重回伊甸园。简而言之,神再临人间的末日审判瞬间被克尔凯郭尔转化为个体在现实的生存中如何实现信仰一跃的瞬间,就此而言,神可能在新人生存的每一个瞬间到时,个体在每个瞬间都面临着信仰的决断。

海德格尔同样洞见了末日审判瞬间的到时特征,但取消了与神照面的绝对性与必要性。经由良知的呼声,个体的本真操心活动会生发一种自主决断,最终回到源始本真的此在自身。在这个瞬间,向来沉沦于世界之中的

---

① Heidegger M. Sein und Zeit[M]. Tübingen: Max Niemeyer Verlag, 2006: 331.
② Heidegger M. Sein und Zeit[M]. Tübingen: Max Niemeyer Verlag, 2006: 326.

常人将同源始本真的此在相遇照面,二者是同一个此在。换而言之,这个瞬间是源始本真的此在自身的当前到时,里面并不存在信仰的一跃,而只有对于此在自身的有终性的承担与否,就此而言,这个瞬间也是以向死存在的生存方式到时。

第四节 作为原型的瞬间

结合基督教神学背景,克尔凯郭尔或隐或显地探讨了与历史有关的、永恒与时间相互综合的三个瞬间,分别是罪被设定的瞬间、基督降临的瞬间(καιρός)和末日审判的瞬间(ριπή ὀφθαλμοῦ)。

一、克尔凯郭尔关于瞬间原型的心理学描述

第一个瞬间肯定了现实性,它让精神从沉睡到觉醒,从无知到有知,通过永恒与现实的综合而成为真正的个体,同时开启了族类的历史。但是,这个瞬间根本上是精神对永恒即神的背离,因此,精神不可能获得关于存在的真理。精神的有知状态并不是真知状态。与之相应,由于永恒者即神的缺席,族类历史的演进只能呈现为时刻的消逝,而不可能再有瞬间出现,因为瞬间是永恒与时间的触碰及综合。

第二个瞬间象征永恒切入时间,从而进入历史。神(Gud)派遣独子耶稣以仆人的姿态降临人世,通过十字架上的死以及三日后的复活,不但替亚当的后人赎清了"传承之罪",而且预演了第三个瞬间(ριπή ὀφθαλμοῦ)发生时的死人复活这个景象。基督降临的瞬间具有双重意义:第一,在认识论层面上,由于"传承之罪"的救赎,精神个体被重新给予理解真理的条件,但从理解真理的可能性到最终获得真理,尚且需要"信仰的一跃"(the leap of faith)。有鉴于此,存在的真理不是可被传授的知识命题,而是个体孤独地朝向神,不断趋向永恒福祉的不确定的动态过程。第二,在存在论层面上,基督降临也让精神个体获得新的生命。从此,精神不再由于传承之罪而与神必然背离,精神得到重回永恒的可能性条件。因此,对于精神个体而言,罪之救赎意味着"新生"。与此同时,由于永恒切入时间,个体在族类的历史演进中随时可能感受瞬间的出现,随时都可能通过"信仰的一跃"而与神再次相遇,在瞬间中体验永恒的来临,从而不断重演第二个瞬间。当然,精神个体同时也面临从永恒中再次堕落的可能性,因为他仍不得不在族类历史之中现实地生存。从这个角度出发,在第二个瞬间发生之后,重获信仰自由

的"新人"如果仍然不相信神,而甘愿在罪之状态中继续堕落,那就是罪的继续,就是新的罪。本真的瞬间与非本真的时刻在自由的信仰决断中交替出现,直到第三个瞬间发生。

第三个瞬间象征族类历史的终结。基督再临意味着永恒再次切入时间,但这一次,神不是给予新人理解真理的条件,而是直接展开最后的审判。这是永恒对现实的审判,同时也是历史的终结。在关于信仰的自由决断中,精神个体分化为"信神的"与"不信神的",前者将重回天国,与永恒者同在;后者则被打入地狱。由于历史的终结,在瞬间与时刻综合的最高点,时刻消失,而瞬间也不再有任何意义,因为对于处于天国的永恒存在者而言,由于历史的终结,瞬间变得毫无意义。另一方面,对于深陷地狱的罪人来说,神的永恒缺席也让瞬间不再可能。所以,历史的终结同时也是瞬间的终结。

在上述三个瞬间之中[①],究竟哪一个瞬间才是作为原型(Prototype)的瞬间呢?这样的瞬间具有决定性的意义,它使历史上所有其他的瞬间都以之为中心,并围绕着它而转。

首先,第一个瞬间即罪之设定不可能成为瞬间原型,因为这个瞬间蕴含着这样一个悖论,即这个瞬间象征着永恒设定现实,从而开启历史。在它发生之前,同精神相关的时间(现实的历史)尚未产生。换而言之,正是第一个瞬间让现实性得到设定,也让历史成为可能。然而,既然瞬间本就是永恒和时间的触碰、综合,没有时间,就没有瞬间,那么,瞬间又怎么可能在时间(历史)之前出现从而设定历史呢?由此可见,与永恒和时间(历史)相关的第一个瞬间极其特殊,一方面,在这个瞬间,瞬间与历史是同时产生的。在罪被设定的当下,它既开启了族类的历史,也设定了永恒和历史触碰的瞬间。但另一方面,它又不具有任何重演的可能,精神一旦设定了罪,就意味着对于

---

① 克尔凯郭尔在他的哲学著作(比如《哲学片断》)中一般用 Øieblik 或者 Øieblikket 来表达"瞬间"这个概念。前者指一般的瞬间或时刻,后者指某个特殊的瞬间,二者类似于英文中的"moment"和"the moment"之间的区别。大卫·F. 斯文森(David F. Swenson)(《哲学片断》的英译者之一)对此做出了更细致的划分,将 Øieblik 或 Øieblikket 区分为三种不同的瞬间,分别是 Moment、moment 和 *Moment*:首字母大写的 Moment 意指基督耶稣道成肉身并降临人世的那一刻(the incarnation of Christ);首字母小写的 moment 则有时指个人对真理和永恒的本己据有(subjective appropriation of truth),有时就指一般时间消逝中的现在时刻;最后,首字母大写且呈斜体的 *Moment* 表达上述两者的综合(a synthesis of the first two),cf. Ward K. Augenblick:the Concept of the"Decisive Moment"in 19th-and 20th-Century Western Philosophy[M]. England:Ashgate Publishing Limited,2008:9-10. 鉴于基督教神学背景,斯文森在《哲学片断》中所区分的"瞬间"尚未包含罪被设定的瞬间,而主要意指人类历史上的第二个瞬间(基督降临)和第三个瞬间(末日审判)。

永恒即神的背离。第一个瞬间一旦发生,它就由于永恒之维的缺席而同时不再是瞬间了。

与之相应,第三个瞬间也极其特殊,它象征着永恒再次切入时间和历史,但同时也终结了历史。作为第二个瞬间同个体之"信仰一跃"的瞬间(对第二个瞬间的重演)的综合,第三个瞬间一旦发生,便是对时间的终结,因此,由于时间之维的缺席它也同时不再是瞬间了。

有鉴于此,真正能够作为瞬间之原型的,只能是第二个瞬间即道成肉身的瞬间。它一旦发生,便作为可能的原型持守在每一个体的实际生存中,随时可能不断重演,使个体经由"信仰的一跃"而与永恒者相遇照面,从而让其生存当下的每一刻都可能成为真正的瞬间。这些瞬间都植根于人类历史上的第二个瞬间,它"就此一次,一切皆然"(once and for all),那些永恒与现实触碰的瞬间都以它为中心,因此,它才是真正的瞬间原型[①]。

综上所述,如果从广义上来理解瞬间,将它定义为"与永恒和时间(现实)相关的重要时刻",那么,这三个瞬间都是真正的瞬间;但是,如果仅从狭义上来理解,将瞬间定义为"永恒和时间(现实)之间可被重演的触碰、综合",那么,只有作为原型的第二个瞬间才是真正的瞬间。

关于基督教神学背景下的这三个瞬间,克尔凯郭尔首先对精神个体的现实生存展开观察,在关于恐惧和绝望的心理学描述中再现了个体生命对于二者的重演,即精神的恐惧这一心理感受植根于罪被设定之前的无辜状态,精神在极端的恐惧之中走向绝望,罪便是绝望的强化。作为致死的疾病,绝望表明,在个体的实际生存之中,精神与永恒存在源始的内在关联。这一关联由于恐惧和罪而被遮蔽。罪的对立面不是美德,而是信仰。精神个体必须在孤独而又不确定的信仰体验中不断趋近永恒即神,最终实现"信仰的一跃"。

然而,如果脱离依托基督教神学背景的"罪—救赎—审判"这个设定,在"信仰的一跃"发生之前,如何理解存在者与非存在者之间发生转变的瞬间?回顾这三个瞬间,我们可以发现:罪、救赎、审判都与死密切相关。在第一个瞬间中,死作为罪之惩罚一并出现;在第二个瞬间里,耶稣通过十字架上的死实现了"传承之罪"的救赎;在第三个瞬间里,所有死人都将复活,接受审判,身体之死被最终克服。不过,死作为一种最本己的生命现象,却无需

[①] Cf. Ward K. Augenblick: the Concept of the "Decisive Moment" in 19th-and 20th-Century Western Philosophy[M]. England: Ashgate Publishing Limited, 2008: 11-15.

任何预先设定,无需依托任何神学背景。既然死与个体的生存休戚相关,那么,以死作为突破口,从生存论出发阐明一般存在者的意义问题,继而廓清存在者与非存在者之间的转变就顺理成章了。关于这一转变,如果说以苏格拉底和柏拉图为代表的希腊之思强调"认识的一跃",克尔凯郭尔则在犹太基督教神学背景下凸显了"信仰的一跃",就此而言,海德格尔则在关于此在的生存论阐析中展现了"决断的一跃"。

二、海德格尔关于瞬间的生存论阐释

海德格尔认为,此在是在世界中存在,在畏这一基本现身情态之中面对作为整体的、无具体关联的在世本身,同时也是最本己的能在自身,此在感到茫然有所失,处于一种无家可归的状态中,从而逃避自身,让本真的自己消散在平均的日常状态之中,从而沦为常人。这是海德格尔在生存论上展示的第一个瞬间,即此在由本真状态转向非本真状态。

在平均的日常状态之中,此在操劳于周围世界的上手之物,操持于共同世界内的人际活动。二者都植根于此在本真的生存论建构即操心。操心蕴含了"生存—实际性—沉沦"这一整体结构。此在在操心中开展本己的生存活动。由于在世界中存在同时也是向死存在即向终结存在,本真的死亡作为最本己的、无所关联的、不可逾越的可能性,取消了日常此在的一切具体关联,从而让此在能够倾听良知的呼声。它将此在带到本真的"有罪责存在",并在处境中生发决断,让自身从平均的日常状态之中收回到本真的此在自身。这便是海德格尔在生存论上展示的第二个瞬间即决断的瞬间,也就是说,此在从非本真的常人状态逐步向本真的能在自身不断趋近,随时面临决断的一跃。

最后,作为此在的生存论基本建构,操心植根于本真的时间性之绽出,它是时间性的一种本真到时。作为本真的将来、过去和当前的整体统一,源始的时间性与永恒蕴含着相同的存在论结构。永恒在瞬间之中到时,从而显现自身,与此同时,瞬间又是时间性以本真的当前样态到时,就此而言,不难推出一个经典观点——"瞬间即永恒"。这样一来,海德格尔就在生存论上阐明了第三个瞬间,即永恒到时并重返本真存在的瞬间。

三、海德格尔关于克尔凯郭尔瞬间思想的批判

自柏拉图以降直至克尔凯郭尔,他们始终在永恒与时间的关联之中探究瞬间问题。苏格拉底和柏拉图尝试在永恒与时间之间划界,即把过去和

将来归于时间的形式,把现在归于永恒的副本,所以,作为永恒的影像或者摹本,时间不是真正的存在,只有永恒才是真正的存在。然而,克尔凯郭尔认为,"回忆说"和辩证法表明永恒的善理念其实只是谬误,它植根于罪之设定。因此,柏拉图的永恒理念并不是真正的存在。永恒和时间都是非存在者,就这一点而言,二者没有区别。由此可见,苏格拉底和柏拉图那里既没有真正的永恒,也没有真正的瞬间,而只有作为偶因的"突然"。

"回忆说"还有一个基本观点,即学生自身本来就拥有永恒的真理,教师只是扮演助产士的角色,把学生身体内蕴含的真理通过辩证法的引导接生出来。换而言之,真理"已经在学生自身之中"。"已经在……之中"表明柏拉图那里的永恒向来是已经完成的某种东西,所以,克尔凯郭尔指出,柏拉图的永恒是"那过去的","希腊式的'永恒'在于'之后'作为'那过去的'——人们只能后退地进入它"①。既然永恒是"那过去的",作为永恒的影像或者摹本,时间也是"那过去的","如果实在要说古希腊生活标示了某种'时间'之定性,那么它就是'那过去的'"②。进一步而言,作为永恒与时间的触碰,瞬间也在"那过去的"意义上被定性,呈现为时刻的不断消逝。

与苏格拉底和柏拉图不同,亚里士多德区分了作为界限的现在与作为数的现在。现在作为数不是时间的部分,而是时间的测量单位,它仍在时间内存在。另一方面,作为过去和将来的界限,现在又不在时间之内,它揭示了现在与时间之间的矛盾张力。此外,现在也是不可分的原子,在它里面没有任何运动或者静止发生,就此而言,现在类似于绝对不动的永恒。所以,在亚里士多德的思想视野下,永恒就是"一直现在",永恒与时间的存在形式都是现在(νῦν)。

与苏格拉底和柏拉图相左,克尔凯郭尔想要探讨与突然或者时刻不同质的真正瞬间,他试图揭示永恒与时间之间存在绝对的断裂,从而彰显瞬间是永恒与时间这两类纯然异质者的综合。真正的永恒者只有一位,那就是神,正因为永恒与时间之间完全异质,才会有让二者达成和解的可能及必

---

① 克尔凯郭尔.恐惧的概念[M]//克尔凯郭尔.畏惧与颤栗,恐惧的概念,致死的疾病.京不特,译.北京:中国社会科学出版社,2013:282.京不特曾附注说明:"希腊式的对'那永恒的'关系是对理念的回忆,一种'思',因为人们以'回忆'来接近'那过去的'。所以克尔凯郭尔说是'向后';而作为对立面,基督教的'那永恒的'是'那将来的',而要去实现'那永恒的'是一种向前,并且要求一种意志的行为"。参见克尔凯郭尔.恐惧的概念[M]//克尔凯郭尔.畏惧与颤栗,恐惧的概念,致死的疾病.京不特,译.北京:中国社会科学出版社,2013:315-316.
② 克尔凯郭尔.恐惧的概念[M]//克尔凯郭尔.畏惧与颤栗,恐惧的概念,致死的疾病.京不特,译.北京:中国社会科学出版社,2013:282.

要。除非永恒者基于爱切入时间,在历史中出场,不然的话,个体在罪之现实性中不可能以任何方式理解永恒者,趋近永恒者。尽管克尔凯郭尔将永恒者作为一个绝对的超越者置于时间和历史之外,在永恒与时间的绝对割裂中探究瞬间,但是,海德格尔认为,这样的永恒仍未脱离亚里士多德所确立的思想框架,仍被理解为"一直现在"。相照于亚里士多德,克尔凯郭尔向前推进了一步,不再仅从物理时间的视野出发理解现在,而将之视为个体实际的生存现象:

> 克尔凯郭尔极为深刻地看到了生存上的"瞬间"现象,但这并不已经意味他也相应成功地在存在论上对这一现象作出了阐释。①

海德格尔指出,生存论上的永恒与时间并不是完全对立的关系,二者都植根于源始的时间性,即它们都是时间性之绽出的有终到时。所以,海德格尔这样评价克尔凯郭尔的瞬间思想:

> 因而,就不能像克尔凯郭尔尝试的那样从现在出发去领会瞬间这个现象。固然他很好地领会了"瞬间"的实际内涵,但他未能成功地阐述"瞬间"特殊的时间性,他倒是把瞬间与庸常所领会的时间之现在等同起来了。由此出发他臆造了现在与永恒的吊诡关系。②

对克尔凯郭尔而言,苏格拉底和柏拉图将永恒、时间和瞬间都定性为"那过去的"。然而,在海德格尔看来,亚里士多德和克尔凯郭尔却都从现在出发理解永恒、时间和瞬间。自苏格拉底以降直至克尔凯郭尔,他们都在存在者层次(ontisch)上解释永恒、时间和瞬间,因此将三者视为现成之物,没有从有终性和到时出发来揭示永恒与瞬间的同构关联,正如海德格尔所言:

> 传统的永恒性概念的含义是"持久的现在"(nunc stans)。无需多讲,这一概念是从流俗的时间领会中汲取而来并依据"持驻着的"现成

---

① Heidegger M. Sein und Zeit[M]. Tübingen:Max Niemeyer Verlag,2006:338.
② Heidegger M. Die Grundprobleme der Phänomenologie[M]. Frankfurt am Main:Vittorio Klostermann GmbH,1975:408-409.

性的观念为方向得以界定的。若能在哲学上"构建"神的永恒性,那它只可被领会为较为源始的、"无终的"时间性。是否能够 via negations et eminentiae(借否定与超凡的方式)提供出一条可能的途径,仍是悬案。①

由于永恒和时间均被视为现成之物,作为已经抽象出来并被摆到眼前的物理时间,它可以被分割成各个部分。但如果细究其中的每一个部分,又只能观察到它们的消逝特征。因此,时间被定性为非存在者,呈现为过去消逝。由此出发,永恒也被定性为"那过去的"。另一方面,如果将永恒与时间割裂开来,认为二者之间毫无任何直接关联,那么,相照于时间的不断消逝,永恒就被解释成持久的现在,永不消逝。综上所述,不管从过去还是现在视角理解时间和永恒,都在根本上将二者视为现成的存在者。

与这一传统理解相左,海德格尔结合生存论阐析揭示了传统"永恒—时间"理解范式的存在论根据,即时间性之绽出。永恒不是无始无终的现在,它只有在时间性之有终结的到时中,而且首先是从源始的将来即先行于自身的到时中才能显露出来。由此可见,与永恒和时间相关的瞬间既不能被定性为过去时刻的不断消逝,也不能被理解为孤立原子式的现在点,它是时间性之绽出首先从源始的将来出发在被抛的实际境遇之中以本真的当前样式到时。

综上所述,克尔凯郭尔结合基督教神学背景,从"罪—救赎—审判"这一神学设定出发,继而阐明了瞬间、时间和永恒这三者之间的内在关联。与之相左,海德格尔悬置了任何预先依托于信仰的神学设定,转而从最本真的生存现象即死切入,最终阐明了,在生存论—存在论(existenzial-ontologisch)的视野下,此在如何逃避本真自身而在非本真的日常状态中沉沦,然后如何经由良知的呼声乃至瞬间决断,承担最本真的有朽性,一跃而重回本真的此在。统括之,海德格尔从现象学出发将一个基督教神学背景下的瞬间(Øieblikket)还原为生存论—存在论视野下的瞬间(Augenblick)。

如前所述,克尔凯郭尔仍从永恒与时间的关联理解瞬间,强调瞬间源于永恒垂直地切入时间。基于基督教神学背景,他认为,瞬间是永恒的原子,

---

① Heidegger M. Sein und Zeit[M]. Tübingen: Max Niemeyer Verlag,2006:427.

而不是时间的原子。[①]他仍从存在者层次(ontisch)上理解永恒、时间与瞬间,将三者视为某个现成之物,也就是说,永恒被视为"现在一直是",它居于优先地位,同时规定了时间与瞬间。克尔凯郭尔未能从有终性和到时出发理解三者的内在关联,未能揭示源始的将来在时间性之绽出结构中的优先地位,这样一来,时间与永恒便完全对立,毫无相互转化的可能。但是,海德格尔在存在论层次(ontologisch)上阐明了永恒与时间并不是完全对立的矛盾,二者其实都植根于源始的时间性,它们都是从时间性中绽出的到时样式。海德格尔将瞬间置于此在的实际生存之中,并且在存在论上将瞬间置于时间性之绽出的统一结构之中,这也称得上关于瞬间问题的一次范式转变[由"神"转向"人"(此在)]。

然而,海德格尔的学生汉斯·约纳斯指出,这一新视角却折射了海德格尔思想架构中永恒维度的丧失。海德格尔始终在本真将来与本真曾是的关联之中讨论瞬间,因此,本真的当前即瞬间没有凭自身成为一个独立的维度,这一现象源于永恒者("抛者")的离场。约纳斯甚至断言,海德格尔关于瞬间的理解潜伏着现代虚无主义危机。

---

① 参见克尔凯郭尔.恐惧的概念[M]//克尔凯郭尔.畏惧与颤栗,恐惧的概念,致死的疾病.京不特,译.北京:中国社会科学出版社,2013:281.亦见邓定.克尔凯郭尔的"Øieblik"("瞬间")观念[J].浙江学刊,2015(5):20-28.

第五章　海德格尔的瞬间与现代虚无主义

约纳斯最初曾用海德格尔的生存论框架阐释诺斯替主义的整体本质，但后来又从诺斯替主义的视角出发，系统批判了海德格尔式的存在主义思想，用他自己的话来说，"锁变成了钥匙，钥匙变成了锁"——最初，海德格尔的存在主义是理解诺斯替主义的钥匙，但后来诺斯替主义则是理解海德格尔的存在主义的钥匙。①

与沃格林和鲍恩不同，约纳斯、陶伯斯从现代虚无主义视角切入探究海德格尔的存在主义与诺斯替主义运动的现代对应，约纳斯尤甚。在《诺斯替主义和现代虚无主义》一文及其扩充版本《诺斯替主义、虚无主义与存在主义》中，约纳斯认为，作为诺斯替主义的现代对应项，海德格尔的存在主义与现代虚无主义的内在关联体现在：瞬间范畴的生存论内容为空。换而言之，瞬间始终在本真将来与本真曾是的关联之中出场，自身并没有成为一个独立的维度，这个现象植根于永恒者或"抛者"的离场。由此可管窥，海德格尔的存在主义思想中潜伏着现代虚无主义的根源。

然而，我们知道，海德格尔始终思索如何克服现代虚无主义（Nihilismus）②危机。他曾深入诠释尼采的"古典的虚无主义"，并将虚无主义运动与现代社会特有的技术统治现象关联起来，同时指出技术将存在者之存在揭示为"生产—消费"的无限循环，从而遮蔽了源始的存在自身（das Sein selbst）或者存有（Seyn）。

---

① 参见韩潮.海德格尔与灵知主义[J].哲学门，2011，23(1)：51-63.

② 对海德格尔而言，虚无主义与形而上学是同一的，因为虚无主义是植根于传统形而上学的"西方历史基本运动"（die Grundbewegung der Geschichte des Abendlandes）。在前苏格拉底时代，它的根本可能性就得以展开，直至尼采那里终结；而现今，虚无主义植根于"技术"的统治中。海德格尔在双重含义上揭示了传统形而上学是虚无的：首先，在存在者层面上，传统形而上学遮蔽了意义给予活动，存在始终未能出场（das Ausbleiben des Seins）；其次，在存在层面上，我们甚至遗忘了存在始终未能出场这一点。Cf. W. Müller-Lauter. Historische Wörterbuch der Philosophie (vol. VI)[M]. Ritter J，Gründer K，Gabriel G，eds. Schwabe AG Verlag，2007：852-853.

此外,海德格尔还将虚无主义与现代技术纳入了对传统形而上学的历史解构之中,将西方现代以来经由澄明之境(Lichtang)派生的构型称为"集—置"(Ge-stell),视其为澄明之境数千年来遭到遗忘这个灾难的顶点,因为我们甚至遗忘了"存在正遭到遗忘"这个实事。与此同时,海德格尔指明了克服技术危机乃至克服虚无主义即形而上学的独特道路:泰然任之(Gelassenheit)[①]。

既然如此,约纳斯关于海德格尔瞬间问题的上述论断是否公允?以克服虚无主义为己任的海德格尔是否实际上走向了现代虚无主义?

第一节 诺斯替主义与现代虚无主义

约纳斯将海德格尔的生存论视为古希腊晚期诺斯替主义的现代对应项。诺斯替主义者旨在克服"系统化的二元论",但是,其中对立的两极不是人和神,或者人和世界。[②] 它根本上反映了人、神、世界这三个项之间的"二元"对立关系:人、神一同与世界对立,"在人、世界、神这个三元结构中,人与神一起属于这个世界的对立面"。[③]

诺斯替主义者认为,从神的方面来看,真正的神(the true God)异于这个世界,他既不参与也不关心这个物理宇宙;在严格的意义上,真神是超世界的,这个世界没有启示乃至暗示他的存在,因此,神是完全未知的他者,不能通过任何世俗的类比而认识。

从宇宙论方面来看,真神不是这个世界的创造者、第一因,这个世界与他毫无任何直接的创世关联,因为这个世界是由低级的权力——德穆革(demiurge)所造。德穆革的权力远低于至高的神,它只有盲目的行动,没有

---

① Cf. Heidegger M. Feldweg-Gespräche(1944/45)[M]. Frankfurt am Main: Vittorio Klostermann GmbH,1975:117.

② 古希腊晚期诞生的诺斯替主义站在斯托亚主义(Stoa)的对立面。斯托亚主义者坚信人在这个世界能找到确定性,从而处于一种在家的状态。但是,诺斯替主义者反对这种乐观主义的宇宙论,认为"世界"就等同于"黑暗"(κόσμος=σκότος),绝对的自身亦即属灵的自身并不处于这个世界,人在世界中会感到陌生孤独,处于一种无家可归的状态,因此需要真知(诺斯)启示黑暗中的光明。Cf. Taubes A. S. The Gnostic Foundation of Heidegger's Nihilism[J]. The Journal of Religion,1954,34(3):155-172.

③ Jonas H. The Gnostic Religion: The Message of the Alien God and the Beginnings of Christianity[M]. Boston: Beacon Press,2001:326.

知识和仁慈①,他通过一种邪恶的秩序——律法(nomos)来使宇宙有序地运行,与觉悟、爱和真理没有丝毫关系。

从人的方面来看,每个人都由三个部分构成:通达真神的灵(pneuma)、受世界律法支配的魂(psyche)和身体。自身的灵属于真神并拥有真正的知识——诺斯(gnosis),可将自身从受律法奴役的状态中解放出来。自身的魂和身体则从属于世界的创造者——德穆革。灵和诺斯根本不在这个世界之中,"由于世界对抗生命与灵,拯救的知识就不能旨在融于世界整体并遵从它的律法"。②

旧有的科学知识不可能获得真正的自由和真理,与此同时,这个世界必须被克服。德穆革所造的世界其实就是一个权力体系,因此,这个世界的克服也必须通过更高级的权力来完成,即"以权力克服权力"。具体而言,真神从外部闯入这个封闭的世界之中,通过诺斯的权力克服世界。由此,约纳斯指出了诺斯替主义与现代科学乃至帕斯卡尔、尼采等哲学思想的内在关联:它们都将"以权力克服权力"视为人与自然整体的唯一关系。③

属灵的自身并不处在这个世界之中,与必然的世界律法格格不入。灵的本质是关于自身与真神的知识即诺斯,它是无知之中的潜在之知,是黑暗之中的光明。属灵的自身是异乡人,在黑暗无垠的世界中没有伙伴。因此,在这个世界中,人会感到丧失存在的根基,同时体会孤独与无家可归。

约纳斯由此将诺斯替主义与现代虚无主义相互对应,并认为由此产生了现代性危机。他还借用斯宾格勒的说法,将诺斯替运动所处的古希腊罗马晚期与现代所处的文化处境称为"同时代"(contemporaneous),因为二者不约而同地揭示了某种被抛的无家可归状态。④ 除此之外,约纳斯还将现代虚无主义的根源清算到自己的老师海德格尔头上,将海德格尔的生存论视为诺斯替主义的现代对应项。他认为,从海德格尔的时间性概念中缺少独立的"瞬间"范畴,可以管窥其思想中蕴藏的现代虚无主义。

---

① Jonas H. The Gnostic Religion: The Message of the Alien God and the Beginnings of Christianity[M]. Boston: Beacon Press, 2001: 327.
② Jonas H. The Gnostic Religion: The Message of the Alien God and the Beginnings of Christianity[M]. Boston: Beacon Press, 2001: 329.
③ Jonas H. The Gnostic Religion: The Message of the Alien God and the Beginnings of Christianity[M]. Boston: Beacon Press, 2001: 330.
④ Jonas H. The Gnostic Religion. The Message of the Alien God and the Beginnings of Christianity[M]. Boston: Beacon Press, 2001: 326.

第二节　海德格尔的瞬间思想与现代虚无主义

在《存在与时间》中，瞬间被视为时间性之绽出整体结构中的一环，即"本真的当前"（die eigentliche Gegenwart）：从整体的时间性之绽出来看，瞬间意味着首先从源始的将来出发，在被抛状态之中以本真的当前样态到时。另一方面，从此在方面来说，瞬间在生存论上直指决断（Entschlossenheit）的当下，它是此在展开决断活动的时机，用于描述此在从非本真的常人中收回，转向本真的整体能在（Seinkönnen），见表 5-1。

表 5-1　时间性之绽出的整体结构①

存在论结构	将来（Zukunft）	曾是（Gewesenheit）	当前（Gegenwart）
本真的样态	先行（Vorlaufen）	重演（Wiederholung）	**瞬间（Augenblick）**
非本真的样态	期备（Gewärtigen）	遗忘（Vergessenheit）	当前化（Gegenwärtigen）

瞬间是某种"拉回"，经由决断活动，此在得以从消散于日常状态的操持或操劳境况中拉回，同时被保持在本真的将来与本真的曾是之中。与瞬间相反，当前化（Gegenwärtigen）作为非本真的当前环节，则让此在"逗留"在其沉沦的周围世界（Umwelt）或者共同世界（Mitwelt）里。

正如第四章所阐析的，上述理解植根于克尔凯郭尔的相关思想。海德格尔曾肯定"克尔凯郭尔极为深刻地看到了生存状态上（existenziell）的'瞬间'现象"②。然而，他同时认为，克尔凯郭尔仍只看到"人在时间中存在"，时间仍被视为精神综合的一个环节，而未能在生存论层次（existenzial）上揭示：人本真的存在建构（Seinsverfassung）就是时间性。

如前所述，克尔凯郭尔结合《圣经》典故，从"罪—救赎—审判"这一神学设定出发，继而阐明瞬间、时间以及永恒之间的内在关联。与之相左，海德格尔悬搁了任何预先依托于信仰的神学设定，而从最本己的实存现象即死切入并阐明：在生存论—存在论（existenzial-ontologisch）视野下，此在如何逃避本真的自身而在非本真的日常状态中沉沦，然后又如何经由良知的呼声乃至瞬间决断，一跃而重回本真的此在。统括之，从现象学出发，海德格

---

① Cf. Heidegger M. Sein und Zeit[M]. Tübingen：Max Niemeyer Verlag，2006：336-339.
② Cf. Heidegger M. Sein und Zeit[M]. Tübingen：Max Niemeyer Verlag，2006：338.

尔将瞬间置于此在的实际生存之中,在存在论上将它置于时间性之绽出的统一结构之中,这样一来,一个基督教神学背景下的瞬间(Øieblikket)就被还原为生存论—存在论视角下的瞬间(Augenblick),这也称得上关于瞬间问题的一次范式转变——由"神"转向"此在"(人)。

然而,约纳斯指出,这个视角却折射了海德格尔思想架构中永恒维度的缺失。他指出,海德格尔始终在本真将来与本真曾是的关联之中讨论瞬间,瞬间没有凭自身成为一个独立的维度,这一现象源于永恒者或者"抛者"的离场。约纳斯由此断言,海德格尔关于瞬间的阐析潜藏着现代虚无主义。

《存在与时间》甫一问世,约纳斯就仿照康德,围绕时间性概念,列出生存论—存在论框架下的"范畴表",见表5-2。

表5-2 关于时间性之绽出的范畴表

本真的样态	本真的将来(先行)	本真的曾是(重演)	本真的当前(瞬间)
生存论范畴	"生存"("去存在")	"实际性"	?
生存论内容	先行于自身、死亡的预期、操心、决断等	畏死、必然性、被抛、罪责、良知的呼声等	?

约纳斯惊讶地发现:在"本真的当前"即"瞬间"这个范畴下,实践方面的生存论内容竟然是空的(practically empty)。真正的瞬间始终在本真将来与本真曾是的关联之中显露自身,没有凭自身成为一个独立的维度,"生存论上'本真的'当前是'处境'中的当前,完全依据它自身与其'将来'与'曾是'的关系得到界定"①。在生发决断的瞬间中,被抛出的将来(Entwurf)作用于实际被抛的曾是(Geworfenheit),两者的相遇就构成了所谓的瞬间。因此,"瞬间不是延续,它是这个'当前'的暂时样态——另外两个时间界域的产物,是它们的不息的动态的功能,它不能居于独立的维度"。②

一旦脱离本真的"将来—曾是"关联,瞬间就会以一种非本真的褫夺(Privation)样态到时,海德格尔称之为"当前化"(Gegenwärtigen),它的生存论内容是"沉沦"(Verfallenheit)。此在沦为"常人"(das Man),委身于日常的闲谈、好奇与无名之中,这是"真正的生存张力的丧失,是一种松弛无力

---

① Jonas H. The Gnostic Religion. The Message of the Alien God and the Beginnings of Christianity[M]. Boston: Beacon Press, 2001: 336.
② Jonas H. The Gnostic Religion. The Message of the Alien God and the Beginnings of Christianity[M]. Boston: Beacon Press, 2001: 336.

的生存"①。因此,尽管沉沦适用于"当前"这个生存论范畴,但它属于瞬间的褫夺样态。

统括之,瞬间或者与将来和曾是一同在本真的到时样态中显露自身,或者作为非本真的沉沦而从源始的时间性中以褫夺样态"当前化"中派生出来。这两种方式都没有呈现一个独立本真的瞬间。因此,在《存在与时间》中,与本真的此在有关的生存论范畴都在本真的将来或曾是的标题下构成相辅相成的对子(参照表 5-2),例如"生存"(Existenz)范畴下,先行于自身、死亡的预期、操心、决断等属于本真将来的实际生存内容;而在"实际性"(Faktizität)范畴下,畏死、必然性、被抛、罪责等属于本真曾是的实际生存内容。然而,在上述两种情形中,都"没有一个瞬间留给真正的实际生存去安居其中"②。

在生存论建构中,生存的特征是"先行于自身",实际性的特征是"被抛,已经在世界之中",它们都朝向本真的此在。就本真的此在而言,如前所述,走向自身的同时就是回到自身,二者共同描述了由非本真的常人转向本真的此在这个过程。因此,关于生存与实际性的生存论范畴总能成对出现。无论走向自身还是回到自身,必须以尚未成为本真的自身为前提,因为此在如果在平均的日常状态之中向来就已经是本真的自身,就同时取消了走向或者回到的生存论环节。与此相反,正是因为:在平均的日常状态中,此在首先与通常尚未成为本真的自身,尚还逗留于非本真的自身之中,以"常人"的身份沉沦,才有可能与必要展开"走向—回到"本真的自身这个实际生存运动。

就此而言,逗留在非本真的自身中的常人状态才是持续的状态,与此同时,逗留在本真的此在之中的瞬间却是断裂的极限处境,它在生存论上的实践内容为空,因为"并没有可以逗留的当前,只有曾是与将来之间的转折点,其间的尖尖的瞬间,立在向前刺的决断之剃刀的峰尖上"③。

约纳斯认为,瞬间只是"一瞥"——本真将来与本真曾是之间的转折。在它的名下没有任何引导实践的生存论内容,类似"生存"名目下的死亡之

---

① Jonas H. The Gnostic Religion. The Message of the Alien God and the Beginnings of Christianity[M]. Boston: Beacon Press, 2001: 336.
② Jonas H. The Gnostic Religion. The Message of the Alien God and the Beginnings of Christianity[M]. Boston: Beacon Press, 2001: 337.
③ Jonas H. The Gnostic Religion. The Message of the Alien God and the Beginnings of Christianity[M]. Boston: Beacon Press, 2001: 337.

预期、决断或者"实际性"名目下的畏死、被抛和罪责等。

因此，瞬间一旦独立地到时，总呈现为它的褫夺样态——非本真的当前化。此在在非本真的沉沦中打交道的对象首先与通常是器具这类上手之物（das Zuhandene），甚至也能中性化为现成之物（das Vorhandene）。

约纳斯将现成之物视为"生存论上的沉沦，即虚假的当前样态的一个客观对应物"①。因为现成之物植根于某种纯粹漠然的现存（extant）之中，它折射了一种纯粹中立的自然态度即理论静观。这种态度将自身置于实际生存处境和具体的实践关怀之外，同时将世界客观化。这种客观化让此在"从将来的忧虑叛逃到纯粹旁观好奇的虚假的当前"②。所以，实践内容为空的瞬间使得现成旁观的自然态度乘虚而入，身居的世界被中性对待，变为纯粹外在现成的"自然"。

这种自然态度在古希腊先哲那里被称为"静观"（theoria）。约纳斯认为，静观活动曾具有高贵性，例如柏拉图主义，它观看的对象是"事物原型之中的永恒目标"和"永恒不变的超验存在"③。然而，静观的对象如今不再是超验的永恒者，而是自身所生存的现实世界。"当前"这一范畴的生存论内容不再由高贵的永恒给予，反而被现成的自然填充。约纳斯由此断言，这种冷漠的自然态度不但导致永恒者的丧失，而且也是现代虚无主义产生的根源。

约纳斯甚至认为，与诺斯替主义相比，海德格尔的生存论是更为彻底的虚无主义。因为诺斯替主义者虽然被抛到孤独陌生的宇宙中，自身的魂与身都受到世界律法的制约，自身的灵则处在无家可归的异化状态中，这是一种典型的虚无症候。然而，对于诺斯替主义者来说，德穆革毕竟"还是人形的，即使在陌生之中也有几分熟悉"④，这种二元对立本身也促使诺斯替主义者寻求拯救之道。与之相较，约纳斯指出，生存论者却被抛入一个与己无关的冷漠世界之中，从中不断派生的现代科技使得这种世界与此在之间的敌对性都不复存在，从这个世界中根本不能找到任何解脱方向，它"代表了

---

① Jonas H. The Gnostic Religion. The Message of the Alien God and the Beginnings of Christianity[M]. Boston: Beacon Press, 2001: 337.

② Jonas H. The Gnostic Religion. The Message of the Alien God and the Beginnings of Christianity[M]. Boston: Beacon Press, 2001: 337.

③ Jonas H. The Gnostic Religion. The Message of the Alien God and the Beginnings of Christianity[M]. Boston: Beacon Press, 2001: 338.

④ Jonas H. The Gnostic Religion. The Message of the Alien God and the Beginnings of Christianity[M]. Boston: Beacon Press, 2001: 338.

绝对的空虚、真正无底的深渊"①。

尽管诺斯替主义与海德格尔的生存论都提到人是被抛的存在,但是,二者仍存在根本差异:诺斯替主义的被抛状态指向一个明确的抛者——德穆革,它为自身的灵提供了明确的否定性方向;与此相反,约纳斯断言,生存论并没有指明此在由何处被抛、由谁所抛,只说此在被抛入一个冷漠的世界中。他进一步提出质疑:"若没有抛者,'抛'又算什么呢;若没有一个彼岸,'抛'从何而始呢?"②如此看来,倒不如说此在是被冷漠的世界盲目地"搅拌"(tossed up)出来的。

综上所述,通过对海德格尔"瞬间"概念的批判,约纳斯认为,瞬间这个时间性环节在生存论上缺少独立实质的实践内容。因此,它只能被处于沉沦状态中的上手之物乃至现成的自然所填充。这种冷漠中立的自然态度正是现代虚无主义产生的根源。

第三节 海德格尔是一个现代虚无主义者吗?

约纳斯指出了海德格尔的瞬间概念在生存论上的实践内容为空,同时断言海德格尔的生存论范畴构架中"抛者"的离场。经由瞬间概念的上述阐析,海德格尔的生存论会导致现代虚无主义吗?约纳斯的质疑其实同时包含如下两个问题:第一,海德格尔的生存论是诺斯替主义的现代对应吗?第二,海德格尔的生存论会导致现代虚无主义吗?

一、海德格尔的生存论是诺斯替主义的现代对应吗?

约纳斯认为,诺斯替主义者与海德格尔都提到人的被抛状态。诺斯替主义者被抛入一个由德穆革创造的宇宙中,此在则"总处在被抛状态中而且被卷入常人的非本真状态的漩涡中"③,但是,这两种被抛状态实际上并不具有约纳斯断言的相似性,因为海德格尔的被抛状态所指向的"抛者"不是某个冷漠、中立、客观未知的东西。

关于"抛者"问题,海德格尔在《存在与时间》中并未直接言明,但可以在

---

① Jonas H. The Gnostic Religion. The Message of the Alien God and the Beginnings of Christianity[M]. Boston: Beacon Press, 2001: 338.

② Jonas H. The Gnostic Religion. The Message of the Alien God and the Beginnings of Christianity[M]. Boston: Beacon Press, 2001: 339.

③ Heidegger M. Sein und Zeit[M]. Tübingen: Max Niemeyer Verlag, 2006: 179.

他关于"此在为谁"以及良知呼声的阐析中找到相关线索。海德格尔认为，此在具有向来我属的性质（Jemeinigkeit），这个基本规定从形式上揭示出"此在就是我自己一向所是的那个存在者"①，本真的此在与非本真的常人都是此在向来我属的实际生存样态。因此，被抛入非本真的常人漩涡中的存在者就是此在自身，那么，将自身抛入这一漩涡的存在者又是"谁"呢？其实也是此在自身，确切地说，是倾听良知呼声的本真的此在，"究竟还有无必要明确提出谁在呼唤的问题？……此在在良知中呼唤自己本身"②。显然，非本真的常人被能自己存在的此在自身抛入周围世界或者共同世界之中，此在既是抛者又是被抛者，既是呼唤者又是被呼唤者，并不像约纳斯提到的，此在被完全未知的东西偶然地抛入冷漠中立的客观世界。

因此，单从被抛的无家可归状态这一点，约纳斯将海德格尔的生存论视为诺斯替主义的现代对应项，显得有失公允。

但是，需要指出的是，除却被抛，海德格尔的生存论确实使用了不少带有诺斯替主义思想风格的概念，比如"畏""沉沦""呼声""无家可归"等，尤其在《存在与时间》出版前的早期文本中，海德格尔曾使用"自身"（Selbst）概念指代后来为人熟知的"此在"概念③，"自身"概念正是诺斯替主义的标志性术语。诺斯替主义者提出的"被拯救的拯救者"（erlster Erlser）与海德格尔阐明的"被呼唤的呼唤者"，都指明了自身的同体同性结构，这个同一结构都被自身或者此在向来被抛的异乡人形象分裂为二。

然而，诺斯替主义者需要一个超越于德穆革创造的律法世界之外的异乡灵来开启拯救之路，海德格尔则经由对于此在的时间性诸环节的生存论阐析，将被呼唤者（非本真的当前）与呼唤者（本真的将来与曾是）统一起来，换而言之，闯入此在的异己力量消融在时间性里。这样一来，"呼唤者的陌生化并不需要一个位格神来保证，毋宁说，异乡就在此在的实际性生存中"④。

可见，如何从效果史角度廓清海德格尔的生存论与诺斯替主义之间的

---

① Heidegger M. Sein und Zeit[M]. Tübingen：Max Niemeyer Verlag, 2006：114.
② Heidegger M. Sein und Zeit[M]. Tübingen：Max Niemeyer Verlag, 2006：275.
③ 在《存在与时间》之前的早期文稿中，比如《宗教生活现象学》（GA 60）、《现象学之基本问题》（GA58）等，海德格尔并未完全确定"此在"（Dasein）这个术语在基础存在论中的位置，常可见到用"自身"（Selbst）或者"自身世界"（Selbstwelt）指代"此在"表达的功能含义。陶伯斯认为，海德格尔在《存在与时间》中最终选择"此在"而不是"自身"，因为"自身"概念只能界定人的本真的可能性，但"此在"这个中性概念还能同时涵盖人的非本真的沉沦状态。Taubes A. S. The Gnostic Foundation of Heidegger's Nihilism[J]. The Journal of Religion, 1954, 34(3)：155-172.
④ 韩潮. 海德格尔与灵知主义[J]. 哲学门, 2011, 23(1)：51-63.

思想关联,这是一个复杂棘手的研究难题。一方面,我们应该避免像约纳斯那样将海德格尔的生存论稍显草率地视为诺斯替主义的现代对应项;另一方面,也不能完全无视海德格尔思想中潜在的诺斯替主义因素,因为这些因素是切入海德格尔"个体"哲学问题的一把钥匙,比如决断、有罪责、良知的呼声等。

二、海德格尔的生存论会导致现代虚无主义吗?

约纳斯认为,诺斯替主义的本质是一种关于宇宙的虚无主义,诺斯替主义者的灵和身有一个共同的敌人——德穆革创造的律法宇宙,换而言之,现实生存的律法宇宙并不是我们的最终归宿,真正的自身亦即属灵的自身来自一个异乡神。约纳斯反思现代人的精神处境,发现了现代精神与诺斯替主义具有一致的虚无特征:人在这个物理宇宙中感到孤独陌生,正如帕斯卡尔所言:"被扔入这个无限浩瀚的空间之中,我对它无知,而它也不认识我,我被吓坏了。"①约纳斯试图从海德格尔的存在论思想中揭示现代性危机产生的根源——虚无主义,甚至认为现代虚无主义比诺斯替主义更为彻底,因为现代人在所栖居的冷漠世界中压根找不到任何绝对的生存目的与价值方向。约纳斯的上述结论主要基于如下观点:此在畏或决断的瞬间在生存论上没有任何确定的实践内容。

更进一步说,这个观点还会使海德格尔面临一个根本困境:倘若此在决断的瞬间在生存论上无任何确定的实践内容,这个决断同时来自孤独本真的此在,那么,究竟如何见证此在倾听的良知肯定是"公共的良知"呢?②总之,本真的此在的"个别化"与"共在"之间的矛盾张力始终是海德格尔的基础存在论悬而未决的遗留问题。

应当说,约纳斯的这个论断中肯而且深刻。海德格尔曾在《形而上学是什么?》中提到:"畏启示无。"③作为现身情态(Befindlichkeit),畏在罕见的瞬间让无(das Nichts)显露出来,而无根本不可能有规定性,"我们所畏和为

---

① Pascal B. Les Pensees,ed. Brunschuicg[M]. Paris: Libraire Hachette,1966:205.
② 勒维特、理查德·沃林、张汝伦等学者都曾指出海德格尔的良知和决断的内容空洞抽象,缺少具体的价值标准或规范性,并给予了不同回应。沃林甚至就此得出海德格尔在思想上必然走向纳粹这一结论。相关的学术争论参见理查德·沃林. 存在的政治[J]. 周宪,王宏志,译. 北京:商务印书馆,2000:48-73. 亦见张汝伦. 关于海德格尔的两个批评[J]. 外国哲学,2002(15):152-165.
③ Heidegger M. Wegmarken[M]. Frankfurt am Main: Vittorio Klostermann GmbH,1976:112.

第五章 海德格尔的瞬间与现代虚无主义

之而畏的东西的不确定性并不是缺乏确定性,而是根本不可能有确定性"①。畏这个罕见的瞬间如此,由畏死和有罪责生发的决断(Entschlossenheit)瞬间同样如此。瞬间在生存论上无任何确定的实践内容,因为任何本真的瞬间都启示无。但是,海德格尔阐析的这个"无"是否会导致现代虚无主义,这个问题值得深究。

在《形而上学是什么?》的后记中,海德格尔提及自己曾遭遇类似诘难:"一种'无的哲学'就是完全的'虚无主义'。"②海德格尔澄清这里的"无"并不是绝对虚无的东西(das schlechthin Nichtige)或者纯然虚无(das bloß Nichtige),因为"无"并不将本真的此在引向自身,而是本质上拒绝着(abweisen)本真的此在,将其反推向存在者那里,简而言之,"无本身就不着"(Das Nichts selbst nichtet)③。"无"非但不是消灭和否定存在者的力量,反而将存在者尚未展开的本质派送给(zuschicken)此在,在畏和决断的瞬间所启示的"无"将本真的此在反抛回周围世界与共同世界。就此而言,存在不是存在者,而是"无"。

因此,"无"是一种积极肯定的派生力量,它的"拒绝"本质非但不会将此在引向"无"自身,而且能使"存在者的完全的奇异状态(Befremdlichkeit)向我们袭来"④,唤起此在对存在者即"有"的惊奇,然后开始追问"为什么"(Warum),这也是一切形而上学和科学活动得以开展的根据,"只有以惊奇为根基,亦即以'无'的开敞状态为基础,才会产生'为什么?'的问题"⑤。

这同时也是"一切惊奇之惊奇"(das Wunder aller Wunder)⑥,托马斯·希恩曾形象地描述这一点:"我们遇到的'无',脚下裂开的深渊,既不

---

① Heidegger M. Wegmarken[M]. Frankfurt am Main: Vittorio Klostermann GmbH, 1976: 111.
② Heidegger M. Wegmarken[M]. Frankfurt am Main: Vittorio Klostermann GmbH, 1976: 305.
③ Heidegger M. Wegmarken[M]. Frankfurt am Main: Vittorio Klostermann GmbH, 1976: 114.
④ Heidegger M. Wegmarken[M]. Frankfurt am Main: Vittorio Klostermann GmbH, 1976: 121.
⑤ Heidegger M. Wegmarken[M]. Frankfurt am Main: Vittorio Klostermann GmbH, 1976: 121.
⑥ Heidegger M. Wegmarken[M]. Frankfurt am Main: Vittorio Klostermann GmbH, 1976: 307.

是绝对的(absolutum)'无',也不是否定的(negativum)'无',这一点令人称奇。它不会将你吸入死亡——既不会杀死你,也不会鼓励自杀——毋宁说,它以一种'肯定的'方式(这是最令人称奇的)将你抛回有死的自身之中,亦即无根基的意义关联之中。"①

由此可见,对于个体来说,尽管海德格尔阐析的"无"自身并未给出一条普遍的价值标准或者具体的伦理规范,不过,"无"非但不会消解一切存在者的意义显现,不会切断此在与世界内照面的存在者之间的源始的意义关联,反而能从"无"中不断派生存在者尚未展开的本质,让存在者所是和所成,"由存在(无)之澄明而来,任何一个存在者才回转到其所是和所能是的东西"②。换而言之,海德格尔关于"无"的哲学不但不会导致现代虚无主义,反倒是个体独立地克服现代虚无主义的一条思想进路。约纳斯洞见到瞬间与"无"的存在论关联,却将不可确定的"无"等同于形式上空洞抽象的否定,未曾看到"无"自身的"拒绝"本质,就这一点而言,约纳斯得出的结论同样值得商榷。

综上所述,尽管约纳斯对海德格尔的相关评介显得有欠公允,但是,他关于诺斯替主义与现代虚无主义的剖析却值得重视,因为他指出了现代性的虚无主义的本质是对向来身居其中的宇宙世界(physis 层面)的贬低(孤独感与陌生化)。这一点不同于尼采的"古典虚无主义",后者宣布"上帝死了",直指道德最高价值的失去,正如韩潮所言:"道德虚无主义的根本症结既不在于最高价值失去了价值,也不在于急急宣布所谓的'上帝死了',道德虚无主义的真正要害是对自然的蔑视和贬低。"③也就是说,尼采仍在形而上学层面上(meta-physis)揭示虚无主义的本质,约纳斯却回到自然层面上(physis)探讨现代虚无主义的精神实质。有鉴于此,对于遭受虚无主义折磨的现代人而言,克服现代虚无主义的良方不在于重建形而上学层面的最高价值,而是在自然(physis)层面上尝试重新恢复与向来遭到贬低的宇宙世界的生存关联,这也在现代语境下重现了柏拉图曾在《巴门尼德篇》中发出的吁求:"拯救现象。"

---

① Sheehan T. Making Sense of Heidegger(A Paradigm Shift)[M]. London: Rowman & Littlefield International Ltd,2015: 164.
② Heidegger M. Wegmarken[M]. Frankfurt am Main: Vittorio Klostermann GmbH,1976: 308.
③ 韩潮.海德格尔与灵知主义[J].哲学门,2011,23(1): 51-63.

如何直面向来熟居的宇宙世界本质上的无根基性,同时承担并经受这一无家可归的状态("勇气能经受无"①),继续投入世界之中并开展在世活动,是海德格尔与约纳斯共同面临的现代性难题,也是克服现代虚无主义的根本药方。不过,可以看到,约纳斯后来并未跟随老师海德格尔早期的个体生存论进路,转而从责任伦理学来探讨关于现代性的诸种疑难。

---

① Heidegger M. Wegmarken[M]. Frankfurt am Main: Vittorio Klostermann GmbH,1976:308.

第六章 瞬间与此在

围绕着《存在与时间》的撰写,海德格尔前期大致由如下四条进路形成了自己的瞬间思想:

第一,通过对柏拉图《巴门尼德篇》156d3 的突然(ἐξαίφνης)问题的现象学阐释,揭示了一个既不在时间之中存在同时也不是永恒的瞬间,它作为一切转变的通道却是不可理知的。海德格尔直指这一瞬间启示着"无性",并认为"《巴门尼德篇》中的第三条进路乃是西方形而上学曾达到的最深刻之处。这条进路最彻底地推进了存在与时间问题"①。简而言之,从突然概念在认识论上的不可理知性通达存在论层面的"存在是无"这个结论,这构成了理解海德格尔前期瞬间思想的第一条进路,即认识论进路。

第二,通过对亚里士多德《物理学》217b29-224a17 的时间和现在(νῦν)问题的现象学阐析,海德格尔剖析了包括钟表时间和世界时间在内的流俗时间的生存论基础,并最终揭示了源始而统一的时间性之绽出的生存论结构,瞬间便是构成时间性之绽出的一个环节即本真的当前(Gegenwart)。一言以蔽之,由物理学视野下的现在疑难直至廓清源始的时间性之绽出,这构成了理解海德格尔前期瞬间思想的第二条进路,即物理学进路。

第三,通过对亚里士多德《尼各马可伦理学》中提到的良机(καιρός)概念的生存论阐释,尤其是对于实践智慧概念的现象学诠释,海德格尔阐明了与本真的实践决断有关的瞬间,这构成了理解海德格尔前期瞬间思想的第三条进路,即实践哲学进路。

第四,通过从基督教神学背景下与此在(人)相关的三个瞬间出发比照克尔凯郭尔与海德格尔的瞬间思想,一方面阐明了克尔凯郭尔如何通过个体的生命哲学进路将罪、救赎和审判问题转化为个体当下的信仰决断问题;

---

① Marcuse H. Unpublished transcript of Heidegger. Plato: Parmenides[Z]. Frankfurt am Main: Universitätsbibliothek Johann-Christian-Senckenberg, Archivzentrum. Na 3,19(0020.01): 15.

另一方面也揭示了海德格尔如何承袭了克尔凯郭尔的生命哲学试验,彻底悬置了基督教神学背景下的"罪—救赎—审判"设定,运用现象学方法,阐明了此在作为个体如何倾听良知的呼声而生发决断,同时成为本真的此在,这构成了理解海德格尔前期瞬间思想的第四条进路,即生命哲学进路。

基于上述分析,"突然"(ἐξαίφνης)、"现在"(νῦν)、"良机"(καιρός)和"瞬间"(Øieblikket),这些源于不同语言派系和殊异思想语境的瞬间概念在海德格尔关于瞬间问题的生存论阐释中均得到了初步廓清。

首先,《巴门尼德篇》156d3处出现的突然(ἐξαίφνης)广义上仍是一个与时间有关的概念,尽管它不在时间之中。海德格尔将它译为"瞬间"(Augenblick)。它是一切转变发生的通道。它既不是时间,也不是永恒,海德格尔认为,它只能是"无性"。这是一个柏拉图难以接受的结论,即理念和个别事物之间的聚合与分离都在"无"中发生。因此,他将突然称为"奇异者"(ἄτοπός)。亚里士多德认为,突然作为任何转变发生的通道显然也在时间里,只是这个"瞬间"极其短暂,不易察觉,因此,在灵魂看来,它就好像某种无法测量的东西,显得不在时间中。克尔凯郭尔则从永恒与突然的关系出发来解释这个悖论。他认为,柏拉图那里并没有真正的永恒。永恒其实是谬误,而不是真理。永恒与时间并没有本质区别,都属于非存在者。克尔凯郭尔相信,只有植根于基督教神学背景,通过真正的永恒即神在历史中的出场才能从根本上消解这个悖论,从而实现真正的瞬间。与之相照,海德格尔在生存论上揭示了突然本身的不可理知性,它启示着"无性"。

其次,亚里士多德在《物理学》中关于现在(νῦν)问题的讨论也始于同一疑难,即现在究竟在不在时间之中?他考察了当时流行的几种"外传学说",最后将时间定义为"关于前后运动的被数之数"。他区分了两类现在:一类是作为过去和将来联结的"计数之数",它在时间里;另一类是作为过去和将来的"界限",现在又不在时间里。海德格尔则指出,在亚里士多德的时间定义中,前和后不能首先被看成运动的属性,因为空间位置总是同时并存的,如果没有时间的延展,运动将没有前和后。空间的广延必须以计数活动为前提,计数的单位乃是现在,有鉴于此,现在不是一个又一个前后相继的几何点,而是整体的时间视域。前和后其实分别是现在的构成环节,呈现为"现在—前—后"这类视域结构。最后,经由钟表时间、世界时间乃至源始时间性的逐层阐析,揭示了本真的现在就是瞬间。

海德格尔还曾将凯若斯（καιρός）译为"瞬间"，在海德格尔前期的思想语境内，这个概念有双重含义：

其一，关于亚里士多德《尼各马可伦理学》中讨论的"良机"（καιρός）。它是此在在世开展行动的决断时机，具体而言，它是此在在世界内开展各类操持与操劳活动的抉择瞬间。良机在生存论上植根于时间性之绽出，因为它其实蕴含着"尚未—已经—瞬间"（Noch nicht-Schon-Augenblick）这一整体时间视域，从而与源始的时间性之绽出具有相同的生存论建构。此在的实践智慧就体现在这样的行动过程中，即先行于自身，同时领会被抛入的无具体关联的关联整体，形成最外绽的时间视域，然后找准适当的时机，切中目标，最终实现行动的目的，也就是本真的此在自身。如果此在能够结合整体的时间视域，在行动的瞬间"看"到最适当的时机，当是其时，展开行动，就实现了良机的"善"。

其二，关于基督教神学背景下的基督降临瞬间（καιρός），也被称为"末世论"语境下的"恩典时刻"或如克尔凯郭尔所言的"时候满足"。克尔凯郭尔将这个瞬间视为所有瞬间的原型，即是说，所有人类历史上与永恒的福祉和真理有关的瞬间都植根于这个瞬间。通过克尔凯郭尔的个体哲学阐析，我们可以窥见，基督教神学维度的这个瞬间曾对海德格尔前期瞬间思想的形成产生过直接影响：良知的呼声将此在从平均的日常状态之中收回，领会自身的"有罪责存在"，然后生发决断。因此，决断以良知的呼声为其生存论基础。良知、呼声、罪责这些概念都是源自基督教神学语境的基本概念，海德格尔运用现象学方法，在生存论视野下重新阐释了它们。

最后，依托基督教神学背景，克尔凯郭尔的瞬间（Øieblikket）问题主要围绕与永恒即神以及历史有关的三个标志性瞬间展开，即罪被设定的瞬间、基督降临的瞬间（καιρός）和末日审判的瞬间（ριπή ὀφθαλμοῦ）。首先，克尔凯郭尔通过关于恐惧现象的心理学描述阐明了罪之设定，即对无的恐惧还有神的禁令导致梦着的精神处于模棱两可的极限恐惧之中，因而走向绝望，最终经由质的一跃，罪发生了，现实性也被设定，精神从无知变得有知。其次，尽管精神变得有知，但不是真知。因为罪被设定，精神不可能真正获得真理和永恒的福祉，除非通过神之救赎。这正是作为原型的瞬间即基督降临的意义。神在人类历史中以仆人的身份出场，重新给予罪人理解真理的条件和真理本身，让罪人重获"新生"，每一个体都可能在生存的当下不断趋近永恒的福祉,经由信仰的一跃,从罪之状态中摆脱出来。所以,作为原型的瞬间(καιρός)也让个体生存中的每一个当下皆可能成为永恒与现实触碰的瞬间。但是,如果耶稣替罪人赎罪之后,"新人"仍自甘堕落,沉沦于罪之状态而不信仰神,那么,罪之状态的继续本身就是新的罪。罪是绝望的强化,它的对立面不是美德,而是信仰。由此可见,通过对绝望、死和罪这些现象的进一步描述,克尔凯郭尔重新阐明了信仰的决定性作用,即正是"信仰的一跃"使得基督降临的瞬间与基督再临的瞬间在个体身上同时发生,呈现为个体与永恒即神的不断相遇、照面以及亲证,不断重演作为原型的瞬间,不断趋近永恒的福祉,不断亲历可能的审判瞬间。

综上所述,通过"突然—瞬间"的认识论进路、"现在—瞬间"的物理学进路、"良机—瞬间"的实践哲学进路以及"瞬间(Øieblikket)—瞬间(Augenblick)"的生命哲学进路,海德格尔前期的瞬间问题得到阐明。第一,在认识论层面上,瞬间乃是不可理知的,它作为一切转变发生的通道,启示着"无性"。第二,在物理学视野下,瞬间意指本真的当前(Gegenwart),它是时间性之绽出的构成环节之一。瞬间的存在论结构是"逗留在—之中"(Sich-Aufhalten-Bei)。第三,从实践哲学进路出发,瞬间植根于行动的当下决断,是"保持在决断之中并源于决断的当前"①。第四,在生命哲学的层面上,瞬间意指个体以源始本真的整体能在到时。具体而言,在平均的常人状态之中,此在正是经由正确地倾听良知呼声的瞬间领会自身的"有罪责存在",同时作出决断,将自身从常人状态之中收回,被带到本真的能在面前。

此外,约纳斯曾针对瞬间概念在生存论上实践内容为空这一点,将海德格尔视为诺斯替主义的现代代言人,甚至是在思想上导致现代虚无主义危机的罪魁祸首。这些批评是否公允,仍待商榷。不过,它们也让海德格尔瞬间概念的思想内涵愈加丰富、立体。统括之,海德格尔前期的瞬间思想包括如下三个层面。

第一,就时间性之绽出而言,瞬间与本真的将来和本真的过去构成一个统一的整体结构,它在时间性之绽出中以本真的当前样式到时。具体而言,它是首先从源始的将来出发在实际被抛的处境之中以本真的当前样态到时。

第二,对此在而言,瞬间在生存论上意指此在作出决断的当下,它是此

---

① Heidegger M. Die Grundprobleme der Phänomenologie[M]. Frankfurt am Main: Vittorio Klostermann GmbH, 1975: 407.

在展开行动的时间性,用于描述此在从非本真的常人状态中收回并转向本真的整体能在的转折或者一瞥。

第三,从一般存在的意义问题出发,瞬间与永恒和存在相关。作为独立的生存论范畴,瞬间的实践内容为空,正基于此,永恒和存在才可能在有终结的瞬间中到时,从而让自身的意义得以显现。就此而言,永恒即瞬间。由此可见,海德格尔倒置了传统形而上学视野下的永恒和瞬间的关系,即瞬间不是永恒的原子,并非如克尔凯郭尔所揭示的那样,与此相反,瞬间植根于有终结的时间性之绽出。另一方面,永恒必须在瞬间之中到时。如果没有瞬间这个通道,永恒即一般存在将无法在此在的实际生存之中到时,从而显露自身,而只能是彻底的虚无,即无法理知,只隐不显。因此,作为时间性的存在者,此在与其说是永恒的信仰者,不如说是一般存在的守护者(Platzhalter)。

有鉴于此,经由海德格尔的生存论阐析,柏拉图在认识论层面上通过突然问题所揭示的"无"在存在论上得到重新发现。如前所述,海德格尔曾将自柏拉图以降直至尼采的整个哲学传统视为一种以在场状态(Anwesenheit)为根本标志的形而上学,这也是西方传统形而上学"遗忘存在"的历史。海德格尔曾在《形而上学是什么?》的结尾处发出拷问:"为什么竟是存在者存在而无倒不存在?"[①]这个观点首先由莱布尼茨提出,后经由谢林得到进一步阐发,海德格尔的再次追问表明了存在之遗忘的历史其实就是遗忘存在是无的历史。对于此在而言,一般存在在整体上不是存在者,它根本无法被完全把握和理知,就此而言,此在只能通过意义关联通达一般存在,这一过程首先与通常植根于此在的实际生存,而不是认识活动。因此,海德格尔从此在首先与通常生存其中的日常状态出发,悬搁了在他看来现成的理论静观对象,但是,这里的"日常状态"却是一个稍显模糊的概念,由此引发出这样一个问题,即处于不同"被抛"的时代处境之中的"日常状态"在生存论上都具有相同的一般结构吗?例如,在尚未发展出机械钟表以及高度发达的科技文明的希腊城邦,古希腊人的生存处境与海德格尔所处的时代境遇是一模一样的吗?二者在生存论上的日常状态会是一回事儿吗?还是说,海德格尔在《存在与时间》中立足的"日常平均状态"不仅是此

---

① Heidegger M. Wegmarken[M]. Frankfurt am Main: Vittorio Klostermann GmbH,1976:122.

第六章 瞬间与此在

在被抛的一般境遇,而且是现代语境下的"日常平均状态"? 换而言之,作为存在意义问题的发问者,此在不仅首先与通常是常人(das Man),而且是现代语境下的常人? 托马斯·希恩就曾指出,海德格尔的生存论阐析仍停留在一般的哲学反思层面,隐秘地继承了"同一优先于差异"的形而上学传统,尚且缺少更为丰富的历史维度的具体阐释:

> 从阿那克西曼德直到原子弹,海德格尔试图揭示贯穿其中的一条引线,但这一努力最终失败,由于聚焦在哲学反思层面,它也必然失败。关于现代性的最终根源,那种"超验形而上学"层面的叙述未能关涉如下问题,比如法国大革命、犹太人的解放运动、19世纪蔓延的殖民主义与种族主义、20世纪关于左翼与右翼、自由经济与新自由经济的意识形态之争等。这一失败也让他从头至尾的西方哲学历史叙述欠缺严谨,略显苍白。海德格尔早先曾说:"我们不能让形而上学(当然也包括我自己的哲学)脱离实证研究。"然而,在其后期关于当代世界"哲学化"的阐释中,他似乎忘记了那条原则。①

自从尼采发出"上帝死了"的惊呼之后,不仅传统形而上学陷入危机,西方基督教信仰世界也逐渐崩塌。现代人被带到作为整体的不在场的"无"之旁。它没有确定的彼岸,海德格尔曾在《形而上学是什么?》中形象地将之喻为"渊基"(Abgrund)。这一处境可由永恒和瞬间的关联得到揭示,即此在的现实生存与超验永恒之间的直接联结被切断,永恒只能在此在有终结的生存之中瞬间到时,从而显现自身。那么,面对这一"渊基",此在究竟直面"无"本身,跳入其中被反抛回来,还是逃避着它从而继续沉沦于世?

至少在《存在与时间》时期,海德格尔描绘出本真的此在经由"畏死"而被带到"无"这一渊基之旁,与此同时,存在即无的意义植根于此在现实的生存开展活动中,换而言之,此在在其有终结的生存中持守在渊基之旁,为"决断的一跃"做好准备。所以,此在不仅是跳跃的冒险者,同时也是一般存在可能到时的持守者(Platzhalter)。

然而,这也引出一个新的问题:对于饱受现代虚无主义折磨的我们而

---

① Sheehan T. Making Sense of Heidegger (A Paradigm Shift) [M]. London: Rowman & Littlefield International Ltd, 2015: 293.

言,除了关于死的现象学阐析,此在还有其他路径通达整体的"在世"或者渊基吗？畏死这一方式的局限体现在何处？列维纳斯曾指出,由畏死所通达的与他人共在只能是"肩并肩的",而无法成为"面对面的"[①]。如果存在其他路径,不同路径所伴随的"现身情态"是否会有所不同？在《存在与时间》中,死伴随着畏。如果其他路径可能伴随不同的现身情态比如爱[②],此在是否可能更有勇气冒险一跃？

---

① 参见王恒.时间是与他者的关系——从《时间与他者》解读列维纳斯与海德格尔的关系[J].南京大学学报(哲学·人文科学·社会科学),2005(6):66-73.
② 雅斯贝尔斯曾批评《存在与时间》时期的海德格尔"没有爱,因此在风格上也缺少友爱"。Cf. Jaspers K. Notizen zu Martin Heidegger[M]. Saner H,ed. München: Piper Verlag GmbH,2013:36. 靳希平亦曾提到,《存在与时间》有意规避了"爱与友情"这一重要环节,这导致海德格尔关于"与他人共在"的生存论阐析完全忽视了此在与其他此在在爱与友情中直接照面的可能性,其他此在仅仅作为在用具关联中显现的存在者。与此同时,向死存在也具有片面性,死不仅导向"畏"这一基本现身情态,它同时也是爱的源始根据。参见靳希平.海德格尔《存在与时间》中的"共在"概念与"缺爱现象"兼及《黑皮本》的"直白称谓"[J].伦理学术,2018(2):124-139.

参 考 文 献

原著：

[1] 柏拉图.柏拉图全集(第四卷)[M].王晓朝,译.北京：人民出版社,2003.
[2] 柏拉图.蒂迈欧篇[M].谢文郁,译.上海：上海世纪出版集团,2005.
[3] 柏拉图.巴曼尼得斯篇[M].陈康,译注.北京：商务印书馆,2009.
[4] 海德格尔.面向思的事情[M].陈小文,孙周兴,译.北京：商务印书馆,1996.
[5] 海德格尔.形而上学是什么？(1929)[M]//海德格尔.路标.孙周兴,译.北京：商务印书馆,2000：119-141.
[6] 海德格尔.现象学之基本问题[M].丁耘,译.上海：上海译文出版社,2008.
[7] 海德格尔.存在与时间[M].陈嘉映,王庆节,译.北京：生活·读书·新知三联书店,2010.
[8] 海德格尔.亚里士多德哲学的基本概念[M].黄瑞成,译.北京：华夏出版社,2014.
[9] 克尔凯郭尔.恐惧的概念[M]//克尔凯郭尔.畏惧与颤栗,恐惧的概念,致死的疾病.京不特,译.北京：中国社会科学出版社,2013.
[10] 克尔凯郭尔.致死的疾病[M]//克尔凯郭尔.畏惧与颤栗,恐惧的概念,致死的疾病.京不特,译.北京：中国社会科学出版社,2013.
[11] 克尔凯郭尔.爱的作为[M].京不特,译.北京：中国社会科学出版社,2013.
[12] 亚里士多德.尼哥马可伦理学(英文)[M].D. P. Chase,译.北京：中国社会科学出版社,1999.
[13] 亚里士多德.尼各马可伦理学(注释导读本)[M].邓安庆,译.北京：人民出版社,2010.
[14] 亚里士多德.物理学[M].张竹明,译.北京：商务印书馆,2012.
[15] 亚里士多德.形而上学[M].吴寿彭,译.北京：商务印书馆,2012.
[16] 约纳斯.诺斯替宗教：异乡神的信息与基督教的开端[M].张新樟,译.上海：上海三联书店,2006.
[17] Aristotle. The Nicomachean Ethics[M]. Rackham H, trans. Cambridge：Harvard University Press,1934.
[18] Aristotle. The Nicomachean Ethics[M]. Ross D, trans., New York：Oxford University Press,2009.
[19] CornfordF M. Plato's Cosmology[M]. Cambrigde：Hackett Publishing Company,1997.
[20] Günter Z. H. Aristoteles'Physik Bücher Ⅰ(A)-Ⅳ(Δ)(Griechisch-Deutsch)[M].

[21] Heidegger M. Nietzsche[M]. Pfullingen: Günther Neske Verlag,1961.

[22] Heidegger M. Die Grundprobleme der Phänomenologie[M]. Frankfurt am Main: Vittorio Klostermann GmbH,1975.

[23] Heidegger M. Feldweg-Gespräche(1944/45)[M]. Frankfurt am Main: Vittorio Klostermann GmbH, 1975.

[24] Heidegger M. Wegmarken[M]. Frankfurt am Main: Vittorio Klostermann GmbH,1976.

[25] Heidegger M. Prolegomena zur Geschichte des Zeitbegriffs (Sommersemester 1925)[M]. Frankfurt am Main: Vittorio Klostermann GmbH,1979.

[26] Heidegger M. Phänomenologische Interpretationen zu Aristoteles(Wintersemester 1921/22)[M]. Frankfurt am Main: Vittorio Klostermann GmbH,1985.

[27] Martin H. Phänomenologische Interpretationen zu Aristoteles(Anzeige der hermeneutischen Situation)[M]//Dilthey-Jahrbuch(Bd. 6). Göttingen: Vandenköck&Ruperecht, 1989.

[28] Heidegger. M. Der Begriff der Zeit(1924)[M]. Tübingen: Max Niemeyer Verlag, 1989.

[29] Heidegger M. Platon: Sophistes(Wintersemester 1924/25)[M]. Frankfurt am Main: Vittorio Klostermann GmbH,1992.

[30] Heidegger M. Phänomenologie des Religiösen Lebens[M]. Frankfurt am Main: Vittorio Klostermann GmbH,1995.

[31] Heidegger M. Grundbegriffe der Aristotelischen Philosophie (Sommersemester 1924)[M]. Frankfurt am Main: Vittorio Klostermann GmbH,2002.

[32] Heidegger M. Supplements: From the Earliest Essays to Being and Time and Beyond[M]. Van Buren J, ed. Albany: State University of New York Press,2002.

[33] Heidegger M. Sein und Zeit[M]. Tübingen: Max Niemeyer Verlag,2006.

[34] Heidegger M. Überlegungen Ⅱ-Ⅵ (Schwarze Hefte 1931-1938)[M]. Frankfurt am Main: Vittorio Klostermann GmbH, 2014.

[35] Jaspers K. Notizen zu Martin Heidegger[M]. Saner H, ed. München: Piper Verlag GmbH,2013.

[36] Marcuse H. Unpublished transcript of Heidegger. Plato: Parmenides [Z]. Frankfurt am Main: Universitätsbibliothek Johann-Christian-Senckenberg, Archivzentrum. Na 3,19(0020. 01).

[37] Marcuse H. Heideggerian Marxism[M]. Lincoln and London: University of Nebraska Press,2005.

[38] Kierkegaard S. Philosophical Fragments or A Fragment of Philosophy[M]. David F,Swenson, trans. New Jersey: Princeton University Press,1962.

[39] Kierkegaard S. The Concept of Anxiety[M]. New Jersey: Princeton University Press,1980.
[40] Kierkegaard S. Concluding Unscientific Postscript to Philosophical Fragments[M]. V. Hong H,H. Hong E,ed. New Jersey: Princeton University Press,1992.
[41] Kierkegaard S. Works of love[M]. V. Hong H,H. Hong E,ed. New Jersey: Princeton University Press,1995.
[42] Plato. Timaeus [M]. J. Zeyl D,trans. Cambrigde: Hackett Publishing Company,2000.
[43] Plato. Parmenides[M]//Burnet I. Platonis Opera TOMVS II. New York: Oxford University Press,2011.
[44] Plato. Philebus[M]//Ioannes B. Platonis Opera TOMVS II. New York: Oxford University Press,2011.

研究著作：

[1] 黄裕生.时间与永恒：论海德格尔哲学中的时间问题[M].北京：社会科学文献出版社,2002.
[2] 靳希平.海德格尔早期思想研究[M].上海：上海人民出版社,1995.
[3] 柯小刚.海德格尔与黑格尔时间思想比较研究[M].上海：同济大学出版社,2004.
[4] 王齐.生命与信仰：克尔凯郭尔假名写作时期基督教哲学思想研究[M].南京：江苏人民出版社,2010.
[5] 沃格林.没有约束的现代性[M].张新樟,译.上海：华东师范大学出版社,2007.
[6] 朱清华.回到源初的生存现象：海德格尔前期对亚里士多德的存在论诠释[M].北京：首都师范大学出版社,2009.
[7] Backman J. Complicated Presence: Heidegger and the Post-Metaphysical Unity of Being[M]. Albany: State University of New York Press,2015.
[8] Biemel W.,Saner H. Martin Heidegger-Karl Jaspers: Briefwechsel 1920-1963[M],Frankfurt am Main: Klostermann,1990.
[9] Blattner W. Heidegger's Temporal Idealism[M]. Cambridge [u. a.]: Cambridge University Press,1999.
[10] Bohrer K. H. Plötzlichkeit: Zum Augenblick des ästhetischen Scheins [M]. Frankfurt am Main: Suhrkamp Verlag,1981.
[11] Brogan W. The Place of Aristotle in the Development of Heidegger's Phenomenology[M]//Kisiel T,Buren v. J,ed. Reading Heidegger from the Start. Albany: State University of New York Press,1994.
[12] Charles M. S. Heidegger, Kant and Time[M]. Bloomington: Indiana University Press,1972.
[13] David W. The Deconstruction of Time[M]. New Jersey: Humanities Press,1989.
[14] Fischer N.,Herrmann v. F. W.,ed. Heidegger und die christliche Tradition[M]. Hamburg: Felix Meiner Verlag,2007.

[15] Fischer N., Herrmann v. F. W., ed. Die Gottesfrage im Denken Martin Heideggers [M]. Hamburg: Felix Meiner Verlag, 2011.

[16] Gonzalez F. J. Plato and Heidegger: A Question of Dialogue[M]. University Park: Penn State University Press, 2009.

[17] James D. Kierkegaard's Concept of the Moment[M]. New Jersey: Princeton Theological Seminary, 1947.

[18] James L. K. Kairos: A Neglected Concept in Classical Rhetoric[M]//Rhetoric and Praxis. J. D. Moss, ed. Waschington D. C.: The Catholic University of America Press, 1986.

[19] Burenv J. The Young Heidegger: Rumor of the Hidden King[M]. Bloomington: Indiana University Press, 1994.

[20] Jonas H. The Gnostic Religion. The Message of the Alien God and the Beginnings of Christianity[M]. Boston: Beacon Press, 2001.

[21] Jones O. T. The Meaning of the "Moment" in Existential Encounter according to Kierkegaard[M]. Philadelphia: Temple University Press, 1962.

[22] James L. K. Kairos: A Neglected Concept in Classical Rhetoric[M]//Rhetoric and Praxis. Moss J. D, ed. Waschington D. C: The Catholic University of America Press, 1986.

[23] Kisiel T. The Genesis of Heidegger's Being and Time[M]. Berkeley: University of California Press, 1993.

[24] Kisiel T., Sheehan T, ed. Becoming Heidegger (On the Trail of his Early Occasional Writings, 1910-1927)[M]. Seattle: Noesis Press, LTD, 2010.

[25] Manfred K. Historische Wörterbuch der Philosophie(vol. IV.)[M]. J. Ritteretal, ed. Darmstadt: Wissenschaftliche Buchgesellschaft, 1976.

[26] Meinwald C. Plato's Parmenides[M]. New York: Oxford University Press, 1991.

[27] Murchadha F. O. Zeit des Handelns und Möglichkeit der Verwandlung-Kairologie und Chronologie bei Heidegger im Jahrzehnt nach Sein und Zeit[M]. Würzburg: Verlag Königshasen & Neumann GmbH, 1999.

[28] Müller-Lauter W. HistorischeWörterbuch der Philosophie(vol. VI)[M]. Ritter J, Gründer K, Gabriel G, eds. Schwabe AG Verlag, 2007.

[29] Pascal B. Les Pensees, ed. Brunschuicg[M]. Paris: Libraire Hachette, 1966.

[30] Pauen M. Dithyrambiker des Untergangs. Gnostizismus in Ästhetik und Philosophie der Moderne[M]. Berlin: Akademie Verlag, 1994.

[31] Pöggeler O. Der Denkweg Martin Heideggers[M]. Pfullingen: Verlag Günther Neske, 1963.

[32] Pöggeler O. Destruktion und Augenblick[M]//Buchheim T, ed. Destrucktion und Übersetzung. Weinheim: VCH, Acta Humaniora, 1989.

[33] John P. Time and Exteriority: Aristotle, Heidegger, Derrida[M]. Lewisburg:

[34] Richardson S. J. W. Heidegger: Through Phemonenology to Thought[M]. New York: Fordham University Press, 2003.
[35] Ross W. D. Aristotelis Physica[M]. New York: Oxford University Press, 1950.
[36] Ruin H. Enigmatic Origins: Tracing the Theme of Historicity through Heidegger's Works[M]. Stockholm: Almqvist & Wiksell Interantional, 1994.
[37] Sheehan T. Making Sense of Heidegger (A Paradigm Shift) [M]. London: Rowman&Littlefield International Ltd, 2015.
[38] Simplicius. On Aristotle Physics4. 1-5, 10-14[M]. J. O. Urmson, trans. London and New York: Bloomsbury Academic, 2013.
[39] Volpi F. Chronos Und Psyche: Die Aristotelische Aporie Von Physik IV, 14, 223 a 16-29[M]. Stuttgart: Klett-Cotta, 1988.
[40] Volpi F. Being and Time: A "Translation" the Nicomachean Ethics[J]. //Kisiel T, Buren v. J., ed. Reading Heidegger from the Start. Albany: State University of New York Press, 1994.
[41] Wang H. J. Ontologie der Praxis bei Martin Heidegger[M]. Münster: LIT Verlag, 2020.
[42] Ward K. Augenblick: the Concept of the "Decisive Moment" in 19th-and 20th-Century Western Philosophy[M]. England: Ashgate Publishing Limited, 2008.
[43] William M. The Glance Of The Eye: Heidegger, Aristotle, and the Ends of Theory[M]. Albany: State University of New York Press, 1999.
[44] Wohlfart G. Der Augenblick: Zeit und ästhetische Erfahrung bei Kant, Hegel, Nietzsche und Heidegger mit einem Exkurs zu Proust[M]. Freiburg: Karl Alber Verlag, 1982.

期刊论文:
[1] 邓定.克尔凯郭尔的"Øieblik"("瞬间")观念[J].浙江学刊,2015(5):20-28.
[2] 邓定.海德格尔论四重时间:基于《现象学之基本问题》的时间问题解析[J].哲学动态,2019(10):67-75.
[3] 韩潮.海德格尔与灵知主义[J].哲学门,2011,23(1):51-63.
[4] 靳希平.海德格尔《存在与时间》中的"共在"概念与"缺爱现象"兼及《黑皮本》的"直白称谓"[J].伦理学术,2018(2):124-139.
[5] 孙周兴.形式显示的现象学:海德格尔早期弗莱堡讲座研究[J].现代哲学,2002(4):85-95.
[6] 王恒.时间是与他者的关系——从《时间与他者》解读列维纳斯与海德格尔的关系[J].南京大学学报(哲学·人文科学·社会科学),2005(6):66-73.
[7] 王恒.海德格尔时间性的缘起[J].江海学刊,2005(6):213-219.
[8] 王齐.《哲学片断》中"苏格拉底式的问题"及其意义[J].浙江学刊,2006(6):20-26.

[9] 杨振华.海德格尔哲学的"伦理真空":汉斯·约纳斯的批判性阐释[J].道德与文明,2016(1):140-144.
[10] 叶秀山.论"瞬间"的哲学意义[J].哲学动态,2015(5):5-9.
[11] 张汝伦.关于海德格尔的两个批评[J].外国哲学,2002(15):152-165.
[12] 张汝伦.海德格尔与实践哲学[J].哲学动态,2005(2):3-7.
[13] 张祥龙,陈岸瑛.解释学理性与信仰的相遇:海德格尔早期宗教现象学的方法论[J].哲学研究,1997(6):61-68.
[14] 张志伟.此在之迷途:关于《存在与时间》的得与失[J].同济大学学报(社会科学版),27(1):31-42.
[15] Backman J. All of a Sudden: Heidegger and Plato's Parmenides[J]. Epoche, 2007,11(2):393-408.
[16] Beierwaltes W. Ἐξαίφνης oder: Die Paradoxie des Augenblicks[J]. Philosophisches Jahrbuch,1967,74(2):271-283.
[17] Brogan W. Die Frage nach der Zeit in Heideggers Aristoteles-Interpretation. Auf dem Weg zu Sein und Zeit[J]. Zaborowski H,Übers. Heidegger-Jahrbuch,2007(3):96-108.
[18] Cicero V. Henologia e oblio dell'Essere. A proposito di una figura speculativa centrale in Heidegger[J]. Dialegesthai. Rivista telematica di filosofia,2011(13).
[19] Gonzalez J. F. Shattering Presence: Being as Change,Time as the Sudden Instant in Heidegger's 1930-1931 Seminar on Plato's Parmenides[J]. Journal of the History of Philosophy,2019,57(2):313-338.
[20] Jonas H. Gnosticism And Modern Nihilism[J]. Social Research,1952,19(4):430-452.
[21] Mills K. W. Plato and the Instant[J]. Proceedings of the Aristotelian Society,1974,48:81-96.
[22] Owen G. E. L. Plato and Parmenides on the Timeless Present[J]. Monist,1966,50:317-340.
[23] Rangos S. Plato on the Nature of the Sudden Moment,and the Asymmetry of the Second Part of the Parmenides[J]. Dialogue,2014,53:538-574.
[24] Taubes A. S. The Gnostic Foundation of Heidegger's Nihilism[J]. The Journal of Religion,1954,34(3):155-172.
[25] Torstrik A. ὅ ποτε ὄν. Ein Beitrag Zur Kenntnis Des Aristotelischen Sprachgebrauchs[J]. Rheinisches Museum für Philologie,1857,12:161-173.
[26] William D. Kierkegaard on the Transformation of the Individual in Conversion[J]. Religious Studies,1992,28:145-163.

后　　记

　　二十年前,一部中译小说《泰坦尼克号》的结语宛如一道闪电,在我的脑海中烙下难以磨灭的印记:"无限苍穹作证,瞬间成永恒。"自那时起,我便时常思考同爱和死有关的瞬间问题。因此,以瞬间为题切入海德格尔前期思想研究,同时与柏拉图、亚里士多德、克尔凯郭尔等哲学家就瞬间问题展开思想比照,固然考虑到选题本身的学术意义,更为重要的是,这一切源于我自少年时代起便萌发的生命拷问。

　　海德格尔曾云:"首先学会了感谢,你们才可能思想。"(Lernt erst danken-Und ihr könnt denken)本书自起草、撰写、修正到如今即将付梓,历时八年有余,在此过程中,我曾有幸得到了诸多学界师长及同仁的提点斧正。

　　感谢黄裕生老师一直以来的悉心指导,您的赠言始终谨记于心。

　　感谢田薇老师,您在基督教哲学研究方面曾给予我教导点拨。

　　感谢王齐老师,您在克尔凯郭尔思想研究以及写作技巧方面曾给予我无私帮助。

　　感谢靳希平老师,您风趣生动的希腊语课让我受益匪浅。

　　感谢弗莱堡大学汉斯-赫尔穆特·甘德(Hans-Helmuth Gander)教授在联合培养期间关于本书选题曾给予我的学术建议。

　　感谢斯坦福大学托马斯·希恩(Thomas Sheehan)教授同我在课堂内外关于瞬间问题的丰富探讨。

　　感谢清华大学出版社梁斐老师的鼎力支持与辛勤付出。

　　感谢同济大学杨光老师慷慨赠予我《海德格尔关于柏拉图〈巴门尼德篇〉的阐释》这份未刊手稿的影印本。

　　本书个别章节的内容经过调整,曾在学术期刊上发表过,包括载于《浙江学刊》2015 年第 5 期的《克尔凯郭尔的"Øieblik"("瞬间")观念》以及载于《哲学动态》2019 年第 10 期的《海德格尔论四重时间:基于〈现象学之基本问题〉的时间问题解析》。在此,我对两份期刊准许我合理使用这些文献表示衷心的感谢!

此外,与刘鑫、尹兆坤、韩骁、朱清华、瞿旭彤、文晗、毛竹等师友同仁以及中国社会科学院哲学研究所诸位同事的切磋砥砺拓宽了我的学术视野,家人的理解鼓励消除了我的后顾之忧,在此一并致谢!

邓　定

于山东寿光

2020 年冬